中外哲學典籍大全

中國哲學典籍卷

總主編　李鐵映　王偉光

宋元明清哲學類

吴澄集（一）

〔元〕吴澄　著

方旭東　光潔　點校

中国社会科学出版社

圖書在版編目（CIP）數據

吴澄集：全四册／（元）吴澄著；方旭東，光潔點校．—北京：中國社會科學出版社，2021.12

（中外哲學典籍大全．中國哲學典籍卷）

ISBN 978－7－5203－9216－7

Ⅰ．①吴… Ⅱ．①吴… ②方… ③光… Ⅲ．①吴澄（1249－1333）－哲學思想－文集 Ⅳ．①B244.99－53

中國版本圖書館 CIP 數據核字（2021）第 193111 號

出 版 人　趙劍英
項目統籌　王　茵
責任編輯　宋燕鵬
特約編輯　崔芝妹
責任校對　鮑有情
責任印製　王　超

出　　版　中国社会科学出版社
社　　址　北京鼓樓西大街甲 158 號
郵　　編　100720
網　　址　http://www.csspw.cn
發 行 部　010－84083685
門 市 部　010－84029450
經　　銷　新華書店及其他書店

印　　刷　北京君昇印刷有限公司
裝　　訂　廊坊市廣陽區廣增裝訂廠
版　　次　2021 年 12 月第 1 版
印　　次　2021 年 12 月第 1 次印刷

開　　本　710×1000　1/16
印　　張　145
字　　數　1708 千字
定　　價　529.00 元（全四册）

中外哲學典籍大全

中外哲學典籍大全

總　序

中外哲學典籍大全的編纂，是一項既有時代價值又有歷史意義的重大工程。

中華民族經過了近一百八十年的艱苦奮鬥，迎來了中國近代以來最好的發展時期，迎來了奮力實現中華民族偉大復興的時期。中華民族衹有總結古今中外的一切思想成就，才能並肩世界歷史發展的大勢。爲此，我們須編纂一部匯集中外古今哲學典籍的經典集成，爲中華民族的偉大復興、爲人類命運共同體的建設、爲人類社會的進步，提供哲學思想的精粹。

哲學是思想的花朵，文明的靈魂，精神的王冠。一個國家、民族，要興旺發達，擁有光明的未來，就必須擁有精深的理論思維，擁有自己的哲學。哲學是推動社會變革和發展的理論力量，是激發人的精神砥石。哲學解放思維，净化心靈，照亮前行的道路。偉大的時代需要精邃的哲學。

一　哲學是智慧之學

哲學是什麽？這既是一個古老的問題，又是哲學永恒的話題。追問哲學是什麽，本身就是「哲學」問題。從哲學成爲思維的那一天起，哲學家們就在不停追問中發展、豐富哲學的篇章，給出一個又一個答案。每個時代的哲學家對這個問題都有自己的詮釋。哲學是什麽，是懸疑在人類智慧面前的永恒之問，這正是哲學之爲哲學的基本特點。

哲學是全部世界的觀念形態，精神本質。人類面臨的共同問題，是哲學研究的根本對象。本體論、認識論、世界觀、人生觀、價值觀、實踐論、方法論等，仍是哲學的基本問題和生命力所在！哲學研究的是世界萬物的根本性、本質性問題。人們可以給哲學做出許多具體定義，但我們可以嘗試用「遮詮」的方式描述哲學的一些特點，從而使人們加深對何爲哲學的認識。

哲學不是玄虛之觀。哲學來自人類實踐，關乎人生。哲學對現實存在的一切追根究底、「打破砂鍋問到底」。它不僅是問「是什麽」(being)，而且主要是追問「爲什麽」（why），特別是追問「爲什麽的爲什麽」。它關注整個宇宙，關注整個人類的命運，關注人生。它關心柴米油鹽醬醋茶和人的生命的關係，關心人工智能對人類社會的挑戰。哲學是對一切實踐經驗的理論升華，它關心具體現象背後的根據，關心人類如何會更好。

哲學是在根本層面上追問自然、社會和人本身，以徹底的態度反思已有的觀念和認識，從價值理想出發把握生活的目標和歷史的趨勢，展示了人類理性思維的高度，凝結了民族進步的智慧，寄託了人們熱愛光明、追求真善美的情懷。道不遠人，人能弘道。哲學是把握世界、洞悉未來的學問，是思想解放、自由的大門！

古希臘的哲學家們被稱爲「望天者」，亞里士多德在形而上學一书中説，「最初人們通過好奇—驚讚來做哲學」。如果説知識源於好奇的話，那麽産生哲學的好奇心，必須是大好奇心。這種「大好奇心」衹爲一件「大事因緣」而來，所謂大事，就是天地之間一切事物的「爲什麽」。哲學精神，是「家事、國事、天下事，事事要問」，是一種永遠追問的精神。

哲學不祇是思維。哲學將思維本身作爲自己的研究對象，對思想本身進行反思。哲學不是一般的知識體系，而是把知識概念作爲研究的對象，追問「什麽才是知識的真正來源和根據」。哲學的「非對象性」的思想方式，不是「純形式」的推論原則，而有其「非對象性」之對象。哲學之對象乃是不斷追求真理，是一個理論與實踐兼而有之的過程，是認識的精粹。哲學追求真理的過程本身就顯現了哲學的本質。天地之浩瀚，變化之奥妙，正是哲思的玄妙之處。

哲學不是宣示絶對性的教義教條，哲學反對一切形式的絶對。哲學解放束縛，意味著從一切思想教條中解放人類自身。哲學給了我們徹底反思過去的思想自由，給了我們深刻洞察未來的思想能力。哲學就是解放之學，是聖火和利劍。

哲學不是一般的知識。哲學追求「大智慧」。佛教講「轉識成智」，識與智相當於知識與哲學的關係。一般知識是依據於具體認識對象而來的、有所依有所待的「識」，而哲學則是超越於具體對象之上的「智」。

公元前六世紀，中國的老子説，「大方無隅，大器晚成，大音希聲，大象無形，道隱無名。夫唯道，善貸且成」。又説，「反者道之動，弱者道之用。天下萬物生於有，有生於無」。對道的追求就是對有之爲有、無形無名的探究，就是對天地何以如此的探究。這種追求，使得哲學具有了天地之大用，具有了超越有形有名之有限經驗的大智慧。這種大智慧、大用途，超越一切限制的籬笆，達到趨向無限的解放能力。

哲學不是經驗科學，但又與經驗有聯繫。哲學從其作爲學問誕生起，就包含於科學形態之中，是以科學形態出現的。哲學是以理性的方式、概念的方式、論证的方式來思考宇宙人生的根本問題。在亞里士多德那裏，凡是研究實體（ousia）的學問，都叫作「哲學」。而「第一實體」則是存在者中的「第一個」。研究第一實體的學問稱爲「神學」，也就是「形而上學」，這正是後世所謂「哲學」。一般意義上的科學正是從「哲學」最初的意義上贏得自己最原初的規定性的。哲學雖然不是經驗科學，却爲科學劃定了意義的範圍，指明了方向。哲學最後必定指向宇宙人生的根本問題，大科學家的工作在深層意義上總是具有哲學的意味，牛頓和愛因斯坦就是這樣的典範。

哲學不是自然科學，也不是文學藝術，但在自然科學的前頭，哲學的道路展現了；在文學藝術的山頂，哲學的天梯出現了。哲學不斷地激發人的探索和創造精神，使人在認識世界的過程中，不斷達到新境界，在改造世界中從必然王國到達自由王國。

哲學不斷從最根本的問題再次出發。哲學史在一定意義上就是不斷重構新的世界觀、認識人類自身的歷史。哲學的歷史呈現，正是對哲學的創造本性的最好說明。哲學史上每一位哲學家對根本問題的思考，都在爲哲學添加新思維、新向度，猶如爲天籟山上不斷增添一隻隻黃鸝翠鳥。

如果說哲學是哲學史的連續展現中所具有的統一性特徵，那麼這種「一」是在「多」個哲學的創造中實現的。如果說每一種哲學體系都追求一種體系性的「一」的話，那麼每種「一」的體系之間都存在着千絲相聯、多方組合的關係。這正是哲學史昭示於我們的哲學多樣性的意義。多樣性與統一性的依存關係，正是哲學尋求現象與本質、具體與普遍相統一的辯證之意義。

哲學的追求是人類精神的自然趨向，是精神自由的花朵。哲學是思想的自由，是自由的思想。

中國哲學，是中華民族五千年文明傳統中，最爲内在的、最爲深刻的、最爲持久的精神追求和價值觀表達。中國哲學已經化爲中國人的思維方式、生活態度、道德準則、人生追求、精神境界。中國人的科學技術、倫理道德，小家大國、中醫藥學、詩歌文學、繪畫書法、武術拳法、鄉規民俗，乃至日常生活也都浸潤着中國哲學的精神。華夏文化雖歷經磨難而能够透魄醒神，堅韌屹立，正是來自於中國哲學深邃的思維和創造力。

先秦時代，老子、孔子、莊子、孫子、韓非子等諸子之間的百家争鳴，就是哲學精神在中國的展現，是中國人思想解放的第一次大爆發。兩漢四百多年的思想和制度，是諸子百家思想在争鳴過程中大整合的結果。魏晋之際，玄學的發生，則是儒道冲破各自藩籬，彼此互動互補的結果，形成了儒家獨尊的態勢。隋唐三百年，佛教深入中國文化，又一次帶來了思想的大融合和大解放，禪宗的形成就是這一融合和解放的結果。兩宋三百多年，中國哲學迎來了第三次大解放。儒釋道三教之間的互潤互持日趨深入，朱熹的理學和陸象山的心學，就是這一思想潮流的哲學結晶。

與古希臘哲學强調沉思和理論建構不同，中國哲學的旨趣在於實踐人文關懷，它更關注實踐的義理性意義。中國哲學當中，知與行從未分離，中國哲學有着深厚的實踐觀點和生活觀點，倫理道德觀是中國人的貢獻。馬克思說，「全部社會生活在本質上是實踐的」，實踐的觀點、生活的觀點也正是馬克思主義認識論的基本觀點。這種哲學上的契合性，正是馬克思主義能够在中國扎根並不斷中國化的哲學原因。

「實事求是」是中國的一句古話。今天已成爲深邃的哲理，成爲中國人的思維方式和行爲基準。實事求是就是解放思想，解放思想就是實事求是。實事求是毛澤東思想的精髓，是改革開放的基石。只有解放思想才能實事求是。實事求是就是中國人始終堅持的哲學思想。實事求是就是依靠自己，走自己的道路，反對一切絶對觀念。所謂中國化就是一切從中國實際出發，一切理論必須符合中國實際。

二　哲學的多樣性

實踐是人的存在形式，是哲學之母。實踐是思維的動力、源泉、價值、標準。人們認識世界、探索規律的根本目的是改造世界，完善自己。哲學問題的提出和回答，都離不開實踐。馬克思有句名言：「哲學家們只是用不同的方式解釋世界，而問題在於改變世界！」理論只有成爲人的精神智慧，才能成爲改變世界的力量。

哲學關心人類命運。時代的哲學，必定關心時代的命運。對時代命運的關心就是對人類實踐和命運的關心。人在實踐中産生的一切都具有現實性。哲學的實踐性必定帶來哲學的現實性。哲學的現實性就是强調人在不斷回答實踐中各種問題時應該具有的態度。

哲學作爲一門科學是現實的。哲學是一門回答並解釋現實的學問，哲學是人們聯繫實際、面對現實的思想。可以説哲學是現實的最本質的理論，也是本質的最現實的理論。哲學始終追問現實的發展和變化。哲學存在於實踐中，也必定在現實中發展。哲學的現實性要求我們直面實踐本身。

哲學不是簡單跟在實踐後面，成爲當下實踐的「奴僕」，而是以特有的深邃方式，關注着實踐的發展，提升人的實踐水平，爲社會實踐提供理論支撑。從直接的、急功近利的要求出發來理解和從事哲學，無異於向哲學提出它本身不可能完成的任務。哲學是深沉的反思，厚重的智慧，事物的抽象，理論的把握。哲學是人類把握世界最深邃的理論思維。

哲學是立足人的學問，是人用於理解世界、把握世界、改造世界的智慧之學。「民之所好，好之，民之所惠，惠之。」哲學的目的是爲了人。用哲學理解外在的世界，理解人本身，也是爲了用哲學改造世界、改造人。哲學研究無禁區，無終無界，與宇宙同在，與人類同在。

存在是多樣的，發展是多樣的，這是客觀世界的必然。宇宙萬物本身是多樣的存在，多樣的變化。歷史表明，每一民族的文化都有其獨特的價值。文化的多樣性是自然律，是動力，是生命力。各民族文化之間的相互借鑒，補充浸染，共同推動著人類社會的發展和繁榮，這是規律。對象的多樣性、複雜性，決定了哲學的多樣性；即使對同一事物，人們也會產生不同的哲學認識，形成不同的哲學派别。哲學觀點、思潮、流派及其表現形式上的區别，來自於哲學的時代性、地域性和民族性的差异。世界哲學是不同民族的哲學的薈萃，如中國哲學、西方哲學、阿拉伯哲學等。多樣性構成了世界，百花齊放形成了花園。不同的民族會有不同風格的哲學。恰恰是哲學的民族性，使不同的哲學都可以在世界舞臺上演繹出各種「戲劇」。即使有類似的哲學觀點，在實踐中的表達和運用也會各有特色。

人類的實踐是多方面的，具有多樣性、發展性，大體可以分爲：改造自然界的實踐，改造人類社會的實踐，完善人本身的實踐，提升人的精神世界的精神活動。人是實踐中的人，實踐是人的生命的第一屬性。實踐的社會性決定了哲學的社會性，哲學不是脱離社會現實生活的某種遐想，而是社會現實生活的觀念形態，是文明進步的重要標誌，是人的發展水平的重要維度。哲學的發展狀况，反映着一個社會人的理性成熟程度，反映著這個社會的文明程度。

哲學史實質上是自然史、社會史、人的發展史和人類思維史的總結和概括。自然界是多樣的，社會是多樣的，人類思維是多樣的。所謂哲學的多樣性，就是哲學基本觀念、理論學説、方法的異同，是哲學思維方式上的多姿多彩。哲學的多樣性是哲學的常態，是哲學進步、發展和繁榮的標誌。哲學是人的哲學，哲學是人對事物的自覺，是人對外界和自我認識的學問，也是人把握世界和自我的學問。哲學的多樣性，是哲學的常態和必然，是哲學發展和繁榮的内在動力。一般是普遍性，特色也是普遍性。從單一性到多樣性，從簡單性到複雜性，是哲學思維的一大變革。用一種哲學話語和方法否定另一種哲學話語和方法，這本身就不是哲學的態度。

多樣性並不否定共同性、統一性、普遍性。物質和精神，存在和意識，一切事物都是在運動、變化中的，是哲學的基本問題，也是我們的基本哲學觀點！

當今的世界如此紛繁複雜，哲學多樣性就是世界多樣性的反映。哲學是以觀念形態表現出的現實世界。哲學的多樣性，就是文明多樣性和人類歷史發展多樣性的表達。多樣性是宇宙之道。

哲學的實踐性、多樣性，還體現在哲學的時代性上。哲學總是特定時代精神的精華，是一定歷史條件下人的反思活動的理論形態。在不同的時代，哲學具有不同的内容和形式，哲學的多樣性，也是歷史時代多樣性的表達。哲學的多樣性也會讓我們能够更科學地理解不同歷史時代，更爲内在地理解歷史發展的道理。多樣性是歷史之道。

哲學之所以能發揮解放思想的作用，在於它始終關注實踐，關注現實的發展；在於它始終關注著科學技術的進步。哲學本身没有絶對空間，没有自在的世界，只能是客觀世界的映象，觀念形態。没有了現實性，哲學就遠離人，就離開了存在。哲學的實踐性，説到底是在説明哲學本質上是人的哲學，是人的思維，是爲了人的科學！哲學的實踐性、多樣性告訴我們，哲學必須百花齊放、百家争鳴。哲學的發展首先要解放自己，解放哲學，就是實現思維、觀念及範式的變革。人類發展也必須多塗並進，交流互鑒，共同繁榮。采百花之粉，才能釀天下之蜜。

三　哲學與當代中國

中國自古以來就有思辨的傳統，中國思想史上的百家争鳴就是哲學繁榮的史象。哲學是歷史發展的號角。中國思想文化的每一次大躍升，都是哲學解放的結果。中國古代賢哲的思想傳承至今，他們的智慧已浸入中國人的精神境界和生命情懷。

中國共産黨人歷來重視哲學，毛澤東在一九三八年，在抗日戰争最困難的條件下，在延安研究哲學，創作了實踐論和矛盾論，推動了中國革命的思想解放，成爲中國人民的精神力量。

中華民族的偉大復興必將迎來中國哲學的新發展。當代中國必須有自己的哲學，當代中國的哲學必須要從根本上講清楚中國道路的哲學道理。中華民族的偉大復興必須要有哲學的思維，必須要有不斷深入的反思。發展的道路，就是哲思的道路，文化的自信，就是哲學思維的自信。哲學是引領者，可謂永恒的「北斗」，哲學是時代的「火焰」，是時代最精緻最深刻的「光芒」。從社會變革的意義上説，任何一次巨大的社會變革，總是以理論思維爲先導。理論的變革，總是以思想觀念的空前解放爲前提，而「吹響」人類思想解放第一聲「號角」的，往往就是代表時代精神精華的哲學。社會實踐對於哲學的需求可謂「迫不及待」，因爲哲學總是「吹響」這個新時代的「號角」。「吹響」中國改革開放之

「號角」的，正是「解放思想」「實踐是檢驗真理的唯一標準」「不改革死路一條」等哲學觀念。「吹響」新時代「號角」的是「中國夢」，「人民對美好生活的向往，就是我們奮鬥的目標」。發展是人類社會永恒的動力，變革是社會解放的永遠的課題，思想解放，解放思想是無盡的哲思。中國正走在理論和實踐的雙重探索之路上，搞探索没有哲學不成！

中國哲學的新發展，必須反映中國與世界最新的實踐成果，必須反映科學的最新成果，必須具有走向未來的思想力量。今天的中國人所面臨的歷史時代，是史無前例的。十三億人齊步邁向現代化，這是怎樣的一幅歷史畫卷！是何等壯麗、令人震撼！不僅中國歷史上亘古未有，在世界歷史上也從未有過。當今中國需要的哲學，是結合天道、地理、人德的哲學，是整合古今中西的哲學，只有這樣的哲學才是中華民族偉大復興的哲學。

當今中國需要的哲學，必須是適合中國的哲學。無論古今中外，再好的東西，也需要再吸收，再消化，必須要經過現代化和中國化，才能成爲今天中國自己的哲學。哲學是解放人的，哲學自身的發展也是一次思想解放，也是人的一个思維升華、羽化的過程。中國人的思想解放，總是隨著歷史不斷進行的。歷史有多長，思想解放的道路就有多長；發展進步是永恒的，思想解放也是永無止境的，思想解放就是哲學的解放。

習近平説，思想工作就是「引導人們更加全面客觀地認識當代中國、看待外部世界」。這就需要我們確立一種「知己知彼」的知識態度和理論立場，而哲學則是對文明價值核心最精練和最集中的深邃性表達，有助於我們認識中國、認識世界。立足中國、認識中國，需要我們審視我們走過的道路，立足中國、認識世界，需要我們觀察和借鑒世界歷史上的不同文化。中國「獨特的文化傳統」、中國「獨特的歷史命運」、中國「獨特的基本國情」，「決定了我們必然要走適合自己特點的發展道路」。一切現實的，存在的社會制度，其形態都是具體的，都是特色的，都必須是符合本國實際的。抽象的制度，普世的制度是不存在的。同時，我們要全面客觀地「看待外部世界」。研究古今中外的哲學，是中國認識世界、認識人類史，認識自己未來發展的必修課。今天中國的發展不僅要讀中國書，還要讀世界書。不僅要學習自然科學、社會科學的經典，更要學習哲學的經典。當前，中國正走在實現「中國夢」的「長征」路上，這也正是一條思想不斷解放的道路！要回答中國的問題，解釋中國的發展，首先需要哲學思維本身的解放。哲學的發展，就是哲學的解放，這是由哲學的實踐性、時代性所決定的。哲學無禁區、無疆界。哲學是關乎宇宙之精神，是關乎人類之思想。哲學將與宇宙、人類同在。

四　哲學典籍

中外哲學典籍大全的編纂，是要讓中國人能研究中外哲學經典，吸收人類精神思想的精華；是要提升我們的思維，讓中國人的思想更加理性、更加科學、更加智慧。

中國有盛世修典的傳統。中國古代有多部典籍類書（如「永樂大典」「四庫全書」等），在新時代編纂中外哲學典籍大全，是我們的歷史使命，是民族復興的重大思想工程。

只有學習和借鑒人類精神思想的成就，才能實現我們自己的發展，走向未來。中外哲學典籍大全的編纂，就是在思維層面上，在智慧境界中，繼承自己的精神文明，學習世界優秀文化。這是我們的必修課。

不同文化之間的交流、合作和友誼，必須達到哲學層面上的相互認同和借鑒。哲學之間的對話和傾聽，才是從心到心的交流。中外哲學典籍大全的編纂，就是在搭建心心相通的橋樑。

我們編纂這套哲學典籍大全，一是中國哲學，整理中國歷史上的思想典籍，濃縮中國思想史上的精華；二是外國哲學，主要是西方哲學，吸收外來，借鑒人類發展的優秀哲學成果；三是馬克思主義哲學，展示馬克思主義哲學中國化的成就；四是中國近現代以來的哲學成果，特別是馬克思主義在中國的發展。

編纂這部典籍大全，是哲學界早有的心願，也是哲學界的一份奉獻。中外哲學典籍大全總結的是書本上的思想，是先哲們的思維，是前人的足迹。我們希望把它們奉獻給後來人，使他們能够站在前人肩膀上，站在歷史岸邊看待自己。

中外哲學典籍大全的編纂，是以「知以藏往」的方式實現「神以知來」；中外哲學典籍大全的編纂，是通過對中外哲學歷史的「原始反終」，從人類共同面臨的根本大問題出發，在哲學生生不息的道路上，綵繪出人類文明進步的盛德大業！

發展的中國，既是一個政治、經濟大國，也是一個文化大國，也必將是一個哲學大國、思想王國。人類的精神文明成果是不分國界的，哲學的邊界是實踐，實踐的永恒性是哲學的永續綫性，打開胸懷擁抱人類文明成就，是一個民族和國家自强自立，始終佇立於人類文明潮頭的根本條件。

擁抱世界，擁抱未來，走向復興，構建中國人的世界觀、人生觀、價值觀、方法論，這是中國人的視野、情懷，也是中國哲學家的願望！

李鐵映

二〇一八年八月

「中國哲學典籍卷」

序

中國古無「哲學」之名，但如近代的王國維所說，「哲學爲中國固有之學」。「哲學」的譯名出自日本啓蒙學者西周，他在一八七四年出版的百一新論中說：「將論明天道人道，兼立教法的philosophy譯名爲哲學。」自「哲學」譯名的成立，「philosophy」或「哲學」就已有了東西方文化交融互鑒的性質。

「philosophy」在古希臘文化中的本義是「愛智」，而「哲學」的「哲」在中國古經書中的字義就是「智」或「大智」。孔子在臨終時慨嘆而歌：「泰山壞乎！梁柱摧乎！哲人萎乎！」（史記孔子世家）「哲人」在中國古經書中釋爲「賢智之人」，而在「哲學」譯名輸入中國後即可稱爲「哲學家」。

哲學是智慧之學，是關於宇宙和人生之根本問題的學問。對此，中西或中外哲學是共同的，因而哲學具有世界人類文化的普遍性。但是，正如世界各民族文化既有世界的普遍性，也有民族的特殊性，所以世界各民族哲學也具有不同的風格和特色。如果説「哲學」是個「共名」或「類稱」，那麼世界各民族哲學就是此類中不同的「特例」。這是哲學的普遍性與多樣性的統一。

在中國哲學中，關於宇宙的根本道理稱爲「天道」，關於人生的根本道理稱爲「人道」，中國哲學的一個貫穿始終的核心問題就是「究天人之際」。一般説來，天人關係問題是中外哲學普遍探索的問題，而中國哲學的「究天人之際」具有自身的特點。

亞里士多德曾説：「古今來人們開始哲學探索，都應起於對自然萬物的驚異……這類學術研究的開始，都在人生的必需品以及使人快樂安適的種種事物幾乎全都獲得了以後。」「這些知識最先出現於人們開始有閒暇的地方。」這是説的古希臘哲學的一個特點，是與當時古希臘的社會歷史發展階段及其貴族階層的生活方式相聯繫的。與此不同，中國哲學是產生於士人在社會大變動中的憂患意識，爲了求得社會的治理和人生的安頓，他們大多「席不暇暖」地周遊列國，宣傳自己的社會主張。這就決定了中國哲學在「究天人之際」

中首重「知人」，在先秦「百家争鳴」中的各主要流派都是「務爲治者也，直所從言之異路，有省不省耳」（史記太史公自序）。

中國哲學與其他民族哲學所不同者，還在於中國數千年文化一直生生不息而未嘗中斷，中國文化在世界歷史的「軸心時期」所實現的哲學突破也是采取了極温和的方式。這主要表現在孔子的「祖述堯舜，憲章文武」，删述六經，對中國上古的文化既有連續性的繼承，又經編纂和詮釋而有哲學思想的突破。因此，由孔子及其後學所編纂和詮釋的上古經書就以「先王之政典」的形式不僅保存下來，而且在此後中國文化的發展中居於統率的地位。

據近期出土的文獻資料，先秦儒家在戰國時期已有對「六經」的排列，「六經」作爲一個著作群受到儒家的高度重視。至漢武帝「罷黜百家，表章六經」，遂使「六經」以及儒家的經學確立了由國家意識形態認可的統率地位。漢書藝文志著録圖書，爲首的是「六藝略」，其次是「諸子略」「詩賦略」「兵書略」「數術略」和「方技略」，這就體現了以「六經」統率諸子學和其他學術。這種圖書分類經幾次調整，到了隋書經籍志乃正式形成「經、史、子、集」的四部分類，此後保持穩定而延續至清。

中國傳統文化有「四部」的圖書分類，也有對「義理之學」「考據之學」「辭章之學」和「經世之學」等的劃分，其中「義理之學」雖然近於「哲學」但並不等同。中國傳統文化沒有形成「哲學」以及近現代教育學科體制的分科，但是中國傳統文化確實固有其深邃的哲學思想，它表達了中華民族的世界觀、人生觀，體現了中華民族的思維方式、行爲準則，凝聚了中華民族最深沉、最持久的價值追求。

清代學者戴震說：「天人之道，經之大訓萃焉。」（原善卷上）經書和經學中講「天人之道」的「大訓」，就是中國傳統的哲學；不僅如此，在圖書分類的「子、史、集」中也有講「天人之道」的「大訓」，這些也是中國傳統的哲學。「究天人之際」的哲學主題是在中國文化上下幾千年的發展中，伴隨著歷史的進程而不斷深化、轉陳出新、持續探索的。

中國哲學首重「知人」，在天人關係中是以「知人」爲中心，以「安民」或「爲治」爲宗旨的。在記載中國上古文化的尚書皋陶謨中，就有了「知人則哲，能官人；安民則惠，黎民懷之」的表述。在論語中，「樊遲問仁，子曰：『愛人。』問知（智），子曰：『知人。』」（論語顏淵）「仁者愛人」是孔子思想中的最高道德範疇，其源頭可上溯到中國文化自上古以來就形成的崇尚道德的優秀傳統。孔子說：「未能事人，焉能事鬼？」「未知生，焉知死？」（論語先進）「務民之義，敬鬼神而遠之，可謂知矣。」（論語雍也）「智者知人」，在孔子的思想中雖然保留了對「天」和鬼神的敬畏，但他的主要關注點是現世的人生，是「仁者愛人」「天下有道」的價值取向，由此確立了中國哲學以「知人」爲中心的思想範式。西方現代哲學家雅斯貝爾斯在大哲學家一書中把蘇格拉底、佛陀、孔子和耶穌作爲「思想範式的創造者」，而孔子思想的特點就是「要在世間建立一種人道的秩序」，「在現世的可能性之中」，孔子「希望建立一個新世界」。

中國上古時期把「天」或「上帝」作爲最高的信仰對象，這種信仰也有其宗教的特殊性。如梁啓超所說：「各國之尊天者，常崇之於萬有之外，而中國則常納之於人事之中，此吾中華所特長也。……其尊天也，目的不在天國而在世界，受用不在未來（來世）而在現在（現世）。是故人倫亦稱天倫，人道亦稱天道。記曰：『善言天者必有驗於人。』此所以雖近於宗教，而與他國之宗教自殊科也。」由於中國上古文化所信仰的「天」不是存在於與人世生活相隔絕的「彼岸世界」，而是與地相聯繫（中庸所謂「郊社之禮，所以事上帝也」，朱熹中庸章句注：「郊，祀天；社，祭地。不言后土者，省文也。」），具有道德的、以民爲本的特點（尚書所謂「皇天無親，惟德是輔」，「天視自我民視，天聽自我民聽」，「民之所欲，天必從之」），所以這種特殊的宗教性也長期地影響著中國哲學對天人關係的認識。相傳「人更三聖，世經三古」的易經，其本爲卜筮之書，但經孔子「觀其德義而已」之後，則成爲講天人關係的哲理之書。四庫全书總目易類序說：「聖人覺世牖民，大抵因事以寓教……易則寓於卜筮。故易之爲書，推天道以明人事者也。」不僅易經是如此，而且以後中國哲學的普遍架構就是「推天道以明人事」。

春秋末期，與孔子同時而比他年長的老子，原創性地提出了「有物混成，先天地生」（老子二十五章），天地並非固有的，在天地產生之前有「道」存在，「道」是產生天地萬物的總根源和總根據。「道」內在於天地萬物之中就是「德」，「孔德之容，惟道是從」（老子二十一章），「道」與「德」是統一的。老子說：「道生之，德畜之，物形之，勢成之。是以萬物莫不尊道而貴德。道之尊，德之貴，夫莫之命而常自然。」（老子五十一章）老子的價值主張是「自然無爲」，而「自然無爲」的天道根據就是「道生之，德畜之……是以萬物莫不尊道而貴德」。老子所講的「德」實即相當於「性」，孔子所罕言的「性與天道」，在老子哲學中就是講「道」與「德」的形而上學。實際上，老子哲學確立了中國哲學「性與天道合一」的思想，而他從「道」與「德」推出「自然無爲」的價值主張，這就成爲以後中國哲學「推天道以明人事」普遍架構的一個典範。雅斯貝爾斯在大哲學家一書中把老子列入「原創性形而上學家」，他說：「從世界歷史來看，老子的偉大是同中國的精神結合在一起的。」他評價孔、老關係時說：「雖然兩位大師放眼於相反的方向，但他們實際上立足於同一基礎之上。兩者間的統一在中國的偉大人物身上則一再得到體現……」這裏所謂「中國的精神」「立足於同一基礎之上」，就是説孔子和老子的哲學都是爲了解决現實生活中的問題，都是「務爲治者也」。

在老子哲學之後，中庸說：「天命之謂性」，「思知人，不可以不知天」。孟子說：「盡其心者知其性也，知其性則知天矣。」（孟子盡心上）此後的中國哲學家雖然對天道和人性有不同的認識，但大抵都是講人性源於天道，知天是爲了知人。一直到宋明理學家講「天者理也」，「性即理也」，「性與天道合一存乎誠」。作爲宋明理學之開山著作的周敦頤太極圖説，是從「無極而太極」講起，至「形既生矣，神發知矣，五性感動而善惡分，萬事出矣」，這就是從天道講到人事，而其歸結爲「聖人定之以中正仁義而主静，立人極焉」，這就是從天道、人性推出人事應該如何，「立人極」就是要確立人事的價值準則。可以説，中國哲學的「推天道以明人事」最終指向的是人生的價值觀，這也就是要「爲天地立心，爲生民立命，爲往聖繼絶學，爲萬世開太平」。在作爲中國哲學主流的儒家哲學中，價值觀又是與道德修養的工夫論和道德境界相聯繫。因此，天人合一、真善合一、知行合一成爲中國哲學的主要特點。

中國哲學經歷了不同的歷史發展階段，從先秦時期的諸子百家争鳴，到漢代以後的儒家經學獨尊，而實際上是儒道互補，至魏晉玄學乃是儒道互補的一個結晶；在南北朝時期逐漸形成儒、釋、道三教鼎立，從印度傳來的佛教逐漸適應中國文化的生態環境，至隋唐時期完成中國化的過程而成爲中國文化的一個有機組成部分；宋明理學則是吸收了佛、道二教的思想因素，返而歸於「六經」，又創建了論語孟子大學中庸的「四書」體系，建構了以「理、氣、心、性」爲核心範疇的新儒學。因此，中國哲學不僅具有自身的特點，而且具有不同發展階段和不同學派思想内容的豐富性。

一八四〇年之後，中國面臨着「數千年未有之變局」，中國文化進入了近現代轉型的時期。在甲午戰敗之後的一八九五年，「哲學」的譯名出現在黄遵憲的日本國志和鄭觀應的盛世危言（十四卷本）中。此後，「哲學」以一個學科的形式，以哲學的「獨立之精神，自由之思想」推動了中華民族的思想解放和改革開放，中、外哲學會聚於中國，中、外哲學的交流互鑒使中國哲學的發展呈現出新的形態，馬克思主義哲學在與中國的歷史文化傳統、中國具體的革命和建設實踐相結合的過程中不斷中國化而産生新的理論成果。中華民族的偉大復興必將迎來中國哲學的新發展，在此之際，編纂中外哲學典籍大全，中國哲學典籍第一次與外國哲學典籍會聚於此大全中，這是中國盛世修典史上的一個首創，對於今後中國哲學的發展、對於中華民族的偉大復興具有重要的意義。

李存山

二〇一八年八月

「中國哲學典籍卷」

出版前言

社會的發展需要哲學智慧的指引。在中國浩如煙海的文獻中，哲學典籍占據著重要地位，指引著中華民族在歷史的浪潮中前行。這些凝練著古聖先賢智慧的哲學典籍，在新時代仍然熠熠生輝。

收入我社「中國哲學典籍卷」的書目，是最新整理成果的首次發布，按照內容和年代分爲以下幾類：先秦子書類、两漢魏晋隋唐哲學類、佛道教哲學類、宋元明清哲學類、近現代哲學類、經部（易類、書類、禮類、春秋類、孝經類）等，其中以經學類占多數。

本次整理皆選取各書存世的善本爲底本，制訂校勘記撰寫的基本原則以確保校勘品質。全套書采用繁體竪排加專名綫的古籍版式，嚴守古籍整理出版規範，並請相關領域專家多次審稿，整理者反復修訂完善，旨在匯集保存中國哲學典籍文獻，同時也爲古籍研究者和愛好者提供研習的文本。

文化自信是一個國家、一個民族發展中更基本、更深沉、更持久的力量。對中國哲學典籍進行整理出版，是文化創新的題中應有之義。中國社會科學出版社秉持「傳文明薪火，發時代先聲」的發展理念，歷來重視中華優秀傳統文化的研究和出版。「中國哲學典籍卷」樣稿已在二〇一八年世界哲學大會、二〇一九年北京國際書展等重要圖書會展亮相，贏得了與會學者的高度讚賞和期待。

點校者、審稿專家、編校人員等爲叢書的出版付出了大量的時間與精力，在此一並致謝。由於水準有限，書中難免有一些不當之處，敬請讀者批評指正。

趙劍英

二〇二〇年八月

點校説明

吴澄，字幼清，晚稱伯清，號草廬，江西撫州崇仁（今江西省崇仁縣）人。生於宋理宗淳祐九年（一二四九年），卒於元惠宗元統元年（一三三三年），是元代最有聲望的學者之一，與許衡（一二〇九至一二八一年）并稱「北許南吴」。

吴澄一生，大半時間過着鄉居生活，授徒爲業，讀書撰文爲樂。門生弟子甚多，宋元學案草廬學案在册者就有三十多人，其中較卓者，有元明善、虞集、貢師泰、揭傒斯、危素等，後世以草廬學派目之。

關於吴澄的思想學術傾向，前人喜據師承立論，如黄百家言「幼清從學于程若庸，爲朱子之四傳」（草廬學案小傳，宋元學案卷九十二），而全祖望則認爲「草廬出於雙峰，固朱學也，其後亦兼主陸學。蓋草廬又師程氏紹開」（草廬學案序録，宋元學案卷九十二)。

誠然，吴澄曾隨朱學傳人程若庸學習，據年譜，吴澄十六歲時在撫州臨汝書院初次拜見程若庸，此後幾年經常在書院走動，二十三歲時還曾在書院學習了好幾個月。另一方面，吴澄自稱是程紹開（號月岩）的學生，後者嘗築道一書院，以合朱、陸兩家之説（宋元學案卷八十四）。然而，吴澄之學的來源主要還是「私淑於經」。僅僅因爲他自稱是程紹開的學生就説他「兼主陸學」，未免理據太薄。實際上，全祖望也承認：「然草廬之著書，則終近乎朱。」（草廬學案序録，宋元學案卷九十二）

説到底，師承只能作爲一個參考因素，而不足以成爲判斷一個人思想傾向的主要根據。更何况，吴澄實際跟隨程若庸、程紹開等人學習的時間都非常短暫。吴澄的學問功底主要還是自己打下的，他第一次見程若庸，就能指出後者對經典解釋的錯誤，説明他那時在學術上已非初學小子。又，據行狀記載，吴澄在國子監主事期間，曾爲學者言：「朱子道問學工夫多，陸子静却以尊德性爲主。問學不本於德性，則其弊偏於言語訓釋之末，果如陸子静所言矣。今學者當以尊德性爲本，庶幾得之。」議者遂以吴澄爲陸學，非前任許衡遵信朱子之義。其實，吳澄有關朱、陸之學的這番議論，主要是針對當時學者，特别是南宋末年以來朱門後學日益墮入訓詁之途的流弊而發，與其説是主陸，不如説是朱學内部的一種自我糾偏。就吳澄的治學歷程來看，他是典型的朱學路數，説他是陸學，是不明朱、陸究竟的外行之見。吳澄在國子監所授，與其説是非朱子學，不如説是非許衡所理解之朱子學，蓋許衡之教以小學爲重，而吳澄之教則「辯傳注之得失而達群經之會同」（虞集送李擴序道園學古録卷五），其學蔚然大觀，自成一家之言。

總體來看，吳澄受朱熹的影響最爲明顯。在主觀上，他也一再以接續朱熹之學自任。不過，與宋末元初一般的朱子學者相比，吳澄可貴的是，他較少門户之見。吳澄廣泛吸收了宋儒的思想遺産而加以個人的綜合與發展。吳澄具有多方面的文化修養，除了精通儒家經典之外，他還涉獵天文、地理、醫學、術數等領域。吳澄的詩文清婉超逸、典雅宏麗，諸體皆備。

前人認爲，朱熹之後，説到學問規模的宏大淵博，恐怕只有吳澄一人能與之比肩。吳澄的思想不僅是對宋代理學的總結，而且具有鮮明的時代特色。他繼承了宋儒對太極、心性的精微辨析，同時，也對南宋末年理學尤其是朱子學的流弊有清醒的認識。吴澄的哲學思想，從其基本性質來説，無疑是朱子學的，在某種意義上，又不妨説是「後朱子學」或「新朱子學」的。此「後」或「新」表現在：在理氣論上，吴澄對朱熹的觀點有所推進，并對以後的朱子學者（如曹端、薛瑄、羅欽順等人）産生了一定的影響。吴澄還大大發揮了程朱的心性理論，力圖扭轉時人已經形成的對心學的偏見。吴澄對學問的廣泛興趣與積極探究，充分反映出朱熹所宣導的道問學精神。與元代很多學者一樣，吴澄也强調以謹言謹行爲學，强調問學當反諸身心、見諸實行。尊德性與道問學的緊張，在吴澄這裏得到很大程度的緩解。在存養功夫上，吴澄堅持了程朱的主敬路綫。雖然他個人氣質偏於嚴謹，但他對「和」的境界也甚爲嚮往。總之，在吴澄身上，再次體現出朱熹式的綜合特點。

吴澄一生勤於著述，經史子集，靡不貫徹。其經學著作有：易纂言、易纂言外翼、書纂言、春秋纂言、禮記纂言、儀禮逸經傳、三禮考注、孝經注釋、批點考工記等，此外，他還校定了老子、莊子、太玄、樂律、葬書等，其文集尚有百卷之多。

吴澄文集的版本有兩個系統，一爲百卷本，其祖本爲吴澄之孫吴當所編支言集，始刻於元代，現存最早刻本爲明宣德本；一爲四十九卷本，系明成化年間由明宣德本支言集改編而成，明萬歷，清康熙、乾隆、光緒，代有刊刻。宣德本，今惟「臺北故宫博物院」藏有全帙，中國國家圖書館所藏爲殘本。四庫全書所收吴文正集一百卷，在卷次編排上沿襲了宣德本，且有影印本流布，較易取得。成化本，現有臺灣新文豐出版公司影印臺北「中央」圖書館藏臨川吴文正公集四十九卷道學基統一卷外集三卷年譜一卷本。兩本相較，抄寫、印刻品質以四庫本爲優，成化本之抄手、刻工水準不高，頗多錯别字，底本保存亦不甚完好，缺頁、破損頁較多。

本次整理，以四庫本吴文正集一百卷爲主體，同時也收録了四庫本所無的成化本所收道學基統一卷、外集三卷内容，是目前所知吴澄文集最完備的本子。校勘方面，以四庫本爲底本，參校以成化本，同時也參考了乾隆二十一年崇仁縣訓導萬璜校刊重刻之五十三卷本草廬吴文正公全集。

凡例

一、本書以文淵閣四庫全書本吴文正集一百卷爲正編。明成化二十年刻臨川吴文正公集四十九卷外集三卷所收道學基統一卷、外集三卷，列入「補編」，以備四庫本内容之不足。吴澄年譜、行狀、神道碑，作爲傳記資料有一定價值，今收作「附録」。

二、本書主體部分以四庫本吴文正集一百卷爲底本，參校以成化本，同時也參考了乾隆二十一年崇仁縣訓導萬璜校刊重刻草廬吴文正公全集五十三卷。

三、四庫本原無目録，此目係整理者所編。

四、本書整理點校以遵從底本原貌爲主，異體字、通假字、古體字皆保留。

五、明顯的版刻混用字，如日、曰；已、己、巳；子、予等，以及缺筆等版刻誤字，據文意斷是非而改，不出校。

六、清人避諱字，如弘、胤、玄、邱等，改回原字，不出校。

七、校記以頁下脚注出之。

目録

卷一　雜著

四經敘録……一
三禮敘録……八
孝經敘録……一五
中庸綱領……一七
原理有跋……二〇
邵子敘録……二六
太玄敘録……二七
東西周辯……二八

老莊二子敘録……三二
葬書敘録……三三
驛舟……三四
卷二　答問……三五
答張恒問孝經……三五
評鄭夾漈通志答劉教諭……三七
答吴適可問……四〇
丁巳鄉試策問　三首……四二
答王參政儀伯問……四四
答人問性理……五〇
私試策問　見元文類……五五
卷三　答問……六〇
答海南海北道廉訪副使田君澤問……六〇

答田副使第二書……六五
答田副使第三書……八一

卷四　説
卷四　説……九五
無極太極説……九五
放心説……九七
得一説贈傳道士……九八
敬齋説……九九
素軒説……一〇〇
致慤亭説……一〇一
静安堂説……一〇二
静壽堂説……一〇三
仁本堂説……一〇四
中和堂説……一〇五

收説 遊説有序 …… 一〇六
願學齋説 …… 一〇九
仁壽堂説 …… 一一〇
誠求堂説 …… 一一一

卷五 説

卷五 説 …… 一一三
慎獨齋説 …… 一一三
主敬堂説 …… 一一四
淵默齋説 …… 一一五
敬堂説 …… 一一六
立齋説 …… 一一八
敬義齋説 …… 一一九
逍遥遊説 …… 一二〇
無塵説 …… 一二一

永愚説……一二二
思誠説……一二三
静淵説……一二五
青溪道士點易軒説……一二六
思無邪齋説……一二七

卷六　説……一二九

丹説贈陳景和……一二九
藥説贈張貴可……一二九
丹説贈羅其仁……一三〇
琴説贈周常清……一三一
丹説贈劉冀……一三二
丹説贈吴生……一三三
文泉説……一三三

松友説……一三五
冰花説……一三六
觀瀾説……一三七
虚舟説……一三八
春谷説……一三九
方舟説……一四〇
寬居説……一四二
蒙泉説……一四三
車舟説……一四五
蘭畹説……一四六
無作説……一四八
卷七　字説……一四九
凌德庸字説……一四九

饒文饒字説……一五〇
虞采虞集字辭……一五二
蕭佑字説……一五三
周元名辭……一五四
胡同孫字説……一五四
范謙字説……一五五
譚適字説……一五五
張仲默二子字説……一五七
張恒字説……一五八
馬氏五子字説……一五八
岳至岳垕字説……一五九
史魯字説……一六〇
吴浚字説……一六一

劉節劉範字説 …… 一六二
黄東字説 …… 一六三
沙的行之字説 …… 一六三
吴仲堅字説 …… 一六五
王學心字説 …… 一六五
吴晉卿字説 …… 一六六
張元復字説 …… 一六七
鄧中易名説 …… 一六八
宋沂字説 …… 一六九
王玉字説 …… 一七〇
高諒字説 …… 一七一
卷八　字説 …… 一七二
孔得之字説 …… 一七二

姜河道原字説……一七四
豫章田三益字説……一七六
曾瑛字説……一七七
虞豐虞登字説……一七八
曾尚禮字説……一七九
萬實元茂字説……一八一
戈直伯敬字説……一八二
戈宜字説……一八三
湯盤又新字説……一八三
黄璧元瑜字説……一八五
朱肅字説……一八六
陳幼實思誠字説……一八六
黄珏玉成字説……一八七

陳君璋伯琬字説……一八八
沂州曹茂字説……一八九
陳文暉道一字説……一九〇
饒氏四子字説……一九一
楊忞楊悳字説……一九二
書武仁夫字説後……一九三
王章伯達字説……一九四
卷九　字説……一九五
玉元鼎字説……一九五
賴致廣字説……一九六
熊井仲洌字説……一九七
余淵字説……一九七
徐基士崇字説……一九九

陳壵伯高字說……二〇〇
游通喆仲字說……二〇一
崇仁縣元侯木撒飛仁甫字說……二〇三
吴成三子字說……二〇四
柴溥伯淵字說……二〇五
聶誼字說……二〇六
吴椿年久聞字說……二〇七
李安道字說……二〇八
曹璺君與字說……二〇九
雅德思誠字說……二一〇
吴彤文明字說……二一〇
黄鍾仲律字說……二一一
曹貫字說……二一三

何自明仲德字説……二一四
張彝字説……二一五
卷十　字説……二一七
雍吉剌德新字説……二一七
程世京伯崇字説……二一八
趙以文兄弟字説……二一九
易原以清名字説……二二〇
余浚字説……二二一
畢光祖宗遠字説……二二二
鄔昀兄弟字説……二二三
解觀伯中字説……二二五
陳幼德思敬字説……二二七
陳毅誼可更名更字説……二二八

關和鈞可權字說……二二九
鄧衍字說……二三〇
劉又新字說……二三二
彭訓永年字說……二三四
宋誠字說……二三五
吴琢玉成字說……二三六
丁儼字說……二三七
卷十一　書……二三九
與程待御書……二三九
答孫教諭詵書……二四〇
與憲僉趙弘道書……二四二
復董中丞書……二四三
答鄧以修書……二四五

與鄭提舉書……二四七
與祝静得書……二四八
與段郁文書……二四九
與鄭提舉書……二五〇
答姜教授書……二五二
答趙儀可書……二五三
與馮廉使書……二五五
答何友道書……二五五
答吴宗師書……二五六
卷十二　書……二五九
回劉參政書……二五九
與曹伯明書……二六〇
復谷總管書……二六〇

復趙廉使書……二六一
復王總管書……二六二
與子昂書……二六二
與李伯瞻學士書……二六三
答胡主簿書……二六四
復崇仁申縣尹書……二六五
答解推官書……二六六
與元復初書……二六六
與崔縣尹書……二六七
答吴淩雲書……二六七
復顔可遠書……二六八
答曾巽初書……二六八
與夏紫清真人書……二六九

與虞邵菴書……二七〇
復柳道傳提舉書……二七〇
回忽都篤魯彌實承旨書……二七一
回散散學士書……二七二
回王儀伯學士書……二七二
回曹子貞尚書書……二七三
與許左丞書……二七三
與高堯臣侍御史書……二七四
回吴宗師書……二七五
與王參議繼學書……二七五
卷十三　書……二七七
回全平章書……二七七
與張淡菴承旨書……二七八

與王伯宏中丞書……二七八
與烏伯都刺平章書……二七九
回饒睿翁書……二七九
與馬伯庸尚書書……二八〇
與龔國祥書……二八一
與胡石塘書……二八一
與董慎齋書……二八二
復孟中書……二八三
復蕭次張書……二八四
答黄浮山賀生日書……二八四
與于五雲書……二八五
答吴養浩書……二八六
答袁修德書……二八六

復曾所性書……二八七
復董容窓書……二八八
答康思濟書……二八八
答樂諒齊書……二八九
答和卿書……二八九
與希元書……二九〇
與可立書……二九一
與皆山書……二九一
與總管書……二九二
與人書……二九二
答劉道存書……二九三
答譚宣使書……二九四
與人書……二九五

賀何存心生日書……二九五
答熊貴文書……二九六
答項菊山書……二九六
答劉季和書……二九七
與蕭道士……二九七
與元復初書……二九八
回趙樗堂書……二九九

卷十四　書……三〇〇

儷語……三〇〇
賀劉熙載承旨八十啓……三〇〇
回何道心啓……三〇一
回溪山賀啓……三〇二
回何太虚賀啓……三〇二

回游和叔賀啓……三〇三
回余半隱賀啓……三〇四
回黄建可賀啓……三〇四
賀程雪樓生日啓……三〇五
回蕭獨清賀啓……三〇六
答鄔君行賀啓……三〇六
疏……三〇七
趙法師曹女喪求賻疏并序……三〇七
胡性初化修造疏……三〇八
回楊賢可縣尹賀生啓……三〇九
賀楊賢可縣尹續絃啓……三一〇
卷十五　序……三一一
出門一笑集序……三一一

癡絶集序……三一二
秋山翁詩集序……三一三
戴子容詩詞序……三一四
董震翁詩序……三一五
參同契序……三一六
鄔性傳詩序……三一六
聶詠夫詩序……三一七
鄧性可刪藁序……三一八
繆舜賓詩序……三一九
蕭粹可庸言序……三一九
孫少初文集序……三二〇
饒汝成詩序……三二一
皮季賢詩序……三二一

曾志順詩序 …… 三二二
諶季岩詩序 …… 三二二
平寃集録序 …… 三二三
黄懋直詩序 …… 三二三
謝仰韓詩序 …… 三二四
傷寒生意序 …… 三二五
何友聞詩序 …… 三二五
徐侍郎文集序 …… 三二六
記纂提要序 …… 三二七
許士廣詩序 …… 三二七
聶文儼詩序 …… 三二八
張仲默詩序 …… 三二八
歐陽齊汲詩序 …… 三二九

滕司業文集序……三三〇
張達善文集序……三三一
胡器之詩序……三三二
蔡思敬詩序……三三三
詩府驪珠序……三三四
曹璧詩序……三三四
黄純仁詩序……三三五
皮照德詩序……三三五
吴景南詩序……三三七
卷十六　序……三三八
診脉指要序……三三八
地理真詮序……三四〇
黄成性詩序……三四一

興善録序……三四二
皇極經世續書序……三四三
唐山鄭君詩序……三四四
黄少游詩序……三四五
内經指要序……三四六
馬可翁詩序……三四七
東麓集序……三四七
陳善夫集序……三四八
鰲溪群賢詩選序……三四九
丁英仲集序……三五〇
皮達觀詩序……三五一
光霽集序……三五一
四書言仁録序……三五二

增廣鐘鼎韻序……三五三
左傳事類序……三五四
一笑集序……三五四
熊希本詩序……三五五
丁暉卿詩序……三五五
富城醵飲賦詩序……三五六
春秋會傳序……三五七
易簡歸一序……三五八
服制考詳序……三五九

卷十七　序……三六二

皮魯瞻詩序……三六二
熊君佐詩序……三六三
劉志霖文藁序……三六三

長岡讌飲詩八十韻序……三六四
黄體元詩序……三六四
切韻指掌圖節要序……三六五
新編樂府序……三六六
運氣新書序……三六六
黄養源詩序……三六七
淝川書塾序……三六八
楊桂芳詩序……三六九
周立中詩序……三六九
運氣考定序……三七〇
伍椿年詩序……三七二
石晉卿易説序……三七二
虞舜民禮學韻語序……三七四

莊子正義序……三七五
詹沂仲文集序……三七六
詹天麟槧藁序……三七七
象山先生語録序……三七七
女教之書序……三七八
譚晉明詩序……三七九
劉鶚詩序……三八〇
張達善文集序……三八一
徐君頤詩序……三八二
卷十八　序……三八三
澮軒康氏詩藁序……三八三
周易略例補釋序……三八四
李學正小草序……三八五

葉氏瞽譚序……三八五
王實翁詩序……三八六
息窩志言序……三八七
續文鑑序……三八七
虞氏三子字辭序……三八八
皮粲字説序……三八九
朱元善詩序……三八九
鍾山泉聲序……三九〇
甲子釋義後序……三九一
春秋備忘序……三九二
鄧夔武詩後引……三九四
連道士詩序……三九五
鄔迪詩序……三九五

玄庵銘後序……三九六
羅垚詩序……三九八
明良大監序……三九八
金谿傅先生語録序……三九九
大西山白雲集序……四〇〇
劉巨川詩序……四〇一
曾可則詩序……四〇二
張氏自適集序……四〇二
張仲美樂府序……四〇四
卷十九　序……四〇五
唐詩三體家法序……四〇五
春秋類編傳集序……四〇六
元復初文集序……四〇七

六經補注序 …… 四〇八
事韻擷英序 …… 四〇九
活人書辯序 …… 四一〇
脉訣刊誤集解序 …… 四一二
蕭養蒙詩序 …… 四一三
省心詮要序 …… 四一三
清江黄母慶壽詩卷序 …… 四一四
書傳輯録纂注後序 …… 四一五
大元通制條例綱目後序 …… 四一七
何養晦詩序 …… 四一九
顔子序 …… 四二〇
周聖任詩序 …… 四二一
蕭獨清詩序 …… 四二一

州縣提綱序……四二三
黄定子易説序……四二四
陸宣公奏議增注序……四二五

卷二十　序……四二六

周易本説序……四二六
春秋諸國統紀序……四二八
周易輯説序……四二九
中庸簡明傳序……四三〇
春秋集傳釋義序……四三一
字體正訛序……四三三
貞觀政要集論序……四三四
甲子年表圖序……四三五
太玄準易圖序……四三六

春秋綱常序……四三八
古今通紀序……四三八
四書名考序……四三九
易説綱要序……四四〇
臨川王文公集序……四四〇
通典序……四四二
綱常明鑑序……四四三
曾子音訓序……四四四
卷二十一 序……四四六
存古正字序……四四六
篆書序……四四七
隸書存古辯誤韻譜題辭……四四八
經傳考異序……四四九

陶詩注序……四五〇
陶淵明集補注序……四五二
古學權輿序……四五三
毁曹操廟詩序……四五四
蒼山曾氏詩評序……四五四
學則序……四五五

卷二十二　序

徐中丞文集序……四五七
吴間間宗師詩序……四五七
周栖筠詩集序……四五九
李侍讀詩序……四六〇
劉尚友文集序……四六一
孫履常文集序……四六二

遺安集序……四六三
盛子淵擷藁序……四六四
金谿劉大博文集序……四六五
詩珠照乘序……四六五
吏事初基詩注序……四六六
周天與詩序……四六八
胡印之詩序……四六九
何敏則詩序……四六九
董雲龍詩集……四七〇
空山漫藁序……四七一
管季璋詩序……四七二
李元吉詩序……四七二
孫静可詩序……四七三

胡助詩序……四七四
金陵集序……四七四
谷口樵歌序……四七五
劉復翁詩序……四七六
豐城洪先生文集序……四七七
黄養浩詩序……四七八
秀山小藁序……四七八
東湖集藁序……四七九
吴伯恭詩序……四八〇
卷二十三　序……四八一
丁叔才詩序……四八一
張君才詩序……四八二
璜溪遺藁序……四八三

陳景和詩序 …… 四八三
王友山詩序 …… 四八四
行素翁詩序 …… 四八五
曠若谷詩文序 …… 四八六
吴非吾葦間挐音詩集題辭 …… 四八七
閤漕山陵雲内集序 …… 四八八
鎜方大成序 …… 四八九
古今通變仁壽方序 …… 四九〇
醫説序 …… 四九一
瑞竹堂經驗方序 …… 四九二
地理類要序 …… 四九三
葬書注序 …… 四九四
唐仲清先生遺文序 …… 四九四

卷二十四　序 …… 四九七

滕國李武愍公家傳後序 …… 四九七
趙國董正獻公家傳後序 …… 五〇〇
崇仁三謝逸事編序 …… 五〇一
邢氏孝行序 …… 五〇三
項氏守節詩序 …… 五〇四
趙氏慶壽詩序 …… 五〇五
贈琴士李天和序 天歷己巳 …… 五〇六
送鄉貢進士董方達赴吏部選序 …… 五〇九
贈饒熙序 …… 五一一
贈陳與道序 …… 五一二
贈教諭榮應瑞序 …… 五一三
贈史敏中侍親還家序 至順庚午 …… 五一四

贈何仲德序……五一五
贈周南瑞序……五一七
贈道士謝敬學序……五一八
贈易原遷袁州掾序……五一九

卷二十五 序……五二一

送董中丞赴江浙右丞序……五二一
送盧廉使還朝爲翰林學士序……五二二
别趙子昂序并詩……五二四
送鄧善之提舉江浙儒學詩序并詩……五二六
送吴真人序……五二八
送孔教授歸拜廟序……五二九
送監察御史劉世安赴行臺序……五三〇
送杜教授北歸序……五三三

送吕詵赴江西行省掾序……五三四
送皮溍赴官序……五三五
贈學録陳華瑞序……五三六
送徐則用北上序……五三七
贈豫章高晉序……五三九
送宋子章郎中序……五四〇
送崔兵部序……五四一
送邵天麟序……五四二

卷二十六　序……五四三

送李吉夫赴河南行省理問序……五四三
贈道士黄平仲遠遊序……五四四
送崔德明如京師序……五四五
送甘天民之京師序……五四七

送道士劉道圓序……五四八
送徐則韶赴播州儒學正序……五四九
送常寧州判官熊昶之序……五四九
贈王用可序……五五〇
送蕭九成北上序……五五一
送胡宗時序……五五二
送陳景咨序……五五三
贈無隱相士序……五五四
送袁用和序……五五五
贈醫家吴教授序……五五六
贈胡道士序……五五七
贈樂順德成序……五五八
贈葬師賴山泉序……五五九

送鄧顯宗序……五五九
送邵天民赴瑞金教諭序……五六〇
贈董起潛序……五六一
贈柳士有序……五六三
送章楫序……五六四
送法易子序……五六五

卷二十七　序

……五六六
國學生李黼泗州省親序……五六六
送曾叔山序……五六七
送王元直序……五六八
送郭以是序……五六九
送張相士序……五七〇
送虞叔常北上序……五七一

王德臣求賻序……五七二
送翟生序……五七四
贈陶人鄭氏序……五七五
送方元質學正序……五七六
送何慶長序……五七八
送鼇溪書院山長王君北上序……五七九
送南城教諭黄世弼序……五八〇
贈一真道人序……五八二
送彭澤教諭劉芳遠序……五八二
送陳洪範序……五八三
贈許成可序……五八四
贈無塵道者序……五八五
贈醫人陳良友序……五八六

送雷友諒序……五八七
送陳中吉序……五八七

卷二十八　序……五八九
贈梁教諭序……五八九
送李教諭赴石城任序……五九〇
送黄文中赴西澗書院山長序……五九一
贈袁州路府掾張復先序……五九二
送傅民善赴衡州路儒學正序……五九三
送唐古德立夫序……五九四
贈蘭谷曾聖弼序……五九五
送醫士蔡可名序……五九六
贈長沙王秀才序……五九六
贈張希德序……五九八

贈涂雲章序……五九九
送河北孔君嘉父官滿序……六〇〇
送姜曼鄉赴泉州路録事序……六〇二
送李道士雲遊序……六〇三
贈劉相師序……六〇四
送方實翁序……六〇五
送胡大中序……六〇五
贈黄生序……六〇六
送孔能静序……六〇七
送樂晟遠遊序……六〇八
送曾叔誠序……六〇九
贈謝有源序……六〇九

卷二十九　序

送崔知州序……六一一
送四川行省譯史李巖夫序……六一二
送申屠子迪序……六一四
送何友道游萍鄉序……六一五
贈李庭玉往岳州序……六一六
送卞子玉如京師序……六一七
送傅民善赴桃源州教授序……六一八
贈九山山人序……六一九
贈陳立仁序……六二〇
贈西麓李雲祥序……六二一
送邵文度仕廣東憲府序……六二三
贈劉泰觀序……六二三

贈襄陽高凌霄鵬翼序……六二四
贈南陽張師善序……六二五
贈方無咎序……六二五
贈相士吴景行序……六二七
贈袁用和赴彭澤求贐序……六二八
贈醫士章伯明序……六二八
送曾德厚序……六三〇
贈用和謝教授序……六三〇
送舒慶遠南歸序……六三一
贈墨工艾文焕序……六三二
贈朱順甫序……六三三

卷三十　序……六三四

送婁志淳太初赴石城縣主簿序……六三四

送廬陵解辰翁謁吏部選序……六三五
贈番易柴希堯序……六三六
贈彭有實序……六三七
贈碧眼相士序……六三八
贈紹興路和靖書院吴季淵序……六三九
送潘漢章序……六四〇
贈浮屠師了一片雲半間序……六四一
送廖信中序……六四二
送周德衡赴新城教諭序……六四三
送黎希賢序……六四四
贈數學胡一山序……六四五
送李雁塔序……六四六
送黄通判游孔林序……六四七

贈星禽詹似之序……六四八
贈張嘉符序……六四九
贈成用大序……六五一
贈洪德聲序……六五二
贈周尊師序……六五二
贈郭榮壽序……六五三
贈建昌醫學吴學録序……六五四
贈曹南壽序……六五五
送李仲謀北上序……六五六
卷三十一　序……六五八
贈李溉之序……六五八
送南安路總管趙侯序……六六〇
送廉訪司經歷莫侯序……六六一

送左縣尹序……六六二
贈楊謹初序……六六三
送黄文中遊京師序……六六四
贈邵志可序……六六五
送番陽陳仲江序……六六七
送袁用和赴彭澤教諭詩序……六六八
送林雁山序……六六九
送李庭秀序……六七〇
贈相士葉秋月序……六七一
送李文鄉序……六七一
贈王士温序……六七三
贈鄭子才序……六七四
贈周文暐序……六七五

贈羅以芳序……六七六
送王東野序……六七六
送樂順序……六七七

卷三十二　序……六八〇

清江皮氏世譜序……六八〇
井岡陳氏族譜序……六八一
廬陵王氏世譜序……六八一
詹氏族譜序……六八二
豐城縣孫氏世譜序……六八三
鄧氏族譜後序……六八四
羅山曾氏族譜序……六八五
廬陵婁氏家譜序……六八七
睢陽王氏家譜引……六八八

青雲吴氏族譜序……六八九
横岡熊氏族譜後序……六八九
豐城徐氏族譜序……六九〇
珠溪余氏族譜序……六九一
東川陳氏族譜序……六九二
桐木韓氏族譜序……六九二
宜黄譚氏族譜序……六九三
竇氏世譜序……六九四
龔氏族譜序……六九四
宜黄吴氏族譜序……六九五
龍雲李氏族譜序……六九六
宜黄曹氏族譜序……六九七
巴塘黄氏族譜序……六九八

呂城劉氏族譜序……七〇〇
金谿吴氏族譜序……七〇一
雲蓋鄉董氏族譜序……七〇二
中山趙氏家譜序……七〇三

卷三十三　序……七〇五

送彦文贊府序……七〇五
送趙宜中序……七〇六
送葛州判南歸序……七〇七
送曾巽初序……七〇八
送畢宗遠序……七〇九
贈清江晏然序……七一〇
送李晉仲序……七一二
送李見翁巡檢序并詩……七一三

李季度詩序……七一四
送臨汝書院山長黄孟安序……七一四
送江州路景星書院山長吕以能序……七一六
贈王相士序……七一八
贈篆刻謝仁父序……七一九
贈竹隱醫士序……七一九
送謝見山序……七二一
贈鄧自然序并詩……七二二
送陳景和序……七二三

卷三十四　序……七二五

送何太虚北游序……七二五
送廉充赴浙西照磨序……七二七
送趙仲然赴循州長樂縣主簿序……七二八

送陸教授序……七三〇
送皮昭德序……七三二
送程鼎實序……七三三
贈番陽吴岫雲序……七三四
送羅養正北游序……七三五
贈尹國壽序……七三六
贈之金陵序……七三七
送鄧性可序……七三八
爲趙法曹求賻序……七三九
贈一飛相士序有詩……七四〇
送程平父序……七四二
贈鬻書人楊良甫序……七四三
送葉鈞仲游孔林序……七四四

送范文孺痔醫序并詩……七四五
卷三十五　記……七四六
瑞鶴記……七四六
都運尚書高昌侯祠堂記……七四八
江西廉訪司經歷司廳壁記……七五一
寧都州判官彭從仕平寇記……七五二
廉吏前金谿縣尹李侯生祠記……七五五
臨川縣尉司職田記……七五八
撫州路達魯花赤禱雨記……七六〇
晉錫堂記見楚國程文憲公雪樓先生五世孫行在吏部郎中南雲家藏墨蹟……七六三
卷三十六　記……七六五
建昌路廟學記……七六五
潮州路重修廟學記……七六八

南安路儒學大成樂記 …… 七七〇
臨川縣學記 …… 七七三
宜黄縣學記 …… 七七五
樂安重修縣學後記 …… 七七七
武城書院記 …… 七七八
廣州路香山縣新遷夫子廟記 …… 七八〇
樂安重修縣學記 …… 七八三
卷三十七 記 …… 七八六
嶽麓書院重修記 …… 七八六
瑞州路正德書院記 …… 七八九
明經書院記 …… 七九一
潮州路韓山書院記 …… 七九四
丹陽書院養士田記 …… 七九六

都昌縣學先賢祠記……七九七
臨汝書院重修尊經閣記……七九九
湖口縣靖節先生祠堂記……八〇一
滹南王先生祠堂記……八〇二

卷三十八　記

……八〇四
建康路三皇廟記……八〇四
撫州重修三皇廟記……八〇六
宜黄縣三皇廟記……八〇九
江州城隍廟後殿記……八一一
崇仁縣社稷壇記……八一四
迎恩橋記……八一五
奉新縣惠政橋記……八一七
龍泉濟川橋記……八二〇

卷三十九　記

後山記……八二二
絜矩堂記……八二三
必葺齋記……八二四
立本堂記……八二六
崇仁縣招隱堂記……八二八
遠清堂記……八二九
可山記……八三一
復庵記……八三二
滁州重修孔子廟記……八三四
麓泉記……八三六
怡怡堂記……八三七
松巖記……八三九

卷四十　記

尊德性道問學齋記……八四一
儼齋記……八四三
忍默堂記……八四五
有原堂記……八四六
拙閑堂記……八四七
中和堂記……八四八
臨江路脩學記……八四九
逸老堂記……八五二
南樓記……八五三
約齋記……八五五
融齋記……八五六
時齋記……八五七

卷四十一　記 …… 八五九
儒林義塾記 …… 八五九
安福州安田里塾壁記 …… 八六一
朋習書塾記 …… 八六三
舊岡義塾記 …… 八六四
成岡書屋記 …… 八六六
重修李氏山房書院記 …… 八六七
十賢祠堂記 …… 八六九
寧都州學孫氏五賢祠堂記 …… 八七一
黎氏賢良祠記 …… 八七三
卷四十二　記 …… 八七五
樂閑堂記 …… 八七五
觀復堂記 …… 八七六

存與堂記……八七七
脩齊堂記……八七九
柏堂記……八八一
大中堂記……八八二
九思堂記……八八四
拙逸齋廬記……八八七
卷舒堂記……八八八
致樂堂記……八九〇
極高明樓記……八九一
卷四十三　記……八九四
善樂堂記……八九四
具慶堂記……八九六
謙光堂記……八九八

拂雲堂記……八九九
一樂堂記……九〇〇
百泉軒記……九〇一
閒靖齋記……九〇三
雪香亭記……九〇四
致存亭記……九〇六
恭安齋廬記……九〇七
明明齋室記……九〇八
凝道山房記……九〇九
心樂堂記……九一一
卷四十四　記……九一三
心遠亭記……九一三
順堂記……九一四

可堂記……九一五
思存堂記……九一七
堦岡堂記……九一八
弘齋記……九二〇
種德堂後記……九二一
自得齋記……九二三
養正堂記……九二四
香遠亭記……九二六
仁壽堂記……九二七
密齋記……九二九
觀復樓記……九三〇
尚古堂記……九三一

卷四十五　記

慶原別墅記……九三三
相泉記……九三六
墨莊後記……九三七
西園記……九三九
小隱源後記……九四〇
景雲樓記……九四二
山間明月樓記……九四三
蛾眉亭重修記……九四五
道山記……九四七
静虚精舍記……九四九

卷四十六　記……九五一

梅峰祠記……九五一

相山四仙祠記……九五三
玉華峰仙祠記……九五四
塗山庵記……九五六
豫章甘氏祠堂後記……九五七
雪崖書堂記……九五九
臨川饒氏先祠記……九六〇
靈傑祠堂記……九六二

卷四十七　記

……九六四
御香賚江陵路玄妙觀記……九六四
南山仁壽觀記……九六五
金華玉山觀記……九六七
瑞泉山清溪觀記……九六九
樂安縣招仙觀記……九七〇

崇仁縣仙遊昭清觀記……九七一
撫州玄都觀藏室記……九七三
仙原觀記……九七五
上方觀記……九七七
卷四十八　記……九七九
紫霄觀記……九七九
西陽宫記……九八一
仙岩元禧觀記……九八三
清溪道院記……九八五
大瀛海道院記……九八七
仙城本心樓記……九八九
紫極清隱山房記……九九一
崇賢舘記……九九三

卷四十九　記

宜黄縣杜熾興祖禪寺重脩記……九九五
净居院記……九九六
海雲精舍記……九九八
泰元院記……一〇〇〇
雲峯院重脩記……一〇〇一
元真院長明燈記……一〇〇二
五峯庵記……一〇〇三
小臺院記……一〇〇五
雲峯院經藏記……一〇〇七

卷五十　碑……一〇〇九

崇文閣碑……一〇〇九
通州文廟重脩碑……一〇一二

大都東嶽仁聖宫碑……一〇一三
南安路帝師殿碑……一〇一六
撫州路帝師殿碑……一〇一八
華蓋山雷壇碑……一〇二〇
崇仁縣孔子廟碑……一〇二二
江西等處行中書省照磨李侯平反疑獄之碑……一〇二四
天寶宫碑……一〇二六
撫州玄妙觀碑……一〇三一
興聖五公寺碑……一〇三三
長興院碑……一〇三五
卷五十一　原闕……一〇三七
卷五十二　原闕……一〇三八

卷五十三　銘

潛齋銘……一〇三九
蝓山銘……一〇三九
訥齋銘……一〇四一
忍恕堂銘……一〇四一
中倪庵銘爲陳又新作……一〇四二
省齋銘爲文士昌作……一〇四二
虚室記後銘爲危功遠作……一〇四三
梅泉亭銘并序……一〇四三
勉庵銘并序……一〇四四
王景瑞墨銘……一〇四五
静齋銘爲學子王章作……一〇四六
自如軒銘……一〇四六

真止軒銘并序……一〇四七
寶敬齋銘……一〇四八
遜齋銘……一〇四九
游壽翁墨銘……一〇五〇
履齋銘……一〇五〇
詹見翁墨銘……一〇五一
和樂堂銘……一〇五一
塵外亭銘……一〇五二
明極閣銘……一〇五二
清寧齋銘……一〇五三
山鍾琴銘……一〇五三
黄雲仙墨銘……一〇五四
觀瀾亭銘……一〇五四

省吾齋銘……一〇五五
率性銘……一〇五五
墨銘與袁自心……一〇五七
丹銘……一〇五七
落月古鏡銘……一〇五八
緝熙銘……一〇五八
耆樂堂銘……一〇五九
舟銘……一〇五九
杏壇銘遺陳應元……一〇六〇
新城縣觀音寺鐘銘……一〇六〇
菊庭王時可墨銘……一〇六一
崇厚堂銘……一〇六一
存齋後銘……一〇六二

明德銘……一〇六二
誠善銘……一〇六三

卷五十四　題跋

……一〇六四
題程侍御遠齋記後……一〇六四
題李赤傳後……一〇六五
題朱文公武夷棹歌遺墨……一〇六五
題術士彭時觀贈言後……一〇六六
跋樊教諭六峯……一〇六六
跋吴適可先世誥歷……一〇六七
跋胡剛簡公奏藁……一〇六八
題樊教諭齋名六峯……一〇六九
跋黄則陽藏烏樸齋石壁詩……一〇七〇
題余震伯撰父行述後……一〇七〇

跋吴瑞叔藏舅氏墨帖……一〇七一
題郭友仁佩觽集……一〇七二
跋蕭寺丞書梅山扁銘後……一〇七二
跋誠齋楊先生學箴……一〇七三
書秋山歲藁後……一〇七四
題羅縣尉遺事後……一〇七四
題彭澤尉廨後讀書巖亭記碑陰……一〇七五
題孔居曾侍圖……一〇七六
題張仲默夢元遺山授詩法圖……一〇七七
題董氏家傳世譜後……一〇七七
題高縣丞去官詩卷……一〇七八
題香遠亭記後……一〇七八
玄玄贅藁跋……一〇七九

題西齋倡和後……一〇八〇
題茅亭詩後……一〇八一
題曾母墓銘後……一〇八二
同知英德州熊侯墓誌後跋……一〇八二
九皋聲跋……一〇八三
沔陽尹氏家世跋……一〇八三
題徐雲韶雙喜……一〇八四
題臥龍圖……一〇八四
跋熊君佐詩……一〇八五
跋聱齋集……一〇八五
皮昭德北遊雜詠跋……一〇八六
卷五十五　題跋……一〇八七
題厲直之行卷……一〇八七

題吴節婦傳後……一〇八七
題廬陵公楊邳徐沛鄆保樓桑涿鹿八詩……一〇八八
題瓶城軒後記……一〇八九
題劉中丞事迹後……一〇八九
書胡氏隱几堂……一〇九〇
跋晦庵先生禮書……一〇九〇
跋魚圖……一〇九一
跋黄寺薄與媒氏帖黄帖附……一〇九一
題楊開先講義後……一〇九二
題詹慶瑞詩後……一〇九二
跋石鼓歌後……一〇九三
題謝德和詩後……一〇九三
題歐陽世譜後……一〇九四

題撫州陳教授東山卷……一〇九四
跋牧樵子花卉……一〇九五
題牧樵子花木……一〇九六
跋牧樵子鶺鴒……一〇九六
跋黄祖德廬山行卷……一〇九七
題四清堂散人家乘後……一〇九八
跋汪如松詩……一〇九九
題沛公踞洗圖……一〇九九
跋樂氏族譜……一一〇〇
題金谿吴節婦黄氏訓子詩後……一一〇〇
跋曾翰改名説……一一〇一
跋王令有人耕緑野無犬吠花村圖……一一〇二
題郝令德政碑後……一一〇二

跋曾氏墨蹟……………………………………一一〇三
題斗酒集……………………………………一一〇三
跋吴昭德詩……………………………………一一〇四
題李縉翁雜藁……………………………………一一〇五
題峽猿圖……………………………………一一〇六
題李皆春疏頭後……………………………………一一〇六
十公遺墨跋……………………………………一一〇七
題野航謝公遺墨後……………………………………一一〇七
跋誠齋楊先生易傳草藁……………………………………一一〇八
卷五十六　題跋……………………………………一一〇九
題劉愛山詩……………………………………一一〇九
題孝感詩卷後……………………………………一一一〇
題鄧立中所得贈言後……………………………………一一一一

題須溪劉太傅贈彭真觀爲兩書院復田序後……一一一二
跋唐國芳詩……一一一三
跋文信公封事……一一一三
跋楊補之四清圖……一一一四
書何此堂詩後……一一一四
題百魚朝一鯉圖……一一一五
題侍郎李公畫像……一一一六
題柳山長墓誌後……一一一六
題陶庵邵庵記後……一一一七
紹陵賜楊文仲詩後跋……一一一八
題進賢縣學增租碑引……一一一八
題彭學正圖書講義後……一一一九
題吴德昭世家譜……一一二〇

題戰國策校本……一一二〇
題貢仲章文藁後……一一二一
跋李氏家集……一一二二
題蘇德常誠齋……一一二三
題常道士易學圖……一一二四
題朱巨觀道宮薄媚曲後……一一二五
題羊舌氏家傳後……一一二六
跋趙運使録中州詩……一一二七
題陳德仁通書解……一一二七
題蔡人傑詩後……一一二八
題宏齋包公巽齋歐陽公遺墨後……一一二九
卷五十七　題跋……一一三〇
題致堂胡公奏稿後……一一三〇

題長豐鎮廟學誌後……一一三一
題晉周平西改勵圖……一一三二
李宗明詩跋……一一三二
馮竇二子善事敘後跋……一一三三
跋廬陵公書後……一一三四
題陸傳甫墓誌後……一一三四
題河南世系後……一一三五
題澶淵孟氏族譜後……一一三五
題咸淳戊辰御賜進士詩後……一一三七
題文公贈朱光父二大字後……一一三七
題朱望詩後……一一三八
跋梅亭李侍郎二絶句……一一三八
題先月老人自誌碑陰……一一三九

題安湖書院始末後……一一四〇
題讀書説後……一一四一
跋竹居詩卷……一一四一
題實堂記後……一一四二
題李伯時九歌圖後并歌詩一篇……一一四三
題楊氏忠雅堂記後……一一四六
題鶴山魏公所撰二李墓誌後……一一四八
跋黄革講義後……一一四九
題約説後……一一四九
卷五十八　題跋……一一五〇
題延祐丁巳諸貢士詩……一一五〇
題李太白二詩後……一一五一
題鄧希武喪母雜記……一一五一

題王景淵道書……一一五二
題習是病中所書字後……一一五二
題葛教授家藏雪齋姚公墨蹟後……一一五三
跋姜清叟書……一一五三
題山南曾叔仁詞後……一一五四
跋皮昭德藏李士弘所臨書譜……一一五四
題李承旨贈吴璉手帖後……一一五五
題姚博士與洪汝懋贈言後……一一五六
題甘公成詩集……一一五六
跋馮元益詩……一一五七
跋慈雲庵記……一一五七
題吴真人封贈祖父誥詞後……一一五八
題嚴氏四世家傳後……一一五九

題天文小圖……一一六〇
題何太虛近藁後……一一六一
跋鍾改之詩……一一六二
跋長清趙氏述先録……一一六二
題盧龍趙氏世家譜後……一一六三
題曾雲巢春郊放牧圖……一一六五
題毛宗文梅花二百詠……一一六五
題臧氏家譜後……一一六六
題范氏復姓祝文後……一一六六
跋楊顒諫諸葛武侯之辭後……一一六八
跋吴真人閤漕山詩……一一六九
題畫魚圖……一一七〇

卷五十九　題跋

題孫履常送饒壽可之官後序 …… 一一七一
題朱文公敬齋箴後 …… 一一七一
題朱文公答陳正己講學墨帖後 …… 一一七二
題康里子淵贈胡助古愚序後 …… 一一七三
題范清敏公贈墨工序後 …… 一一七四
跋饒氏先世手澤 …… 一一七五
題得己齋敘記詩卷後 …… 一一七六
題梁湘東王繹貢職圖後 …… 一一七七
題湯漢章爲程周卿治病卷後 …… 一一七九
題朱法師求雨應驗詩後 …… 一一八〇
題趙中丞逑眼醫説後 …… 一一八一
題汪龍溪行詞手稿後 …… 一一八二

題劉端夫送萬國卿序後……一一八三
題人瑞堂記後……一一八三
題李思温舉業稿後……一一八四
題葦齋記後……一一八五
題温公日歴藁……一一八七
題赤壁圖後……一一八七
卷六十　題跋……一一八九
題閻立本職貢師子圖……一一八九
題宣和畫女史箴圖……一一八九
跋葬説後……一一九〇
題物初賦序詩後……一一九一
跋張蔡國題黄處士秋江釣月圖詩……一一九一
題誠悦堂記後……一一九二

王氏瓶花瑞果詩跋 …… 一一九四
跋六龍圖 …… 一一九五
再跋曹壁詩後 …… 一一九五
題程縣尹光州德政詩後 …… 一一九六
葬地索笑圖跋 …… 一一九七
跋荏平梁君政績記後 …… 一一九八
題真樂堂記後 …… 一一九八
跋朱文公帖 …… 一二〇〇
題高宗御批後 …… 一二〇一
跋子昂寫度人經 …… 一二〇二
題棣華軒記後 …… 一二〇二
跋送范達夫序後 …… 一二〇三
跋永豐何縣尹德政頌 …… 一二〇四

卷六十一　題跋

卷六十一　題跋……一二〇六
題胡志甫墓誌後……一二〇六
題皮潒墓誌後……一二〇六
題思無邪齋説後……一二〇七
裴朗然詩跋……一二〇八
跋李伯瞻字……一二〇九
跋麓泉記後……一二〇九
跋孫過庭千文……一二一〇
跋子昂千文……一二一〇
題遺宋生……一二一〇
題宋列聖御容……一二一一
題朱近禮詩傳疏釋……一二一一
題畫蓮實卷後……一二一二

跋陳桂溪畫册……一二一二
題鍾氏藏書卷……一二一三
題皮南雄所藏畫……一二一三
書囂囂序後……一二一四
跋朱子所書陶詩……一二一六
跋曾翠屏詩後……一二一六
跋子昂書東坡王晉卿山水圖詩於熊大樂畫卷後……一二一七
題明皇出遊圖……一二一七
題遺廖生……一二一八
跋陳泰詩後……一二一九
題文山帖後……一二二〇
跋王登甫詩後……一二二〇
跋艾氏所收名公墨迹……一二二一

題正山詩卷後……一二二二
跋文丞相與妹書……一二二二
跋張葛狄范四公傳……一二二三
跋唐以方所藏吴司法帖……一二二三
題野莊詩卷後……一二二五
題袁學正先友翰墨後……一二二六

卷六十二　題跋……一二二七

題遺方生……一二二七
題蕭道士父示兒詩後……一二二八
龔德元詩跋……一二二九
題李伯時九歌後……一二二九
跋朱文公與程沙隨帖……一二三〇
題王晉初所藏畫……一二三〇

跋朱子慶元己未十二月四日與益公書……一二三一
跋地理書後……一二三一
題李襄公槐圖後……一二三二
跋陳氏丘隴圖……一二三四
題李太白墨迹後……一二三五
題耆英圖後……一二三五
跋趙子昂書麻姑壇碑……一二三六
跋洪母熊氏傳後……一二三七
題湯教授復學田詩後……一二三七
題趙子昂臨蘭亭帖後……一二三八
題皮疇小字四書後……一二三八
跋牟子理感論……一二三九
跋張丞相護佛論……一二三九

跋章貢嚴盾書説……一二四〇
跋黄縣丞遺迹後……一二四〇
題東溪耕樂圖後……一二四一
題蘭亭臨帖……一二四二
跋臨本蘭亭……一二四二
跋徐僉書御製後……一二四三
題秦國忠穆公行狀墓銘神道碑後……一二四三
跋陳吾道贈言後……一二四四
跋皮氏所藏蘭亭……一二四五
題伏生授經圖……一二四五
題采薇圖……一二四五
題南廟王太尉禮神文……一二四六
跋趙武德墓誌後……一二四七

題臺山遺稿後……一二四七
跋江徵君書思無邪三字……一二四八
題孔檜圖……一二四八

卷六十三　題跋……一二五〇

跋静安堂銘……一二五〇
鐔津文集後題……一二五一
跋婁行所敕黄後……一二五二
跋徐侍郎文集後……一二五三
題聚星亭贊後……一二五四
題東坡所寫墨竹……一二五五
題子昂仁智圖……一二五五
跋玉笥山圖……一二五六
跋謝尚書墨蹟後……一二五七

跋劉忠肅公與朱文公帖……一一五七
跋李公釋尚書帖……一一五八
跋鐔津文集……一一五八
跋吴君正程文後……一一五九
跋子昂楷書後……一一五九
題四君子贈疏山長老卷後……一一六〇
又跋朱子墨蹟……一一六〇
跋朱子書後……一一六一
題耕樂室……一一六一
題韓魁公墨蹟……一一六一
跋李公遺墨……一一六二
題崔氏孝行詩卷……一一六三
題李氏世業田碑後……一一六四

題夏幼安更名説後……一二六五
跋吴氏家乘……一二六六
跋金陵吴承信建炎四年户帖……一二六六
題剛簡胡公印歷……一二六七
跋李平章贈黄處士序詩後……一二六七
跋河南程氏外書……一二六八
題吴山樵唱……一二六八
卷六十四　神道碑……一二六九
元贈中奉大夫吏部尚書護軍清河郡元孝靖公神道碑……一二六九
大元榮禄大夫宣政使領延慶使贈推誠佐理功臣太師開府儀同三司上柱國齊國文忠公神道碑……一二七二
元榮禄大夫平章政事趙國董忠宣公神道碑……一二七六

故光禄大夫江南諸道行御史臺大夫贈銀青榮禄大夫江浙等處行中書省左丞相
上柱國魯國元獻公神道碑……一二八五
元故中奉大夫嶺北湖南道肅政廉訪使鄧公神道碑……一二八九
上卿大宗師輔成賛化保運神德真君張公道行碑……一二九一
卷六十五 墓碑……一二九六
有元同知東川路總管府事孫侯墓碑……一二九六
元贈亞中大夫輕車都尉懷孟路總管武功郡侯蘇府君墓碑……一二九八
元中子碑……一三〇一
耿縣丞封贈碑……一三〇三
故右衛親軍千户武略岳將軍墓碑……一三〇四
元贈少中大夫輕車都尉彭城郡劉侯封彭城郡張氏太夫人墓碑……一三〇六
卷六十六 墓碑……一三一一
趙郡賈氏先塋碑……一三一一

大元故朝列大夫僉燕南河北道肅政廉訪司事趙侯墓碑……一三一三
有元懷遠大將軍處州萬户府副萬户刑侯墓碑……一三一六
元故濬州達魯花赤贈中議大夫河中府知府上騎都尉追封魏郡伯墓碑丁卯……一三一八
大元少中大夫江州路總管贈太中大夫秘書大監輕車都尉太原郡侯王
安定公墓碑至順壬申……一三二一
皇元贈中順大夫禮部侍郎上騎都尉天水郡伯趙府君墓碑……一三二四
有元朝列大夫撫州路總管府治中致仕李侯墓碑元統癸酉……一三二六

卷六十七　墓表……一三三〇

有元翰林學士承旨資德大夫知制誥兼修國史加贈宣猷佐理功臣銀青榮禄大夫
少保趙國董忠穆公墓表……一三三〇
故存耕居士許公墓表……一三三七
元贈承務郎山東東西道宣慰司經歷蔡君墓表……一三三八
故武義將軍臨江萬户府上千户所達魯花赤也先不花墓表……一三四〇

廬陵易中甫墓表……一三四二
樂安陳文秀故妻賴氏阡表……一三四三
卷六十八　墓表……一三四四
故安慶府同知徐府君墓表……一三四四
元贈奉議大夫驍騎尉河東縣子段君墓表……一三四六
元贈承事郎封丘縣尹朱君墓表丁卯……一三四七
廬陵蕭明叔墓表……一三四九
劉季説墓表……一三五〇
揭志道墓表……一三五二
故善人申屠君墓表天歷戊辰……一三五三
元贈承務郎龍興路南昌縣尹熊君墓表……一三五七
故贈承事郎樂陵縣尹張君墓表……一三五八
國子生葉恒母楮氏墓表……一三六〇

卷六十九　墓表
大元昭勇將軍河南諸翼征行萬户贈宣忠秉義功臣資善大夫湖廣等處行中書省左丞上護軍齊國張武定公墓表……一三六一
故徐令人黄氏墓表……一三六四
元贈承事郎同知深州事崔君墓表……一三六六
石城胡際叔妻徐氏墓表……一三六七
故月舫翁熊君墓表……一三六九
故奉義大夫安定州達魯花赤秃忽赤墓表……一三七一
卷七十　墓表……一三七五
元懷遠大將軍行都漕運使贈昭勇大將軍真定路總管上輕車都尉博陵郡侯謚桓靖崔公墓表……一三七五
故逸士曹君名父墓表……一三七七
故宋太學進士解君墓表……一三七九

有元張君墓表……一三八〇
詹統制墓表……一三八二
姜公宜墓表……一三八五
故袁君季時墓表……一三八七
故儒學教諭余府君墓表……一三八八

卷七十一　墓表……一三八九

前進士豫章熊先生墓表……一三八九
有元管軍千户贈驍騎尉牟平縣子武德孫將軍墓表……一三九一
故萍鄉州儒學教授聶君墓表……一三九三
故侯府君唐卿墓表……一三九五
故延平路儒學教授南豐劉君墓表……一三九七
故逸士游君建叔墓表……一三九九
元贈承事郎德清縣尹朱君墓表……一四〇一

卷七十二　墓誌銘 ……一四〇三
樂安縣丞黄君墓碣銘……一四〇三
秋堂陳居士墓銘……一四〇五
亡妻余氏墓誌銘……一四〇五
將仕郎師濟叔墓誌銘……一四〇六
皮母羅氏墓誌……一四〇八
繆舜賓墓誌銘……一四〇九
秋堂陳居士夫人黄氏墓誌銘……一四一一
覺溪游君墓碣銘……一四一二
皮仲宜墓誌銘……一四一三
宜黄鄧母謝氏壙誌……一四一四
白山許君墓誌銘……一四一五
鄉貢進士周君墓誌銘……一四一七

朱氏静淑墓誌銘……一四一八
故龍興學録鄒君墓誌銘……一四二〇
林夫人鄭氏墓誌銘……一四二一
卷七十三　墓誌銘……一四二三
故逸士熊君佐墓誌銘……一四二三
故待補國學進士何君墓誌銘……一四二五
許母王氏夫人墓誌銘……一四二六
故太醫助教程妻駱氏墓誌銘……一四二八
魯國太夫人王氏墓誌銘……一四二九
元故嘉議大夫饒州路總管趙侯墓誌銘……一四三〇
元故少中大夫吉州路總管劉侯墓誌銘……一四三二
故文林郎東平路儒學教授張君墓碣銘……一四三五
元贈奉政大夫高唐知州驍騎尉封鄆城縣子姚府君墓碣銘……一四三八

史振之墓志銘……一四四〇

卷七十四　墓誌銘……一四四二

故樂溪居士吴君墓誌銘……一四四二

故鄉貢進士鄭君碣銘……一四四四

金谿余瑞卿墓誌銘……一四四六

黄亨叔墓誌銘……一四四八

元將仕佐郎贛州路同知會昌州事夏侯墓誌銘……一四五〇

故宋文林郎道州判官何君墓碣銘……一四五二

游恭叔墓碣銘……一四五五

故教諭劉君墓碣……一四五六

游竹坡墓誌銘……一四五八

卷七十五　墓志銘……一四六一

項振宗墓志銘……一四六一

有元萬載縣尹曾君夫人陳氏墓志銘……一四六五
樂安夏鎮撫墓誌銘……一四六六
故宋江州德化縣丞朱君墓碣銘……一四六八
故貧坡居士陳君墓誌銘……一四七〇
故鑑湖居士李君墓誌銘……一四七一
故次男吴衮墓銘……一四七二
故楚清先生龔君墓碣銘……一四七三
宜黄譚遇妻夏氏墓志……一四七六
李弘道墓志銘……一四七七
臨川曾母劉氏墓志銘……一四七八
卷七十六　墓志銘……一四八〇
故袁君主一甫墓志銘……一四八〇
故縣尹蕭君墓志銘……一四八一

故贛州教授李君夫人徐氏墓志銘……一四八四
故陳副使夫人黃氏墓志銘……一四八六
故臨川丁君墓志銘……一四八七
大元將仕郎南豐州判官蕭君墓志銘……一四八八
故詩人吴伯秀墓志銘……一四九〇
故金陵逸士寅叔王君墓碣銘……一四九一
故吴君慶長父墓誌銘……一四九三
故逸士趙君墓誌銘……一四九五

卷七十七　墓誌銘……一四九八

有元徵事郎翰林編修劉君墓誌銘……一四九八
故承直郎崇仁縣尹胡侯墓誌銘……一五〇〇
故千户黃府君墓誌銘……一五〇四
敕封宜人孔母羅氏墓誌銘……一五〇六

故游夫人余氏墓誌銘……一五〇八
故平山舒府君墓誌銘……一五〇九
故鄔君孟吉墓誌銘……一五一二
故月溪居士袁君墓碣銘……一五一三

卷七十八　墓誌銘……一五一五
故居士劉子清墓碣銘……一五一五
故逸士黄幼德墓碣銘……一五一八
故曾明翁墓誌銘……一五二〇
故曾夫人袁氏墓誌銘……一五二二
故王夫人于氏墓誌銘……一五二三

卷七十九　墓誌銘……一五二六
故臨川近山居士吴公墓誌銘……一五二六
故逸士張君静翁墓誌銘……一五二七

故槐庭居士王君墓誌銘……一五二九
故竹隱居士周君墓誌銘……一五三〇
故復軒居士吴君墓誌銘……一五三一
故黄母甘氏墓誌銘……一五三三
故朱夫人葛氏墓誌……一五三四
有元忠顯校尉同知吉水州事鄧君墓碣銘……一五三六
故貢士陳君墓誌銘……一五三八
故逸士廬陵蕭君墓銘……一五四〇
卷八十　墓誌銘……一五四二
故太常禮儀院判官文君墓誌銘……一五四二
元承事郎同知寧郡州事計府君墓誌銘……一五四四
大元中大夫益都般陽等處路陶金總管孫侯墓誌銘……一五四七
故咸淳進士鄒君墓志銘 泰定甲子……一五四九

臨川士饒宗魯妻周氏墓誌銘……一五五一
故金溪逸士葛君墓志銘……一五五二
故貢士蕭君墓誌銘……一五五四
故處士劉君墓誌銘……一五五六

卷八十一　墓誌銘……一五五八

故樊居士墓誌銘……一五五八
貴溪翁十朋故妻李氏墓誌銘……一五六〇
故逸士陳君雲夫墓誌銘……一五六二
故處士薛君墓誌銘……一五六四
金谿吴德勤墓誌銘……一五六五
故平洲居士劉士遠墓誌銘……一五六七
故逸士高周佐墓誌銘……一五六八
故西峰居士裘府君墓誌銘……一五七〇

卷八十二　墓誌銘

故桂溪逸士陳君墓碣銘……一五七三
金谿劉君妻吴氏墓誌銘……一五七三
故陳山長妻姜氏墓銘……一五七四
故金谿毛秀實妻陳氏墓銘……一五七六
故登仕吴君夫人余氏墓誌銘……一五七七
故吉水縣尉楊君墓誌銘……一五七八
故蒼山居士徐君墓銘……一五八〇
有元忠顯校尉富川縣尹皮府君墓誌銘……一五八二
樂安胡仲玉墓誌銘……一五八四
故南城楊泰可墓誌銘……一五八五
故臨川鄭君宏叔墓誌銘……一五八六
陳垚葬誌……一五八八

卷八十三　墓誌銘

故居士康君祥可墓誌銘丁卯……一五九一
吴叔升墓誌銘……一五九四
金溪吴昌文墓誌銘……一五九五
故梅埜逸士劉君墓誌銘……一五九七
故鄔夫人周氏墓誌……一五九九
袁弘道妻陳氏墓誌銘……一六〇一
樂安徐明可墓誌銘……一六〇二
宜春易君妻劉氏葬志……一六〇四
故撫城吴居士墓誌銘……一六〇五

卷八十四　墓誌銘

……一六〇七
有元承直郎南康路推官蕭君墓誌銘戊辰……一六〇七
故洞真處士周君墓誌銘……一六〇八

金溪余天麒妻吴氏墓誌銘……一六一〇
故登仕郎高君妻艾氏墓誌銘……一六一一
故太學進士黄君妻徐氏墓誌銘……一六一二
倪君立墓誌銘……一六一三
故静樂逸士黄君墓誌銘……一六一五
故山南逸士曾君墓誌銘……一六一七
卷八十五　墓誌銘……一六一九
金陵王居士墓誌銘……一六一九
元故從仕郎婺源州判官致仕操君墓志銘……一六二一
廬陵張君材墓志銘……一六二三
黄愚泉墓誌銘……一六二四
元故榮禄大夫江西等處行中書省平章政事李公墓誌銘……一六二五
故承務郎湖南嶺北道肅政廉訪司經歷范亨父墓誌銘……一六三三

卷八十六　墓誌銘

故處士季德吴君墓誌銘……一六三五
從仕郎瑞州路高安縣尹嚴君墓誌銘……一六三五
故逸士袁君脩德墓誌銘……一六三六
有元承事郎吉安路同知太和州事羅朋墓銘……一六四〇
有元同知茂州事葉君墓誌銘……一六四一
元故都目龔國祥墓誌銘……一六四三
金谿洪君士良故妻張氏墓誌銘……一六四五
故臨川逸士于君玉汝甫妻張氏墓誌銘……一六四七
撫州路陰陽學正彭從龍故妻徐氏墓誌銘……一六四九
元故金溪劉君國祥甫妻鄧氏墓誌銘……一六五〇

卷八十七　墓志銘

……一六五一
有元奉訓大夫南雄路總管府經歷譚君墓志銘壬申……一六五三

故修江鄭君朝舉墓志銘……一六五五
故池州路貴池縣尹致仕徐君墓碣銘……一六五七
故宋鄉貢士金溪于君墓碣銘……一六五九
故將仕佐郎贛州路儒學教授陳君墓碣銘……一六六〇
故臨川處士陳君墓碣銘……一六六二

卷八十八　行狀……一六六五

大元故御史中丞贈資善大夫上護軍彭城郡劉忠憲公行狀……一六六五

卷八十九　祭文……一六七四

國子學告揭大成新扁文……一六七四
祭周元公濂溪先生墓文……一六七五
慈湖丁蘭廟祝文……一六七五
祭樂安縣丞黄從事文……一六七六
祭吴叔震文……一六七八

祭危先生文……一六七九
祭外舅余東齋先生文……一六八〇
祭張達善文……一六八一
祭鄒居士文……一六八二
祭祝静得提舉文……一六八三
祭袁主一文……一六八三
祭沙卜珠宣慰文……一六八四
祭夏幼安文……一六八五
祭董平章文……一六八六
華蓋山禱雨文代申宰作……一六八七
卷九十　制　誥　表牋　經筵　講義……一六八八
制……一六八八
封張蔡國公制……一六八八

封天師制……一六八九
封仙姑制……一六八九
封孫真人制……一六九〇

誥……一六九一

追封秦國公……一六九一
追封張氏奉國夫人……一六九二
追封捏古真秦國夫人……一六九二

表牋……一六九三

謝賜禮幣表……一六九三
擬賀正表……一六九四
賀正牋……一六九五
擬賀登極表……一六九五
賀皇后表……一六九六

擬皇慶賀表牋二道……一六九七
經筵講議……一六九八
帝範君德……一六九八
通鑑……一六九九
卷九十一　韻語五言四句……一七〇一
感興詩二十五首……一七〇一
題諸葛武侯畫像……一七〇七
題陶淵明畫像……一七〇八
跋畫歸去来辭……一七〇八
題伏生授書圖有跋……一七〇八
題馬義望雲閣……一七〇九
題高節婦詩卷……一七一〇
徐節婦秘氏詩二首……一七一〇

題漁舟風雨圖 …… 一七一一
題張鶴溪萬里風行卷 …… 一七一一
題琴士戴天聲贈言 …… 一七一一
題王明遠筆 …… 一七一二
題雙頭菊 …… 一七一二
清隱軒爲梅泉毛使君題 …… 一七一二
題雙鵲圖 …… 一七一三
蘆雁 …… 一七一三
題姚竹居畫卷 …… 一七一三
題陳舜卿龍頭 …… 一七一四
月鏡相面兼揣骨 …… 一七一四
贈野碧葉相士 …… 一七一四
蘭意爲艾生賦甲子三日 …… 一七一五

畫猨……一七一五
題楊妃病齒圖……一七一五
玉田詩爲詹道士作……一七一六
送洪士芳遊廬山……一七一六
題金牛供佛圖……一七一六

卷九十二　韻語 七言四句……一七一七
題太祖太宗蹴踘圖有陳希夷趙韓王及二待詔……一七一七
驛舟過慈湖瞻禮丁侯廟……一七一七
題山水手卷……一七一八
題黄冠師出示手卷……一七一八
題聚星亭畫屏贊二首……一七一八
題梅埜圖……一七一九
題墨蘭圖……一七一九

題畫山水扇面……一七二〇
題徐滁州種德堂并序……一七二〇
題桃源春曉圖……一七二〇
贈壺中仙談命……一七二一
贈樂天術士談星命二首……一七二一
有示余六一公故履者爲題一絶……一七二二
文信公崖山贈歐陽伯雲詩……一七二二
奉題樵雲吟藁以畀其子……一七二二
贈況鈞赴澧州天門教諭……一七二三
題吕公干謁不遇手卷……一七二三
題伯時馬……一七二三
寄譚提舉三首……一七二四
次韻張廣微贈金谿祝自牧過撫遊洪二首……一七二五

贈黃相士……一七二五
贈曾耕野談星命二首……一七二六
跋牧樵子蒲萄……一七二六
題洞賓像……一七二七
贈地理者……一七二七
贈相士張月蓬仍其父號二首……一七二八
玉謙道惠茶惠墨不受次韻酬之二首……一七二八
移疾寓富州清都觀次韻朱元明送蕨……一七二九
送星學張雲臺……一七二九
贈全陽道人……一七三〇
題十八學士登瀛洲圖……一七三〇
題雪洲圖……一七三〇
題程鶴心風枝晴梢雨葉露幹四竹……一七三一

寄題無波亭……一七三一
題巫峽圖……一七三一
題秋山晚眺圖……一七三二
送國子生與貢充學正謁告歸省親……一七三二
題許氏樂善樓……一七三二
題遺山鹿泉新居詩後二首……一七三三
題半月芝蟾畫卷……一七三三
題曹農卿雙頭蓮圖二首……一七三四
題九鷺圖……一七三四
題漁舟圖……一七三五
題雙雉圖……一七三五
題山寺圖……一七三五
題郭學士衛州墜馬贈毉人序後三首……一七三六

題錦屏史仙繡牛圖三首……一七三七
題皮如心行囊中畫竹圖……一七三八
題愛蓮亭二首……一七三八
題嘉瑞亭二首……一七三九
題武宗元洗耳圖……一七三九
題董元山水圖……一七四〇
贈術士盧易仙二首……一七四〇
題相師周可山三首……一七四一
贈心天教授三首……一七四二
贈碧潭相士……一七四三
題金石編……一七四三
送蕭一真……一七四三
追和李侍郎絶句二首……一七四四

贈花秀才談命數二首……一七四四
贈曹山人……一七四五
題蹴踘圖并序……一七四五
題逃禪翁梅畫梅詞後二首……一七四六
題溪南煙雨圖……一七四七
道君十八鶴……一七四七
錢舜舉弁山雪霽圖……一七四七
和逯公謹……一七四八
題僧圓澤託生圖……一七四八
題王氏留春亭二首……一七四八
題韻答破衣和尚……一七四九
贈星學鄧雲樓……一七四九
題寒雀圖……一七五〇

題馬圖……一七五〇
四偈奉寛齋居士……一七五〇
寄題棲碧山……一七五一
題山水圖……一七五一
自然道人賣藥都市因賦小詩……一七五二
題雅集圖……一七五二
題郝陵川鴈足繫詩後……一七五二
題忻州嘉禾圖 并序……一七五三
題湖山卷……一七五四
題和靖觀梅圖……一七五四
永豐毛月厓及其子拱辰俱善談星數往往能奇中索詩爲賦二十八字……一七五五
獨醒吟四首爲友人張太亨作……一七五五
次韻奉答元鎮内翰省郎 三首……一七五六

題金魚塘阡表後……一七五七
延祐三年丙辰十有一月甲子詩贈武當山月梅道士二首……一七五七
方壺圖二首并序……一七五八
寄題洪氏碧潭……一七五九
戲筆依韻奉答武當皮道士二首……一七五九
贈月矑相師……一七六〇
贈碧溪相師……一七六〇
彭澤遇成之之京都有序……一七六〇
贈周楊遺墨……一七六一
題湯氏賑飢手卷有序……一七六一
瓶梅圖……一七六二
劉商觀棋圖……一七六二
太乙真人蓮葉圖……一七六二

寄題佑聖觀山水勝處……一七六三
題寒江獨釣圖 二首……一七六三
贈黄太初畫魚……一七六四
晴窗梅影裏聽陳吾道弾琴……一七六四
建康西江避暑用滕玉霄韻贈章如山……一七六五
贈李放慵……一七六五
贈穿天星翁……一七六六
題内丹顯秘 有序……一七六六
題蜂猴圖……一七六七
題趙氏先德碑 并序……一七六八
題朱簿淵采菊圖 二首……一七七〇
送汪復心致仕得封贈之典歸隱 二首……一七七一
送高郵彭壽伯訓導歸宜春省親 二首……一七七一

贈傅省巖道士……一七七二
題伯時馬……一七七二
題舜舉馬……一七七三
贈陳曉山相士 二首……一七七三
壽全平章……一七七四
答疏山長老茶磨之貺 二首……一七七四
贈玄鶴師……一七七五
爲游竹州題墨竹……一七七五
贈相士李樵野……一七七五
卷九十三 五言律詩……一七七六
贈羅叔厚 并跋……一七七六
贈黄醫 并跋……一七七七
別閻承旨……一七七七

次韻吴玄玄道判……一七七八
送黄學志往京兆迎親……一七七八
題伏生授書圖……一七七九
次韻程簿……一七七九
次韻栽禾飯吟二首……一七八〇
市山曾貢士挽詩……一七八一
吉州司法董迪功哀詩三首……一七八一
贈星禽陳小洲……一七八二
次韻段録事審囚勸分二首……一七八三
再韻酬蘭谷贈行之章……一七八三
鄧恕軒哀詩……一七八四
送南雄總管之子皮昭德赴京當儤使……一七八五
鷹峰范處士挽歌……一七八五

次韻鄭潛庵……一七八六
贈管葬師……一七八六
送王仲温郎中之湖廣省……一七八七
送富州尹劉秉彝之京……一七八七
送唐教導先生往見鄉先達……一七八八
金陵友竹吴君挽辭……一七八八
題學詩堂……一七八九
翁制屬挽詩……一七八九
送鄰人元德之武昌……一七九〇
送國子學吴生歸爲世大父大父壽……一七九〇
送李景仙歸湖南……一七九一
題大都姚氏爲祈助教辦葬費詩卷……一七九一
送大明路儒學正赴任……一七九二

送梁必大知事之婺州……一七九二
題洪母熊氏墓銘後……一七九三
贈楊教授……一七九三
贈杏隱車省醫……一七九四
和劉尚友……一七九四
贈熊景山造崇仁蓮漏成歸金谿……一七九五
孤舟李君哀詩二首……一七九五
天師留國公哀詩……一七九六
贈廣昌黄慶甫談葬術……一七九六
豫章貢院即事奉和雲林提舉晚春閒居舊韻二首……一七九七
又和張仲美韻二首……一七九七
與張仲美别仍用前韻二首……一七九八
美王彦飛父母受贈官并序……一七九九

爲舒景春賦東皋……一七九九
奉贈林間上人……一八〇〇
送國子伴讀李亨受儒學教授南還……一八〇〇
題唐西平王李氏族譜後……一八〇一
贈廊庵隱士吴君瑞……一八〇一
傅居士挽歌……一八〇二
壬子自壽……一八〇二
追補故山長竹坡婁君挽歌 三首……一八〇三
追補張萬户挽詩……一八〇四
元榮禄大夫司徒饒國公吴公挽詩 二首……一八〇四
玄教宗師張上卿挽詩……一八〇五
贈裴子晉相士……一八〇五
贈陳可復寫真其人事佛……一八〇六

卷九十四　七言律詩 ……一八〇七

勉學吟 四首 ……一八〇七
歌風臺 ……一八〇八
過種湖觀訪雷空山不遇因見其所注莊子留詩贈之 ……一八〇九
贈月鑑相士劉德輝 ……一八〇九
燕城 ……一八一〇
呈留丞相 三首 ……一八一〇
用贈李燦然韻述懷 ……一八一一
墨詩壽趙中丞 ……一八一二
題林西隱居 ……一八一二
和相山提點黃平仲 ……一八一三
送征東儒學提舉敖止善榮還高安 ……一八一三
依韻奉答明極講主禅師 ……一八一四

立春日寓北方賦雪詩 …… 一八一四
寄贈盱江名醫湯又新 …… 一八一五
次別易耕雪 …… 一八一五
書別李燦然 …… 一八一六
送幾泉石上人南歸 …… 一八一六
九皋亭 …… 一八一七
疊葉梅 …… 一八一七
洪賓客席上次韻張希 …… 一八一八
贈劉浦雲相士 …… 一八一八
題橘隱棋師 …… 一八一九
道山詩 …… 一八一九
送國子伴讀倪行簡赴京 …… 一八二〇
送盱江朱仁卿省親 …… 一八二〇

和齊年徐宰韻贈傳神黃義卿……一八二一
孫提點舒嘯出示前姚司業南樘寫詠軒詩悵斯人之不復見次韻以寓感慨云……一八二一
寄題節孝先生祠……一八二二
答揚州盛子淵……一八二二
送龔舜咨南歸 有序……一八二三
詩贊榮侯父子讓官之美……一八二三
題陳西樓記詠集末 有序……一八二四
和竇神清惠教韻……一八二五
宣尼吟……一八二五
贈朱法師 有序……一八二六
玄鑑言命詩以謝之……一八二七
題大乾廟壁 有跋……一八二七

卷九十五　韻語 七言律……一八二九
次韻息窩道人……一八二九
次韵彭澤和縣尉讀書岩亭……一八二九
次韵酬彭澤和縣尉……一八三〇
徐道川次文生韻仍韻奉呈……一八三〇
歸舟次韵徐道川……一八三一
寄濟州張脱脱和孫……一八三一
長蘆岸阻雪次韻張仲默 二首……一八三二
又次韵張仲默……一八三二
壽董中丞……一八三三
疏齋盧學士和郝奉使立秋感懷余亦次韻 二首……一八三三
又次韵謝疏齋和章……一八三四
夜坐四次韵……一八三四

晝坐五次韵……一八三五
石泉法師來自天京朝士有詩道其雨晴感應之速玄玄道判率予繼作遂亦不辭……一八三五
有畫影談命人於真州厚獲而去其門弟子繼來……一八三六
客中即事次韵元復初郊行 二首……一八三六
次韵元復初飲歸……一八三七
次韵劉縣丞漕運述懷之作……一八三七
次韻博士牛吉卿……一八三八
次韻送袁惟一遊盱自鄭舘……一八三八
次韵謝友和 二首……一八三九
次韻餞胡器之挾詩府驪珠遊江左浙右 二首……一八三九
贈謝兄遊齊安……一八四〇
用魯山段録事和李簽士丁麻姑韻時段奉憲檄賑濟……一八四一
秋孟讀書林中觀梅追和主人十疊之歌 二首……一八四一

潛庵蘭思有倡和以示天慵而不以示余次韻索之二首……一八四二
仍韻奉答潛庵官長……一八四三
送敦教授之英德……一八四三
送空山雷講師門人丹陵胡道士游京師二首……一八四四
次韻胡器之問病……一八四四
題倒騎驢觀梅圖……一八四五
次韻袁惟一寄贈……一八四五
次韻浩齋喜雨……一八四六
題西峰隱居……一八四六
寄題桂溪陳氏山居……一八四七
偶次韻何太虛九日寄皮昭德時太虛將往觀山因阻雨留清江鎮
余寓芸香樓……一八四七
白雲亭詩并跋……一八四八

禱雨次韵酬袁惟一……一八四八
旴江童氏重修喜清堂……一八四九
次韻王學士七夕新秋二首……一八四九
王承旨壽日……一八五〇
寄題醫士陳氏意齋……一八五〇
次韻吴真人題侯講師損齋……一八五一
題許氏時思堂……一八五一
賈參政壽日二首……一八五二
次韵楊司業……一八五二
次韻楊司業喜雨……一八五三
寄題許氏文會堂……一八五三
次韻楊司業芍藥……一八五四
次韵楊司業牡丹二首……一八五四

題某翁慶壽詩卷…………一八五五
次韻寄揭浩齋…………一八五五
送王國卿博士提舉陝西儒學…………一八五六
題送耿子明還家養母序後…………一八五六
題曹氏褒德集…………一八五七
曹彦禮易齋…………一八五七
題徐妻趙氏貞節傳後…………一八五八
題徐威卿學士贈吕子敬總管三詩後…………一八五八
壽詩…………一八五九
途中代東監學僚友…………一八五九
朝回再次韻…………一八六〇
題簡齋陳參政奏藁後有跋…………一八六〇
次韵酬劉監簿…………一八六一

題御史謙齋瑞竹卷……一八六一
次韻息窩道人遠寄 二首……一八六二

卷九十六　韻語 七言律

送人遊武昌……一八六三
送談星命者往武昌……一八六四
贈僧遊廬山……一八六四
贈羅心遠……一八六五
贈杏林吴提領……一八六五
寄題饒氏西園……一八六六
贈談命人熊景仁……一八六六
追補楊唐州挽歌……一八六七
與郭友仁……一八六七
贈地理鄒晞陽……一八六八

和元夕觀燈……一八六八
和陸景薦二首……一八六九
次韻别文穆……一八六九
和答枝江令何朝奉有序……一八七〇
送李春谷往受道籙二首……一八七一
貢院中和張仲美……一八七二
九日登樓……一八七二
貢院校文用張韻四首……一八七三
和韻雙頭白蓮……一八七四
彭澤水驛和虞脩撰……一八七五
登孤山有序……一八七五
題彭浪廟……一八七六
重題峨眉亭……一八七六

次韻答謝玉溪求墨……一八七七
用韻酬梅月翁 二首……一八七七
癸丑生日次韻酬黄山長……一八七八
寄題胡氏園趣圃……一八七八
次韻魯司業 二首……一八七九
澧陽通濟橋……一八七九
題敗荷 并序……一八八〇
贈游遜仲 有序……一八八〇
方塘詩爲匡廬山陰學道之士朱清逸作……一八八一
贈陽醫士……一八八一
贈洪均……一八八二
題豫章紫極宫太古樓寄余傅二道士……一八八二
雪巖詩……一八八三

贈相地者……一八八三
贈術者……一八八四
壽周栖筠……一八八四
贈金精丁葬師見丁氏家藏使重書墨蹟……一八八五
卷九十七　韻語五言古詩……一八八七
次韻湖北程廉使訪歲寒亭亭在黄鶴山下有柏一株竹數莖……一八八七
次韻南阜避暑……一八八八
次韻靈興避暑……一八八九
贈清江楊信可……一八九〇
餞王講師分韻得波字……一八九〇
題詹澗草蟲……一八九一
題熊生篆卷……一八九一
送謙山大師歸吴興……一八九二

題孔知府致仕……一八九二
談經次韻夏編修……一八九三
寄董平章……一八九三
送楊志行赴閩海照磨效其體……一八九四
題四皓圖……一八九四
贈無名名理太古……一八九五
送涂君歸淛……一八九五
代東曾小軒謝馮筆蠟紙之貺……一八九六
贈趙法師……一八九七
贈人求賻……一八九七
題唐隱士盧鴻十志圖……一八九八
題周御史所作梁氏貞節詩後……一八九八
贈純真張道人……一八九九

題畫蘭……一九〇〇
江西秋闈分韻有序……一九〇〇
登撫州新譙樓……一九〇一

卷九十八　韻語七言古風……一九〇三

雪谷早行爲張允中作……一九〇三
贈道士劉季榮并序……一九〇四
極高明亭……一九〇五
郭司令歸壽母……一九〇五
題東坡古木圖……一九〇六
次韻楊司業……一九〇六
題劉秘書贈劉德明字説後……一九〇七
題羅漢過海圖……一九〇七
奉還師授小藁……一九〇八

雪峰歌爲傳繼先作……一九〇八
壽劉承旨并序……一九〇九
湖口阻風登江磯山觀濤……一九一〇
輔夫人慶八十詩……一九一〇
題劍池驛樓詩舊日寶氣亭今撤而爲樓……一九一一
題女真調馬圖……一九一二
次韻蘭谷東寄……一九一二
次韻玉清避暑二首……一九一三
張道人開華蓋山路……一九一五
和王講師食官長吉州俸米飯長句……一九一五
題柴氏悦親堂圖……一九一六
詩十二韻留别治書相公干轉呈中丞相公……一九一七
曾君希轍以道法遊諸方徵予賦詩……一九一七

玉宵詩贈玉成教諭……一九一八
八駿圖……一九一八
題玉霄贈西山胡氏筆工……一九一九
贈寫真劉壽翁……一九一九
龜室并序……一九二〇
送里中星禽人往東廣省兄……一九二一
壽王講師……一九二一
題米元暉山水……一九二二
送真楊師遠遊……一九二二
如齋詩……一九二三
印千江月來軒……一九二三
羅漢圖……一九二四
贈畫史黃庸之……一九二四

自牧歌贈僧自牧……一九二五
送時中内翰……一九二五
送江州學録潘興祖……一九二六
贈楊山人……一九二六
李母慶九十……一九二七
題張郡侯慶壽……一九二七
過枯河……一九二八
題東坡載笠着屐圖……一九二九
題牧牛圖……一九二九
卷九十九　韻語……一九三一
臨江仙……一九三一
謁金門　依韻和孤蟾四闋……一九三二
渡江雲　揭浩齋送春……一九三三

木蘭花慢　和楊司業梨花……一九三三
再用韻……一九三四
三用韻……一九三五
四用韻……一九三五
水調歌頭……一九三六
卷一百　韻語楚語　雜題……一九三七
楚語……一九三七
約離騷……一九三七
泗濱四章并序……一九三八
楚歌五首勸潭士歸鄉……一九三九
題蘆鴈飛鳴宿食圖……一九四〇
楚語贈歐陽尚古……一九四一

雜題

雜題……一九四二
題鄭印心龍頭……一九四二
題况生手卷……一九四二
跋牧樵子草蟲……一九四三
跋虎溪三笑圖……一九四三
題王氏洗經圖……一九四四
題東溪周氏畫魚……一九四四
題子昂竹石……一九四四
題馬圖……一九四五
題牧樵子草蟲……一九四五
跋草蟲……一九四五
跋一犁春雨圖……一九四六
跋牧牛圖……一九四六

題飛鳴宿食四鴈圖 …… 一九四六
宋徽宗二鵲圖 …… 一九四七
題劉壽翁爲予寫真見家藏遺像墨蹟 …… 一九四七
自警二首前丙寅十八歲作 …… 一九四八
題閤皂山 …… 一九四八
題蘇李泣别圖 …… 一九四九
送陳小庭之廬山 …… 一九四九
晦庵畫像贊 …… 一九五〇
寧可無頃 …… 一九五〇
贈術者自言能通皇極經世訣戊辰五月 …… 一九五一
贈金工新學篆剔癸酉六月 …… 一九五二
宜黄友人遠遊不反因其投贈用韻招之乙亥七月 …… 一九五二
贈術者丙子二月 …… 一九五三

和桃源行效何判縣鍾作……一九五四
懷黄縣丞申時避亂寓華蓋山丁丑四月……一九五四
忍卦……一九五五
送樂希魯之高安征官見樂氏家藏墨蹟……一九五六
自贊畫像……一九五六

補編

臨川草廬吴先生道學基統……一九六一
學基……一九六一
學統……一九六五
教法……一九六八
一曰經學……一九六八
二曰行實……一九七一

三曰文藝……一九七一
四曰治事……一九七二

臨川吴文正公外集　卷一……一九七三

私録綱領……一九七三
箴銘……一九七四
勤箴……一九七四
謹箴……一九七四
敬銘……一九七五
和銘……一九七六
颜冉銘……一九七八
理一箴……一九七九
自新銘……一九八二
自脩銘……一九八三

消人欲銘……一九八三
長天理銘……一九八四
克己銘……一九八五
悔過銘……一九八七
五興 水 玉 泉 火 蕙稗……一九八八
紀夢……一九九〇
矯輕銘……一九九三
警惰銘……一九九三
訟惡箴……一九九四
謹言動箴……一九九五
伯夷傳……一九九七
臨川吴文正公外集　卷二……二〇〇〇
雜識……二〇〇〇

一……二〇〇〇
二……二〇〇一
三……二〇〇二
四……二〇〇二
五……二〇〇四
六……二〇一〇
七……二〇一一
八……二〇一一
九……二〇一二
十道統……二〇一四
十一……二〇一七
十二……二〇一七
十三……二〇一八

十四……二〇一九
十五……二〇二〇
十六……二〇二二
十七……二〇二三

臨川吴文正公外集　卷三……二〇二五

雜著……二〇二五
謁趙判簿書……二〇二五
發解謝繆守書……二〇二九
謝張教……二〇三二
謝程教……二〇三四
謝僉幕……二〇三七
謝推幕……二〇三八
答程教講義……二〇三九

附録

年譜并序……二〇四九
行狀……二〇七七
元史列傳……二〇九五
壙記……二一〇〇
神道碑……二一〇二
後記……二一〇八

卷一　雜著

四經敘録

易，伏羲之易。昔在皇羲，始畫八卦，因而重之爲六十四。當是時，易有圖而無書也。後聖因之，作連山，作歸藏，作周易。雖一本諸伏羲之圖，而其取用蓋各不同焉。三易既亡其二，而周易獨存。世儒誦習，知有周易而已。伏羲之圖鮮或傳授，而淪没於方伎家。雖其説具見於夫子之繫辭、説卦，而讀者莫之察也。至宋邵子，始得而發揮之。於是人乃知有伏羲之易，而學易者不斷自文王、周公始也。今於易之一經，首揭此圖，冠于經端，以爲伏羲之易，而後以三易斷之。蓋欲使夫學者知易之本原，不至尋流逐末，而昧其所自云爾。

連山，夏之易。周禮：太卜掌三易，「一曰連山，二曰歸藏，三曰周易。其經卦皆八，其別皆六十有四」。或曰神農作連山，夏因之。以其首艮，故曰連山，今亡。歸藏，商之易。子曰：「我欲觀殷道，是故之宋，而不足徵也。吾得坤乾焉。」說者以坤乾爲歸藏。或曰黄帝作歸藏，商因之。以其首坤，故曰「歸藏」，今亡。

周易上下經二篇，文王、周公作。彖、象、繫辭上下、文言、說卦、序卦、雜卦、傳十篇，夫子作。秦焚書，周易以占筮獨存。漢志「易十二篇」，蓋經二、傳十也。自魏、晉諸儒，分彖、象、文言入經，而易非古。注疏傳誦者苟且仍循，以逮于今。宋東萊先生吕氏始考之，以復其舊，而朱子因之。第其文字闕衍謬誤，未悉正也。故今重加修訂，視舊本頗爲精善。雖於大義不能有所損益，而於羽翼遺經，亦不爲無小補云。

書二十八篇，漢伏生所口授者，所謂今文書也。伏生故爲秦博士，焚書時，生壁藏之。其後兵起，流亡。漢定，生求其書，亡數十篇，獨得二十八篇，以教授于齊、魯之間。孝文時，求能治尚書者，天下無有。欲召生，時年九十餘矣，不能行。詔太常遣掌故鼂錯往受之。生老，言不可曉，使其女傳言教錯。齊人語多與潁川異，錯所不知凡十二三，略以其意屬讀而已。夫此二十八篇，伏生口授，而晁錯以意屬讀者也。其間闕誤顛倒固多，然不害其爲古書也。漢、魏數百年間，諸儒所治，不過此爾。當時以應二十八宿，蓋不知二十八篇之外猶有書也。東晉元帝時，有豫章内史梅賾，增多伏生書二十五篇，稱爲孔氏壁中古文。鄭沖授之蘇愉，愉授梁柳。柳之内兄皇甫謐從柳得之，以授臧曹，曹授賾，賾遂奏上其書。今考傳記所引古書在二十五篇之内者，鄭玄、趙岐、韋昭、王肅、杜預輩并指爲逸書，則是漢、魏、晉初諸儒曾未之見也。故今特出伏氏二十八篇如舊，以爲漢儒所傳確然可信，而晉世晚出之書别見于後，以俟後之君子擇焉。

書二十五篇，晉梅賾所奏上者，所謂古文書也。書有今文、古文之異，何哉？晁錯所受伏生書以隸寫之。隸者，當世通行之字也，故曰今文。魯恭王壞孔子宅，得壁中所藏，皆科斗書。科斗者，倉頡所製之字也，故曰古文。然孔壁真古文書不傳，後有張霸僞作舜典、汨作、九共九篇、大禹謨、益稷、五子之歌、胤征、湯誥、咸有一德、典寶、伊訓、肆命、原命、武成、旅獒、冏命，二十四篇，目爲古文書。漢藝文志云：「尚書經二十九篇。」古經十六卷二十九篇者，即伏生今文書二十八篇及武帝時增僞泰誓一篇也。古經十六卷者，即張霸僞古文書二十四篇也。漢儒所治，不過伏生書及僞泰誓共二十九篇爾。張霸僞古文雖在，而辭義蕪鄙，不足取重於世以售其欺。及梅賾二十五篇之書出，則凡傳記所引書語，注家指爲逸書者收拾無遺，既有證驗，而其言率依於理，比張霸僞書遼絶矣。析伏氏書二十八篇爲三十三，雜以新出之書，通爲五十八篇，并書序一篇，凡五十九，有孔安國傳及序，世遂以爲真孔壁所藏也。唐初諸儒從而爲之疏義，自是以後，漢世大小夏侯、歐陽氏所傳尚書止有二十九篇者，廢不復行，惟此孔壁傳五十八篇孤行於世。伏氏書既與梅賾所增混淆，誰復能辨？竊嘗讀之，伏氏書雖難盡通，然辭義古奥，其爲上古之書無疑。梅賾所增二十五篇，體製如出一手，采集補綴，雖無一字無所本，而平緩卑弱，殊不類先漢以前之文。夫千年古書，最晚乃出，而字畫略無脱誤，文勢略無齟齬，不亦大可疑乎？吴氏曰：「增多之書皆文從字順，非若伏生之書詰曲聱牙。夫四代之書，作者不一，乃至二人之手而定爲二體，其亦難言矣。」朱仲晦曰：「書凡易讀者皆古文，豈有數百年壁中之物不訛損一字者？」又曰：「伏生所傳皆難讀，如何伏生偏記其所難，而易者全不能記也？」又曰：「孔書至東晉方出，前此諸儒皆未見，可疑之甚。」又曰：

「書序伏生時無之，其文甚弱，亦不是前漢人文字，只似後漢末人。」又曰：「小序決非孔門之舊，安國序亦非西漢文章。」又曰：「先漢文字重厚，今大序格致極輕。」又曰：「尚書孔安國傳是魏、晉間人作，託安國爲名耳。」又曰：「孔傳并序皆不類西京文字氣象，與孔叢子同是一手僞書。蓋其言多相表裏，而訓詁亦多出小爾雅也。」夫以吴氏及朱子所疑者如此，顧澄何敢質斯疑而斷斷然不敢信此二十五篇之爲古書，則是非之心不可得而昧也。故今以此二十五篇自爲卷袠，以别於伏氏之書。而小序各冠篇首者復合爲一，以寘其後，孔氏序亦并附焉，而因及其所可疑，非澄之私言也，聞之先儒云爾。

詩風、雅、頌凡三百十一篇，皆古之樂章。六篇無辭者，笙詩也。舊蓋有譜以記其音節，而今亡。其三百五篇，則歌辭也。樂有八物，人聲爲貴。故樂有歌，歌有辭。鄉樂之歌曰風，其詩乃國中男女道其情思之辭，人心自然之樂也。故先王采以入樂，而被之絃歌。朝廷之樂歌曰雅，宗廟之樂歌曰頌，於燕饗焉用之，於會朝焉用之，於享祀焉用之。因是樂之施於是事，故因是事而作爲是辭也。然則風因詩而爲樂，雅、頌因樂而爲詩。詩之先後，於樂不同，其爲歌辭一也。經遭秦火，樂亡而詩存。漢儒以義説詩，既不知詩之爲樂矣，而其所説之義，亦豈能知詩人命辭之本意哉？由漢以來，説三百篇之義者一本詩序。詩序不知始於何人，後儒從而增益之。鄭氏謂序自爲一編，毛公分以寘諸篇之首。夫其初之自爲一編也，詩自詩，序自序。序之非經本旨者，學者猶可考見。及其分以寘諸篇之首也，則未讀經文，先讀詩序，序乃有似詩人所命之題，而詩文反若因序以作，於是讀者必索詩於序之中，而誰復敢索詩於序之外者哉？宋儒頗有覺其非者，而莫能去也。至朱子，始深斥其失而去之，然後足以一洗千載之謬。澄嘗因是舍序而讀詩，則雖不煩訓詁，而意自明。又嘗爲之强詩以合序，則雖曲生巧説，而義愈晦。是則序之有害於詩爲多，而朱子之有功於詩爲甚大也。今因朱子所定，去各篇之序，使不淆亂乎詩之正文。學者因得以詩求詩，而不爲序説所惑。若夫詩篇次第，則文王之二南而間有平王以後之詩，成王之雅、頌而亦有康王以後之詩，變雅之中而或有類乎正雅之辭者。今既無從考據，不敢輒爲之紛更。至若變風雖入樂歌，而未必皆有所用，變雅或擬樂辭，而未必皆爲樂作。其與風、雅合編，蓋因類附載云爾。商頌，商時詩也。七月，夏時詩也。皆異代之辭，故處頌詩、風詩之末。魯頌乃其臣作爲樂歌，樂歌以頌其君，不得謂之風，故係之頌。周公居東時，詩非擬朝廷樂歌而作，不得謂之雅，故附之豳風焉。

春秋經十二篇，左氏、公羊、穀梁文有不同。昔朱子刻易、書、詩、春秋四經於臨漳郡，春秋一經止用左氏經文，而曰「公、穀二經所以異者，類多人名、地名，而非大義所繫，故不能悉具」。澄竊謂三傳得失，先儒固言之矣。載事則左氏詳於公、穀，釋經則公、穀精於左氏。意者左氏必有按據之書，而公、穀多是傳聞之辭。況人名、地名之殊，或由語音字畫之舛，此類一從左氏是也。然有考之於義，的然見左氏爲失，而公、穀爲得者，則又豈容以偏徇哉？嗚呼！聖人筆削魯史，致謹於一字之微。三家去夫子未久也，文之脱謬已不能是正，尚望其能有得於聖人之微意哉？漢儒專門守殘護闕，不合不公，誰復能貫穿異同，而有所去取？至唐啖助、趙匡、陸淳三子，始能信經駁傳，以聖人書法纂而爲例，得其義者十七八。自漢以來，未聞或之先也。觀趙氏所定三傳異同，用意密矣，惜其予奪未能悉當。閒嘗再爲審訂，以成其美。其間不繫乎大義者，趙氏於三家從其多，今則如朱子意，專以左氏爲主。儻義有不然，則從其是。左氏雖有事迹，亦不從也，一斷諸義而已。嗚呼！屬辭比事，春秋教也。甚欲因啖、趙、陸氏遺説，博之以諸家，參之以管見，使人知聖筆有一定之法，而是經無不通之例，不至随文生義，以侮聖言。顧有此志，而未暇就，故先爲正其史之文如此。若聖人所取之義，則俟同志者共講焉。

三禮敘録

儀禮十七篇，漢興，高堂生得之，以授瑕邱蕭奮，奮授東海孟卿，卿授后蒼，蒼授戴德、戴勝。大戴、小戴及劉氏别録所傳十七篇次第各不同，尊卑吉凶、先後倫序，惟别録爲優，故鄭氏用之，今行於世。禮經殘闕之餘，獨此十七篇爲完書。以唐韓文公尚苦難讀，况其下者。自宋王文公行新經義，廢黜此經，學者亦罕傳習。朱子考定易、書、詩、春秋四經，而謂三禮體大，未能緒正。晚年欲成其書，於此至惓惓也。經傳通解乃其編類草藁，将俟喪祭禮畢，而筆削焉，無禄弗逮，遂爲萬世之闕典。澄每伏讀，而爲之惋惜。

竊謂樂經既亡，經僅存五。易之彖傳、象傳本爲繫辭，文言、説卦、序卦、雜卦諸傳共爲十翼，居上下經二篇之後者也，而後人以入卦、爻之中。詩、書之序，本自爲一編，居國風、雅、頌、典謨、誓、誥之後者也，而後人以冠各篇之首。春秋三經三傳，初皆別行，公、穀配經，其來已久，最後注左氏者又分傳以附經之年。何居夫傳文、序文與經混淆，不惟非所以尊經，且於文義多所梗礙，歷千數百年而莫之或非也，莫之或正也，至東萊呂氏，於易始因晁氏本定爲經二篇、傳十篇。朱子於詩、書各除篇端小序，合而爲一，以寘經後；春秋一經，雖未暇詳校，而亦剔出左氏經文，并以刊之臨漳。於是，易、書、詩、春秋悉復夫子之舊。

五經之中，其未爲諸儒所亂者，惟二禮經。然三百三千，不存蓋十之八九矣。朱子補其遺闕，則編類之初，不得不以儀禮爲綱，而各疏其下。脱藁之後，必將有所科別，決不但如今藁本而已。若執藁本爲定，則經之章也，而以後記、補記、補傳分隸於其左也，與彖、象、傳之附易經者有以異乎？否也。經之篇也，而以傳篇、記篇、補篇錯處於其間也，與左氏傳之附春秋經者有以異乎？否也。夫以易、書、詩、春秋之四經既幸而正，而儀禮之一經又不幸而亂，是豈朱子之所以相遺經者哉？徒知尊信草創之書，而不能探索未盡之意，亦豈朱子之所望於後學者哉？嗚呼！由朱子而來，至於今將百年，然而無有乎爾。澄之至愚不肖，猶幸得以私淑於其書，實受罔極之恩。善繼者卒其未卒之志，善述者成其未成之事，抑亦職分之所當然也。是以忘其僭妄，輒因朱子所分禮章，重加倫紀。其經後之記，依經章次秩敘其文，不敢割裂，一仍其舊，附于篇終。其十七篇次第，并如鄭氏本，更不間以他篇，庶十七篇正經不至雜糅二戴之記。中有經篇者，離之爲逸經。禮各有義，則經之傳也。以戴氏所存，兼劉氏所補，合之而爲傳。正經居首，逸經次之，傳終焉，皆别爲卷，而不相紊。此外悉以歸諸戴氏之記。朱子所輯及黄氏喪禮、楊氏祭禮亦參伍以去其重複，名曰朱氏記，而與二戴爲三。凡周公之典，其未墜於地者，蓋略包舉而無遺。造化之運不息，則天之所秩未必終古而廢壞。有議禮制度考文者出，所損所益，百世可知也。雖然，苟非其人，禮不虚行，存誠主敬，致知力行，下學而上達，多學而一貫，以得夫堯、舜、禹、湯、文、武、周、孔之心，俾吾朱子之學末流，不至爲漢儒學者事也。澄也不敢自棄，同志其尚敦勖之哉。

儀禮逸經八篇，澄所纂次。漢興，高堂生得儀禮十七篇。後魯恭王壞孔子宅，得古文禮經於孔氏壁中，凡五十六篇，河間獻王得而上之。其十七篇與儀禮正同，餘三十九篇藏在秘府，謂之逸禮。哀帝初，劉歆欲以列之學官，而諸博士不肯置對，竟不得立。孔、鄭所引逸中霤禮、禘于太廟禮、王居明堂禮，皆其篇也。唐初猶存，諸儒曾不以爲意，遂至於亡。惜哉！今所纂八篇，其二取之小戴記，其三取之大戴記，其三取之鄭氏注。奔喪也，中霤也，禘于太廟也，王居明堂也，固得逸禮三十九篇之四，而投壺之類，未有考焉。疑古禮逸者甚多，不止於三十九也。投壺、奔喪篇首與儀禮諸篇之體如一。公冠等三篇雖已不存，此例蓋作記者删取其要以入記，非復正經全篇矣。投壺大、小戴不同，奔喪與逸禮亦異，則知此二篇亦經刊削，但未如公冠等篇之甚耳。五篇之經文殆皆不完，然實爲禮經之正篇，則不可以其不完而擯之於記，故特纂爲逸經，以續十七篇之末。至若中霤以下三篇，其經亡矣，而篇題僅僅見於注家片言隻字之未泯者，猶必收拾而不敢遺，亦我愛其禮之意也。

儀禮傳十篇，澄所纂次。按：儀禮有士冠禮、士昏禮，戴記則有冠義、昏義，儀禮有鄉飲酒禮、鄉射禮、大射禮，戴記則有鄉飲酒義、射義，以至燕、聘皆然，蓋周末漢初之人作以釋儀禮，而戴氏抄以入記者也。今以此諸篇正爲儀禮之傳，故不以入記。依儀禮篇次，稡爲一編。文有不次者，頗爲更定。射義一篇迭陳天子、諸侯、卿、大夫、士之射，雜然無倫，釐之爲鄉射義、大射義二篇。士相見義、公食大夫義則用清江劉原父所補，并因朱子而加考詳焉。於是儀禮之經，自一至九經，各有其傳矣。惟覲義闕然。大戴朝事一篇實釋諸侯朝覲天子及相朝之禮，故以備覲禮之義，而共爲傳十篇云。

周官六篇，其冬官一篇闕。漢藝文志序列于禮家，後人名之曰周禮。文帝嘗召至魏文侯時老樂工，因得春官大司樂之章。景帝子河間獻王好古學，購得周官五篇。武帝求遺書，得之藏于秘府，禮家諸儒皆莫之見。哀帝時，劉歆校理秘書，始著于録略，以考工記補冬官之闕。歆門人河南杜子春能通其讀，鄭衆、賈逵受業於杜。漢末馬融傳之鄭玄，玄所注今行於世。宋張子、程子甚尊信之，王文公又爲新義。朱子嘗謂此經周公所作，但當時行之恐未能盡，後聖雖復損益可也。至若肆爲排觝訾毁之言，則愚陋無知之人耳。冬官雖闕，今仍存其目，而考工記别爲一卷，附之經後云。

小戴記三十六篇，澄所序次。漢興，得先儒所記禮書二百餘篇，大戴氏删合爲八十五，小戴氏又損益爲四十三，曲禮、檀弓、雜記分上、下。馬氏增以月令、明堂位、樂記，鄭氏從而爲之注，總四十九篇。精粗雜記，靡所不有。秦火之餘，區區掇拾，所謂存十一於千百。雖不能以皆醇，然先王之遺制、聖賢之格言，往往賴之而存。第其諸篇出于先儒著作之全書者無幾，多是記者旁搜博采，勦取殘編斷簡會稡成篇，無復詮次，讀者每病其雜亂而無章。唐魏鄭公爲是作類禮二十篇，不知其書果何如也，而不可得見。朱子嘗與東萊先生吕氏商訂三禮篇次，欲取戴記中有關於儀禮者附之經，其不係於儀禮者仍別爲記。吕氏既不及答，而朱子亦不及爲。幸其大綱見於文集，猶可考也。晚年編校儀禮經傳，則其條例與前所商訂又不同矣。其間所附戴記數篇，或削本篇之文而補以他篇之文。今則不敢，故止就其本篇之中科分櫛剔，以類相從，俾其上下章文義聯屬，章之大指標識于左，庶讀者開卷瞭然。若其篇第，則大學、中庸程子、朱子既表章之，以與論語、孟子并而爲四書，固不容復厠之禮篇，而投壺、奔喪實爲禮之正經，亦不可以雜之於記。其冠義、昏義、鄉飲酒義、射義、燕義、聘義六篇正釋儀禮，別輯爲傳，以附經後矣。此外猶三十六篇，曰通禮者九：曲禮、少儀、玉藻通記大小儀文，而深衣附焉。月令、王制專記國家制度，而文王世子、明堂位附焉。曰喪禮者十有一：喪大記、雜記、喪服小記、服問、檀弓、曾子問六篇記喪，而大傳、間傳、問喪、三年問、喪服四制五篇，則喪之義也。曰祭禮者四：祭法一篇，記祭；而郊特牲、祭義、祭統三篇則祭之義也。曰通論者十有二：禮運、禮器、經解一類，哀公問、仲尼燕居、孔子閒居一類，坊記、表記、緇衣一類，儒行自爲一類。學記、樂記其文雅馴，非諸篇比，則以爲是書之終。嗚呼！由漢以來，此書千有餘歲矣，而其顛倒糾紛，至朱子始欲爲之是正，而未及竟，豈無望於後之人與？用敢竊取其意，修而成之。篇章文句，秩然有倫；先後始終，頗爲精審。將來學禮之君子，於此考信，或者其有取乎，非但爲戴氏之忠臣而已也。

大戴記三十四篇，澄所序次。按：隋志「大戴記八十五篇」。今其書闕前三十八篇，始三十九，終八十一，當爲四十三篇。中間第四十三、第四十四、第四十五、第六十一四篇復闕，第七十三有二，總四十篇。據云八十五篇，則末又闕其四。或云止八十一，皆不可考。竊意大戴類稡，此記多爲小戴所取。後人合其餘篇，仍爲大戴記，已入小戴記者不復録，而闕其篇，是以其書冗泛，不及小戴書甚。蓋彼其膏華，而此其查滓耳。然尚或間存精語，不可棄遺。其與小戴重者，投壺、哀公問也。投壺、公冠、諸侯遷廟、諸侯釁廟四篇既入儀禮逸經，朝事一篇又入儀禮傳，哀公問小戴已取之，則於彼宜存，於此宜去。此外猶三十四篇。夏小正猶月令也，明堂猶明堂位也。本命以下雜録事辭，多與家語、荀子、賈傳等書相出入，非專爲記禮設。禮運以下，諸篇之比也。小戴文多綴補，而此皆成篇，故其篇中章句罕所更定，惟其文字錯誤，參互考校，未能盡正，尚俟好古博學之君子云。

孝經敘録

孝經，漢藝文志：「孝經古孔氏一篇，二十二章。孝經一篇，十八章。」長孫氏、江翁、后蒼、翼奉、張禹傳之，各自名家。經文皆同，惟孔氏壁中古文爲異。」隋經籍志：孝經，「河間人顔芝所藏。漢初，芝子貞出之」。又有古文孝經與古文尚書同出。孔安國爲傳，劉向以顔本比古文，除其繁惑，而安國之本亡於梁。至隋，秘書監王邵訪得孔傳，河間劉炫因序其得喪，講于人間，漸聞朝廷。儒者皆云炫自作之，非孔舊本。邢昺正義曰：

「古文孝經，曠代亡逸。隋開皇十四年，秘書學生王逸於京市陳人處得本，送與著作郎王邵，以示河間劉炫，仍令校定。炫遂以庶人章分爲二，曾子敢問章分爲三，又多閨門一章，凡二十二章。因著古文孝經稽疑一篇。」唐開元七年，國子博士司馬貞議曰：「今文孝經是漢河間王所得顔芝本，至劉向，以此校古文，定一十八章，其古文二十二章出孔壁，未之行遂亡。其本近儒輒穿鑿更改，僞作閨門一章，文句凡鄙。又分庶人章從『故自天子』以下别爲一章，以應二十二之數。」朱子曰：「舊見衡山胡侍郎論語説，疑孝經引詩非經本文，初甚駭焉。徐而察之，始悟胡公之言爲信，而孝經之可疑者不但此也。因以書質之沙随程可久丈。程答書曰：『頃見玉山汪端明，亦以爲此書多出後人傅會，於是乃知前輩讀書精審，其論固已及此。又竊自幸有所因述，而得免於鑿空妄言之罪也。』又曰：「孝經獨篇首六七章爲本經，其後乃傳文，皆齊、魯間儒篡取左氏諸書之語爲之傳者，又頗失其次第。」

澄曰：夫子遺言惟大學、論語、中庸、孟子所述醇而不雜，此外傳記諸書所載，真僞混淆，殆難盡信。孝經亦其一也。竊詳孝經之爲書，肇自孔、曾一時問答之語。今文出於漢初，謂悉曾氏門人記録之舊，已不可知。武帝時，魯共王壞孔子宅，於壁中得古文孝經，以爲秦時孔鮒所藏。昭帝時，魯國三老始以上獻，劉向、衛宏蓋嘗手校。魏、晉已後，其書亡失，世所通行，惟今文孝經十八章而已。隋時，有稱得古文孝經者，其間與今文增減異同，率不過一二字，而文勢曾不若今文之從順。以許慎説文所引及桓譚新論所言考證，又皆不合，決非漢世孔壁之古文也。宋大儒司馬公酷尊信之，朱子刊誤亦據古文，未能識其何意。今觀邢氏疏説，則古文之爲僞審矣。又觀朱子所論，則雖今文，亦不無可疑者焉。疑其所可疑，信其所可信，去其所當去，存其所當存。朱子意也。故今特因朱子刊誤，以今文、古文校其同異，定爲此本，以俟後之君子云。

中庸綱領

程子謂始言一理，中散爲萬事，末復合爲一理。蓋嘗思之，以首章而論之，始言一理者，天命之性，率性之道是也。中散爲萬事者，修道之教，以至戒慎、恐懼、慎獨，與夫發而中節，致中和是也。末復合爲一理者，天地位，萬物育是也。以一篇而論之，始言一理者，首章明道之源流是也。中散爲萬事者，自第二章以下，説中庸之德，知仁勇之事，歷代聖賢之跡，及達道五，達德三，天下國家有九經、鬼神祭祀之事，與夫誠明、明誠、大德、小德是也。末復合爲一理者，末章無言不顯，以至篤恭而歸乎無聲無臭是也。

今又分作七節觀之：第一節，首章，言性道教，是一篇之綱領也。繼而致中和，中是性，和是道，戒慎、恐懼是教也。第二節，二章以下總十章，論中庸之德，在乎能明能行，能擇能守，明其所謂道、所謂教也。二章説君子小人之中庸。三章説民鮮能中庸。四章説道不行不明。五章説道不行，由不真知。六章説舜之大知，能取諸人。七章説能知不能守，由不明。八章説回之真知，能擇能守。九章説能知仁勇之事，而不能中庸。十章説子路問强以進其勇。十一章言索隱行怪，半塗而廢，唯聖者能中庸。第三節，十二章以下總八章，論道之費隱，有體用、小大，申明所謂道與教也。十二章言道費而隱，語大、語小。此説費隱由小至大也。十三章言道不遠人。十四章言素其位而行。十五章言道如行遠自邇，登高自卑。以上三章，論費之小者也。十六章言鬼神爲德之盛。此説費隱由大包小也。十七章言舜其大孝。十八章言無憂者文王。十九章武王、周公達孝。以上三章，論費之大者也。第四節，二十章以下，總四章，論治國家之道，在人以行其教也。二十章説哀公問政在人，又當知天。二十一章説達道五，達德三，以修身。二十二章言天下國家有九經，以治國平天下。二十三章説事豫則立，誠者天之道，誠之者人之道，明知仁之事。第五節，二十四章以下總六章，論明誠，則聖人與天爲一也。二十四章言誠則明，明則誠。二十五章言至誠能盡性，致曲能有誠。二十六章言至誠可以前知。二十七章言誠自成，道自道，故至誠無息。二十八章言天地之道，爲物不貳，生物不測。二十九章言大哉聖人之道，苟不至德，至道不凝。三十章言愚而無德，賤而無位，不敢作禮樂。宜於今及王天下有三重焉。第六節，三十一章以下總三章，論孔子之德與天地爲一也。三十一章言仲尼之道同乎堯、舜、文、武、天時、水土。三十二章説至聖爲小德川流。三十三章説至誠爲大德敦化。第七節，三十四章，始之以「尚錦惡文之著」，説學者立心爲己，爲立教之方。「潛雖伏矣」，説愼獨之事。「不愧屋漏」，説戒懼之事，以明修道之教之意。無言不顯，明率性之道之意，民勸、民畏，百辟其刑。「予懷明德」，明修道之教之效。「篤恭而天下平」，説致中和之效。終之以「無聲無臭」，説天命之性之極。此蓋申言首章之旨，所謂末復合爲一理也。今復述首末章之意，以盡爲學之要：首章先説天命性道，教爲道統；中説戒慎、恐懼，爲存養、慎獨，爲克治；後説致中和則功効同乎天地矣，蓋明道之源流也。末章則先教，次克治，而後存養，繼説其效，終則反乎未命之天矣，蓋入道之次序也。此中庸一本之全體，大用無不明矣。學者所宜盡心玩味也。

原理 有跋

天地之初，混沌鴻濛，清濁未判，莽莽蕩蕩，但一氣爾。及其久也，其運轉於外者漸漸輕清，其凝聚於中者漸漸重濁。輕清者積氣成象而爲天，重濁者積塊成形而爲地。天之成象者，日、月、星、辰也。地之成形者，水、火、土、石也。天包地外，旋繞不停。地處天内，安静不動。天之旋繞，其氣急勁，故地浮載其中，不蹈不墜，岐伯所謂大氣舉之是也。天形正圓如虚毬，地隔其中，人物生於地上。地形正方如博骰，日、月、星、辰旋繞其外，自左而上，自上而右，自右而下，自下而復。左天之積氣爲辰，凡無星處皆是，猶地之土也。積氣之中有光耀爲星，二十八宿及衆星皆是，猶地之石也。日、月、五緯乃陰陽五行之精成象而可見者，浮生太虛中，與天不相係著，各自運行，遲速不等。

天左旋於地外，一晝夜一周匝。自地之正午觀之，則其周匝之處，第二日子時微有争差，蓋周匝而過之，觀天者定其濶狹名曰一度，每日運行一周匝而過一度，至三百六十五日三時有奇，則地之午中所直天度始與三百六十五日以前子時初起之處合，故定天度爲三百六十五度四分度之一有奇。日亦左行，晝行地上，夜行地下，晝夜一周匝，但比天度則不及一度。蓋日之行也，與地相直處，日月齊同，無過不及。而天之行也，與地相直處，一日過一度，二日過二度，三日過三度，故歷家以日之不及天而退一度者爲右行一度，蓋以截法，取其易筭爾。天傾倚於北，如勁風旋繞其端。不動曰極，上頂不動處謂之北極，高出地上三十六度，其星辰常見不隱。以偏依於北方，故曰北極。下臍不動處謂之南極，低入地下三十六度，其星辰常隱不見。以其偏近於南方，故曰南極。南、北二極相去之中，天之腰也，謂之赤道，日所行之道。春、秋二分正與天之赤道相直，故其出没與地之卯、酉相當，是以晝夜均平。春分以後行赤道北，夏至則去北極最近，故曰日北至。而其出没與地之寅、戌相當，是以景短而晷長，晝刻多而夜刻少。夏至以後，又移而南，至秋分，則與赤道相直，秋分以後，行赤道南，冬至則去南極最近，故曰日南至。而其出没則與地之辰、申相當，是以景長而晷短，晝刻少而夜刻多。冬至以後，又移而北，至春分，則又與赤道相直。日極於南而復北，則爲冬至。上年冬至至下年日道極南復北之時，三百六十五日餘三時不滿，故天度一周之時三百六十五日四分日之一而有餘，日道一周之時三百六十五日四分日之一而不足。天度有餘，日道不足，故六十餘年之後，冬至所直天度率差一度，是謂歲差。

月亦左行，猶遲於日，一晝夜不及天十三度十九分度之七。蓋日行疾於月，而退度不及天一度，反若遲然。月行遲於日，而退度不及天十三度有奇，反若速然。日之行三十日五時有奇而歷一辰，則爲一月之氣。月之行二十九日六時有奇而與日會，則爲一月之朔。每月氣盈五時有奇，朔虚六時不滿。積十二氣盈，凡五日三時不滿，十二朔虚凡五日七時有奇。一歲氣盈、朔虚共十日十一時有奇。將及三歲，則積之三十日而置一閏。日之有餘爲氣盈，月之不足爲朔虚。氣盈、朔虚之積，是爲之閏餘。

五星之行亦猶日月，其行有遲速。其行過於天則爲逆，其行與天等則爲留，其行不及天則爲順。日、月、五星之與天體相值也，由北直南而從分之謂之度，由東至西而横截之謂之道。月之行也，二十九日半有奇而與日同度，是爲朔。十四日九時有奇而與日對度，是爲望。合朔之時，從雖同度，横不同道。若横亦同道，則月掩日而日蝕。對望之時，從雖對度，横不對道。若横亦對道，則日射月而月蝕。其蝕之分數，由同道、對道所交之多寡。月朔後初生明時，昏見于庚。下明上暗，象震。上弦時，昏見于丁。下明已多，而上猶暗，象兑。望之時，昏見于甲。全體皆明，象乾。望後初生魄時，晨見于辛。下暗上明，象巽。下弦時，晨見于丙。下暗已多，而上猶明，象艮。晦之時，晨見于乙。全體皆暗，象坤。地西北高而多山，東南下而多水，先天方圖法地。乾始西北，坤盡東南，故天下之山，其本皆起於西北之崐崘，猶乾之始於西北也。天下之水，其流皆歸於東南之尾閭，猶坤之盡於東南也。

天有四象，地有四象。日、月，天之用；星、辰，天之體。水、火，地之用；土、石，地之體。立天之道曰陰與陽，立地之道曰柔與剛。日，陽中陽。月，陰中陰。星，陰中陽。辰，陽中陰。水，柔中柔。火，柔中剛。土，剛中柔。石，剛中剛。錯而言之，則天亦有剛柔，地亦有陰陽。日，陽也；月，陰也。星，剛也；辰，柔也。水，陰也；火，陽也。土，柔也；石，剛也。日火之精爲夏之暑；月水之精爲冬之歲寒。星體光耀，爲晝之明；辰體昏暗，爲夜之晦。水氣下注而爲雨，火氣外旋而爲風，土氣上蒸而爲露，石氣内搏而爲雷。人稟氣於天，賦形於地，耳、目、口、鼻爲首，猶天之日、月、星、辰也。脈、髓、骨、肉爲身，猶地之水、火、土、石也。心、膽、脾、腎四臟屬天，肺、肝、胃、膀胱四臟屬地。指節十二，合之二十四，有天之象焉。掌文後高前下，山峙川流，有地之法焉。物有飛、走、木、草四類，細分之十六：飛飛者，鴻鵠鷹鸇之屬，性之飛，飛之性也。飛走者，鵞鷄鴨梟之屬，情之飛，飛之情也。飛木者，佳鳩燕雀之屬，形之飛，飛之形也。飛草者，蜂蝶蜻蜓之屬，體之飛，飛之體也。走飛者，蛟龍之屬，性之走，走之性也。走走者，熊虎鹿馬之屬，情之走，走之情也。走木者，猿猴之屬，形之走，走之形也。走草者，蟻蛇之屬，體之走，走之體也。木飛者，松柏之屬，性之木，木之性也。

木走者，樟櫸之屬，情之木，木之情也。木木者，槭樸荆榛之屬，形之木，木之形也。木草者，楮穀木芙蓉之屬，體之木，木之體也。草飛者，竹蘆之屬，性之草，草之性也。草走者，藤葛之屬，情之草，草之情也。草木者，蒿艾之屬，形之草，草之形也。草草者，菘芥之屬，體之草，草之體也。陽本實，陰本虚也。陽爲氣，陰爲精。陽成象，陰成形。陽主用，陰主體。則陽反似虚，陰反似實，是不然。天之積氣雖似虚，然其氣急勁如鼓皮，物之大莫能禦，故曰健，曰剛，曰静專，曰動直，則實莫實於天。地之成形雖似實，然其形疏通，如肺氣升降出入其中，故曰順，曰柔，曰静翕，曰動闢，則虚莫虚於地。然則陽實陰虚者，正説也。陽虚陰實者，偏説也。

往年因郝仲明見問，一時答之之辭如此。聽者不能悉記吾言，故命史從旁書之。皆先儒之所已言，非吾之自言也。有人傳録以去，題其名曰原理，殊非吾意。今廬陵士郭成子又逐節畫而爲圖，可謂有志。然此特窮理之一端爾，人之爲學，猶有切近於己者，當知所先後也。泰定丁卯六月朔，臨川吴某識。

邵子敘録

邵子書今所校定，謹第其目如右。其一皇極經世書十二卷，爲書六十二篇，附之以觀物外篇二。其二漁樵問答一卷，爲書二十二章，附之以遺文六。其三伊川擊壤集二十卷，爲詩千四百九十八首，附之以集外詩十三。後録一卷，曰正音者，先生之父天叟所作；曰辨惑者，先生之子伯温所述。先生之學，窮理盡性至命者也，孔子以來，一人而已。吾友夏幼安，蓋嘗味先生之言，而有發焉。是書嗜之者鮮，傳之者謬誤最多，乃爲整齊其篇章文字，幼安命工刻版，以與世之學者共觀。是書者，誠能因其言得其意，則象數皆備於我，贊化育、參天地可也。書云乎哉！

太玄敘録

揚子云擬易以作太玄，易自一而二，二而四，四而八，八而十六，十六而三十二，三十二而六十四。太玄則自一而三，三而九，九而二十七，二十七而八十一。易之數乃天地造化之自然，一豪知力，無所與於其間也。異世而同符，惟邵子皇極經世一書而已。

至若焦延壽易林、魏伯陽參同契之屬，雖流而入於伎術，尚不能外乎易之爲數。子云太玄名爲擬易，而實則非易矣。其起數之法，既非天地之正，又强求合於歷之日。每首九贊，二贊當一晝夜，合八十一首之贊，凡七百二十九，僅足以當三百六十四日有半，外增一踦贊，以當半日，又立一羸贊，以當四分日之一。吁，亦勞且拙矣！子云此書未能見重於當時，後世雖有好者，亦未可謂大行也。宋大儒司馬公愛之甚，嘗有集注，晚作潛虛以擬之。以邵子範圍天地之學、卓絶古今之識，而亦稱其書。要之，惟朱子所論可以爲萬世之折衷。本經八十一首，分天玄、地玄、人玄三篇，蓋擬易之上下經。經後十一篇，則擬夫子之十翼而爲太玄之傳。晉范望始依周易、彖傳、象傳附經例，升首辭於經贊之前，散測辭於各贊之下。首、測兩篇之總序無從而附，則合爲一，以寘經端。其牽綴割裂，無復成文，殆有甚於易經者。易經有晁氏、吕氏、定從古本，而朱子因之。故今於此書亦俾復舊，而第其目如右。兼以讀經者病其揲法不明，驟觀未易通曉，復爲之别白其辭，以著于後。雖非願爲後世之揚子云，亦欲使後之學者知前人之作，不可以己意妄有易置。按：法言、序篇監本共爲一篇，繼十三篇之末。今本亦如書之小序，各冠篇首，并爲考正。於子云之書，蓋不無小補云。

東西周辯

東西周有二，一以前後建都之殊而名，一以二公封邑之殊而名。昔武王西都鎬京，而東定鼎于郟鄏。周公相成王宅洛邑，營澗水東、瀍水西以朝諸侯，謂之王城，又謂之東都，實郟鄏，於今爲河南。又營瀍水東以處殷頑民，謂之成周，又謂之下都，於今爲洛陽。自武至幽，皆都鎬京。幽王娶于申，生太子宜臼，又嬖褒姒，生伯服，欲立之，黜宜臼。申侯以鄫及犬戎入寇，弑王。諸侯逐犬戎與申侯，共立宜臼，是爲平王。畏戎之逼，去鎬而遷于東都。平以下都王城，曰東周。幽以上都鎬京，曰西周。此以前後建都之殊而名也。

自平東遷，傳世十二，而景王之庶長子朝與王猛争國。猛東居于皇，晉師納之，入于王城。入之次月，猛終丐。及踰半朞，而子朝又入，王辟之，東居于狄泉。子朝據王城，曰西王。敬王在狄泉，曰東王。越四年，子朝奔楚。敬王雖得返國，然以子朝餘黨多在王城，乃徙都成周，而王城之都廢。至考王，封其弟揭於王城，以續周公之官職，是爲周桓公。自此以後，東有王，西有公，而東西周之名未立也。

桓公生威公，威公生惠公，惠公之少子班又别封於鞏以奉王，是爲東周惠公，父子同謚。以鞏與成周皆在王城之東，故班之兄則仍襲父爵，居于王城，是爲西周武公。以王城在成周之西，故自此以後，西有公，東亦有公。二公各有所食，而周尚爲一也。顯王二年，趙、韓分周地爲二，二周公治之，王寄焉而已矣。周之分東西自此始。九年，東周惠公卒，子傑嗣，慎靚以上皆在東周，赧王立，始遷于西周。即王城舊都也。史記云：「王赧時，東西周分治。」今按：顯王二年已分爲二，不待此時矣。其後西周武公卒，子文君嗣。王五十九年，秦滅西周，西周公入秦，獻其邑而歸。是年赧王崩，次年周民東亡，秦遷西周公於𢈪狐聚。又六年，秦滅東周，遷東周公於陽人聚。此以二公封邑之殊而名也。

前後建都之殊者，以鎬京爲西周，對洛邑爲東周而言也。二公封邑之殊者，又於洛邑二城之中，以王城爲西周，對成周爲東周而言也。大概周三十六王，前十有二王都鎬京，中十有三王都王城。王城對鎬京，則鎬京在西，而王城在東，其東西之相望也遠。季十王都成周，赧一王都王城。王城對成周，則成周在東，而王城在西，其東西之相距也近。一王城也，昔以東周稱，後以西周稱。夫周未東西之分，因武、惠二公各居一都而名王，則或東或西。東西之名繫乎公，不繫乎王也。邵子經世書紀赧王爲西周君，與東周惠公并，而西周公無聞焉，則直以西爲王、東爲公矣。知東之有公，而不知西之亦有公也。知王之在西，而不知赧以前之王固在東也。

戰國策編題首東周，次西周，豈無意哉？二周分治以來，顯王、慎靚王二代五十餘年王于東，赧一代五十餘年王于西。先東後西，順其序也。近有縉雲鮑彪注謂「西周正統，不應後於東周」，升之爲首卷；於西著王世次，於東著公世次，蓋因邵子而誤者。既不知有西周公，且承宋忠之繆，以西周武公爲赧王别謚，反以徐廣爲疏。是未嘗考於司馬貞索隱之説。鮑又云「赧徙都西周」。西周，鎬京也。嗚呼！鎬京去王城、成周八百餘里，自平王東遷之後不能有，而以命秦仲曰：「能逐犬戎，即有其地。」鎬之爲秦，已四百年于兹。其地在長安上林昆明之北，虎狼所穴，而王得往都于彼哉！高誘注曰：「西周王城，今河南。東周成周，故洛陽。」辭旨明甚。鮑注出高誘後，何乃以西周爲鎬京也乎？鮑又云：「郟鄏屬河南，爲東周。」殊不思此昔時所謂東周也，於斯時則名西周矣。斯時之西周與鎬京、郟鄏對稱，西東者不同，顧乃一之，何與？蓋有不知而作之者。我無是也夫！鮑氏之於國策，其用心甚勤，而開卷之端，不免謬誤如此，讀者亦或未之察也。與夾谷士常、程鉅夫偶論及此，二公命筆之，遂爲之作東西周辯。

老莊二子敘録

老氏書，字多謬誤，合數十家校其同異，考正如右。莊平君所傳章七十二，諸家所傳章八十一。然有不當分而分者，定爲六十八章云。上篇章三十二，字二千三百六十六，下篇章三十六，字二千九百二十六，總之五千二百九十二字。

莊氏書，内篇蓋所自著，外篇或門人纂其言以成書。其初無所謂雜篇也，竊疑後人僞作讓王、漁父、盜跖、説劍勦入寓言篇中，離隔寓言之半爲列禦寇篇，於是分末後數篇并其僞書名爲雜篇，以相淆亂云爾。今既從蘇氏説黜其僞，復以列禦寇合於寓言而爲一篇，庚桑楚以下與知北遊以上諸篇不見精粗深淺之不侔，通謂之外篇可也。夫莊氏書瓌瑋參差，不以觭見之，唯駢拇、胠篋、馬蹄、繕性、刻意五篇自爲一體，其果莊氏之書乎？抑亦周、秦間文士所爲乎？是未可知也。故特别而異之，以俟夫知言之君子詳焉。蘇氏所黜四篇亦存之，以附其後。或曰：史記稱莊子作漁父、盜跖、胠篋以詆訾孔子之徒。當時去戰國未遠也，而已莫辨其書之異同矣，且其書汪洋恣縱乎繩墨之外，而乃規規焉、局局焉議其篇章，得無陋哉！曰：「得意固可以忘言，將欲既其實而謂不必既其文，欺也。」楊倞注荀卿書，定其篇次，讀者咸以爲當。予於莊氏之書亦然。

葬書敘録

葬書相傳以爲晉郭璞景純之作，内外八篇，凡一千一百五十八字。世俗所行有二十篇，皆後人增以繆妄之説。建安蔡元定季通去其十二，而存其八，亦既得之。然就其所存，猶不無顛到混淆之失。惟此本爲最善，篇分内外，蓋有微意。雜篇二，俗本散在正書篇中，或術家秘嗇，故亂之也。此别爲篇，倫類精矣，覽者詳焉。

驛舟

壬寅秋，官辦驛舟遣送上京師。舟一日或一易，或再易，或三易。其易也，得一舟設飾完美，從者輒有喜色。遇一舟設飾敝惡，從者輒有愠色。予心笑而諭之曰：「舟雖甚美，所寓止一二時，若三四時，久則半日，又久則一宿，斯去之矣。雖甚惡，亦復如是。奚以喜愠爲也？夫喜也者，非以其有益於己而喜。愠也者，非以其有損於己而愠也。而一時之情，自不能以不然。噫！人之寓此世，亦猶寓此舟耳。多者百餘年，少者數十年。驟革而數遷，倏來而忽往，何常之有哉？而乃以目前之所值，移其胸中之喜愠者何也？」

九月二十五日午時，舟中書。時已過新安驛，未至吕梁驛。

卷二　答問

答張恒問孝經

問：「孝經何以有今文、古文之别？」

曰：黄帝時，倉頡始造字。周宣王時，史籀因倉頡字更革爲大篆。秦始皇時，李斯因史籀字更革爲小篆。倉頡字謂之古文，秦人以篆書繁難，又作隸書，取其省易，專爲官府行文書而設。自此，人趨簡便，習隸者衆，習篆者寡，公私通行，悉是隸書。經火於秦，而復出於漢，當時傳寫只用世俗通行之字。

武帝時，魯共王壞孔氏屋壁，得孔鮒所藏書、禮及論語、孝經，皆倉頡古文字，後人稱漢儒隸書傳寫之經爲今文，以相别異云爾。古文書，孔安國獻之，遭巫蠱事，不及施行。安國没後，其書無傳。東萊張霸，詭言受古文書，成帝徵至校其書，非是漢志所載武成之辭，即張霸僞古文書也。

東晉梅賾，於伏生今文書外，增多二十五篇，今行於世，果真孔壁所藏者乎？古文禮五十六篇，内十七篇與今文儀禮同，餘三十九篇謂之逸禮，鄭玄注儀禮、禮記，屢嘗引用。孔穎達作疏之時猶有，後乃燬於天寶之亂。

古文論語二十一篇，與魯論語、齊論語爲三。古文孝經二十二章，與今文孝經爲二，魏、晉而後不存。隋人以今文孝經增減數字，分析兩章，又僞作一章，名之曰古文孝經。其得之也，絶無來歷左驗。隋經籍志及唐開元時集議，顯斥其妄，邢昺正義具載，詳備可考。司馬温公有古文孝經指解，蓋温公資質重厚，於孝經今文尚且篤信，則謂古文尤可尊也，而不疑後出之僞。朱子識見高明，孝經出於漢初者尚且致疑，則其出於隋世者，何足深辨也？而刊誤姑據温公所注之本，非以古文優於今文而承用之也。

恒又問：「孝經果可疑乎？」

曰：朱子云：「孝經出於漢初左氏未盛行之時，不知何世何人爲之也。」竊謂孝經雖未必是孔門成書，然孔鮒藏書時已有之，則其傳久矣。禮家有七十子後弟子所記，二戴禮記諸篇多取於彼，其間純駁相雜，公、穀、左氏等書稱道孔子之言者亦然。孝經殆此類也，亦七十子之後之所爲爾。中有格言，朱子每於各章提出，而小學書所纂孝經之文，其擇之也精矣。朱子曷嘗盡疑孝經之爲非哉？學者豈可因後儒之傅會而廢先聖之格言也。

評鄭夾漈通志答劉教諭

通志刊於壬子、癸丑間，張容谷守莆、胡石壁所囑，竹溪先生嘗詩之。苦泉序文，久不復記憶，庸齋之序，大概謂：「真知者，德性之知；多知者，見聞之知。」使及伊、洛之門，相與切劘格物之學，則博歸於約矣。但夾漈之論，以爲「名物度數難通，而理易窮」；又謂「無義之理，理之真；有義之理，理之失；多義之理，理之妄」，庸齋主伊、洛之學，故其序如此。

此與化余丈書中語，效蒙緻示，且教之曰：「立言難，知言蓋亦不易，庸齋序筆頗覺意向異同，夾漈所云義理三言還亦安否？」澄不敢虛辱厚意，謹評之如左，是正幸甚。

儒者之學分而三，秦、漢以来則然矣，異端不與焉。有記誦之學，漢鄭康成、宋劉原父之類是也；有詞章之學，唐韓退之、宋歐陽永叔之類是也；有儒者之學，孟子而下，周、程、張、朱數君子而已。夾漈，記誦者之學也，而亦卓然有以自見於世，論者因其所長而取之可也，庸齋惜其不及伊洛之門，相與切劘格物之學，而反博於約，其意固爲忠厚，然在昔游伊洛之門而不得其學者亦衆矣，使夾漈生於其時，講於其説，其反博而約也可必乎？况夾漈之博，初非顔子之博，何遽能一反而至於約哉？庸齋號爲主伊洛，然觀其言，則於伊洛格物之説蓋未之有聞也。

知者，心之靈而智之用也，未有出於德性之外者。曰「德性之知」，曰「聞見之知」，然則知有二乎哉？夫聞見者，所以致其知也。夫子曰：「多聞闕疑，多見闕殆。」又曰：「多聞，擇其善者而從之，多見而識之。」蓋聞見雖得於外，而所聞所見之理則具於心。故外之物格，則内之知致。此儒者内外合一之學，固非如記誦之徒，博覽於外而無得於内；亦非如釋氏之徒，專本於内，而無事於外也。今立真知、多知之目，而外聞見之知於德性之知，是欲矯記誦者務外之失，而不自知其流入於異端也。聖門一則曰多學，二則曰多學，鄙孤陋寡聞，而賢以多問寡，曷嘗不欲多知哉？

記誦之徒則雖有聞有見，而實未嘗有知也。昔朱子於大學或問嘗言之矣，曰：「此以反身窮理爲主，而必究其本末是非之極致，是以知愈博，而心愈明。彼以徇外誇多爲務，而不覈其表裏、真妄之實然，是以識愈多而心愈窒。」夾漈惟徒知其物，而不覈其實也，故以無義之理爲理之真。夫凡物，必有所以然之故，亦必有所當然之則。所以然者，理也；所當然者，義也。程子曰：「在物爲理，處物爲義。」理之有義，猶形影聲響也，世豈有無義之理哉？理如玉之膚也，有旁通廣，取其義不一而足者。是以聖人之學，必精義而入神，今以多義爲妄，有義爲失，而以無義爲真，然則聖人精義之學非與？告子外義之見是與？記曰：「禮之所尊，尊其義也，失其義，陳其數，祝史之事也。」

名物度數者，如稱之有銖兩，度之有尺寸也，有目者類能辯之。至於理，則得其皮者未必得其肉也，得其肉者未必得其骨也，得其骨者未必得其髓也。今曰「名物度數難通，而理易窮」，烏乎，何其不思之甚哉！雖然此古今記誦者之通病也，而吾於夾漈何尤？

答吴適可問

吴適可問：「近有學官敦請鄉寓公充學賓，其書辭云：『古制，鄉學嚴事大賓，以象三光。』何也？」

曰：古者鄉大夫行鄉飲酒於鄉學，以賓禮興賢者、能者，而升其書於天府，擇其最賢者爲賓，其次爲介，此以德選，不以齒論。其齒雖在衆賓之下，而其坐席則在衆賓之上。賓、介之外爲衆賓，則序以齒，衆賓之中齒最長者三人，升階拜受爵者爲三賓，三賓之外，則不拜受爵，蓋三賓者，德在賓、介之下，而齒在衆賓之上者也。鄉飲酒之禮，天下之達尊三，各有所尊焉：賓、介，尊其德也；三賓，尊其齒也；僎，坐於賓之東、主之北，尊其爵也。

問：「以象三光，何也？」

曰：此鄉飲酒義之文也。蓋七十子以後之儒所作，其言不足據，釋三光者曰：日，月，星。然其上文云「賓、主象天、地，介、僎象日、月」。三賓在賓、介之外，而又曰「象三光」，其義重複，故注家不以日、月、星釋三光，而釋曰「三辰」者，蓋避重複也。

問：「學之有賓，何也？」

曰：賓，與主對者也。敵體相見，居者爲主，至者爲賓。先代之後，天子所不敢臣，曰賓。丹朱爲虞賓，微子作賓於王家是也。他國之大夫，諸侯所不敢臣，亦曰賓。燕禮歌鹿鳴，而詩之序曰「燕群臣嘉賓」，蓋本國之臣曰群臣，他國之臣則不敢臣之，而曰嘉賓是也。賢能將進用於上，鄉大夫所不敢民，亦曰賓。行鄉飲酒之時，所立賓、介是也。古者公卿大夫致仕而居於鄉者，曰鄉先生，鄉人飲酒，則爲僎。諸侯之君失地而寄於他國，曰寓公，國君待以客禮。然則後之所謂學賓者，蓋兼取以上數條之義，謂郡縣之官與師，不敢以民庶徒友待之者也。

丁巳鄉試策問 三首

一

問：昔在有虞，伯夷典禮，后夔典樂，逮至成周，宗伯、司樂悉屬春官。周道衰微，禮樂在魯，韓起得見周禮，季札得觀周樂。周之經制，破壞於秦，漢定朝儀，雜采秦制。魯兩生謂禮樂百年而後可興，故文帝謙讓未遑，至於武帝，而後號令文章，煥然可述。然古制不復，君子不無憾焉。天佑國家，光啓文治，學校盛，貢舉行，禮樂之興於其時矣，厥今璣衡、歷象，太史掌之；輿圖、職貢，秘書掌之。至精至詳，度越千古。獨太常禮樂，尚循近代之遺，伊欲大備皇元之典，若之何而爲禮，若之何而爲樂，必有能明制作之本意者，庶幾有補於明時。若曰事得其理之謂禮，物得其和之謂樂，苟得其本，何以文爲？「禮云」、「樂云」，度數聲音云乎哉？淪於高虛，流於苟簡，則非有司之所願聞。

二

問：古昔聖人用刑政以治天下，立法制以傳後世。周官所掌，則有刑典，吕侯所命，則有刑書，漢繼秦後，首定律令，蓋惟邦憲之重，民命所關，苟無條章可以遵守，則姦胥黠吏以意重輕，刑罰不中，民無措手足矣。律十二篇，歷代承用，疏義雅奥，與三禮相經緯。或言律是八分書者，蓋有所見。伊洛大儒深然其説，豈道德之士於律亦有取歟？或言讀書不讀律者，蓋有所譏。及其釋經輒引律文，豈文章之士於律亦不廢歟？當今斷獄用例不用律，然斷例合天理，當人情，與律奚異？豈陽擯其名、陰用其實歟？或欲以今例、古律，參合爲一，或又謂例即律，律即例，有例固可以無律，然歟？否歟？賓興之賢能皆識時務之俊傑，其悉意以對，有司將以復於上。

三

問：賞以勸善，罰以懲惡。賞貴乎信，不信則人不懷；罰貴乎必，不必則人不畏。

古昔聖人，仁如天地，亦不能無刑而治。刑之所加，有宥無赦。流宥五刑，情輕者宥之而已。眚災肆赦，過誤者始或赦之。逮至吕侯所命，五罰皆赦，非過誤者亦赦之，何歟？魯肆大眚，春秋示譏，豈眚之小者可赦，而大者不可赦歟？楚有星害，其臣勸之修德，修德豈無他事，而必以降赦爲德，何歟？諸葛爲相，國以大治，其果不赦之效歟？王仲淹云：無赦之國，其刑必平。豈數赦所以惠姦歟？賢能明於古今、達於刑賞，願聞至當之説。

答王參政儀伯問

澄自寄弘齋記後，末由嗣致起居之問，一子二孫來歸，能言吉履，知遂閒適之樂，不勝喜幸。二月二十一日得去冬十月五日所惠翰教，啓誦如獲面覿。細玩副墨所問四條，嘉嘆罔已。别墅從容養親，讀書深造詳究，能儒流之所不易能。斯道不孤，關係非小，知至而至之，知終而終之，老夫日有望焉。四條之説，聊據鄙見陳之，以達左右。耄耋荒耗，愧不周悉，倘有未然，願更附便示及。

問目凡四。

第一節，朱子「静而不知所以存之，則天理昧而大本有所不立」。此言當矣。但謹按朱子曰以下，朱子之言間有未瑩者，執事已自能知之，今不復再言。欲下實工夫，惟「敬」之一字是要法。然中庸先言「戒慎所不睹，恐懼所不聞」，而後言「慎其獨」，此是順體用先後之序而言。學者工夫則當先於用處着力。凡所應接，皆當主於一。心主於一，則此心有主，而闇室屋漏之處，自無非僻。使所行皆由乎天理，如是積久，無一事而不主一，則應接之處，心專無二。能如此，則事物未接之時，把捉得住，心能無適矣。若先於動處不能養其性，則於静時豈能有其心哉？言不能詳，即此推之，循其先後之次而着功焉，自見效驗。至若平日讀書窮理，其功又在此之先，而皆以敬爲之主也。依小學書習敬身明倫之事，以封培大學根基，此又在讀書窮理之先者。

第二節，周子「太極動而生陽，静而生陰」之説，讀者不可以辭害意。蓋太極無動静，動静者，氣機也。氣機一動，則太極亦動；氣機一静，則太極亦静，故朱子釋太極圖曰：「太極之有動静，是天命之有流行也。」此是爲周子分解。太極不當言動静，以天命之有流行，故只得以動静言也。

又曰：「太極者，本然之妙也；動静者，所乘之機也。」機猶弩牙、弩弦，乘此機如乘馬之乘。機動則弦發，機静則弦不發；氣動則太極亦動，氣静則太極亦静。太極之乘此氣，猶弩弦之乘機也，故曰「動静者，所乘之機」，謂其所乘之氣機有動静，而太極本然之妙無動静也。然努弦與弩機卻是兩物，太極與此氣非有兩物，只是主宰此氣者便是，非别有一物在氣中而主宰之也。「機」字是借物爲喻，不可以辭害意。以冲漠無眹、聲臭泯然爲太極之體，以流行變化、各正性命爲太極之用，此言有病。蓋太極本無體用之分，其流行變化者，皆氣機之闔闢有静時、有動時。當其静也，太極在其中，以其静也，因以爲太極之體；及其動也，太極亦在其中，以其動也，因以爲太極之用。太極之冲漠無朕、聲臭泯然者，無時而不然，不以動静而有間，而亦何體用之分哉！

今以太極之根抵造化者爲體之静，陰陽五行變合化育者爲用之動，則不可。元亨，誠之通者，春生夏長之時，陽之動也，於此而見太極之用焉；利貞，誠之復者，秋收冬藏之時，陰之静也，於此而見太極之體焉。此造化之體用動静也。

至若朱子所謂本然未發者，實理之體；善應而不測者，實理之用。此則就人身上言，與造化之動静體用又不同。蓋造化之運，動極而静，静極而動，動静互根，歲歲有常，萬古不易，其動静各有定時。至若人心之或與物接，或不與物接，初無定時。或動多而静少、或静多而動少，非如天地之動静有常度也。朱子以繼之者善爲陽之動，成之者性爲陰之静，蓋以造化對品彙而言。就二者相對而言，則天命之流行者不息，而物性之禀受者一定，似可分動静。然專以命之流行屬陽之動，性之禀受屬陰之静，則其言執滯而不通，蓋不可也。

至若中庸未發之中爲體，已發之和爲用，難以造化之誠通。誠復爲比，言之長也，未易可盡，姑以吾言推之。至若謂「静非太極之本體也，静者所以形容其無聲無臭之妙」，此言大非。動亦一，静亦一，即無動一静一之可疑。蓋因誤以太極之本然者爲静，陰陽之流行者爲動故爾。太極本無動静體用也，然言太極則該動用静體在其中。因陽之動而指其動中之理爲太極之用爾，因陰之静而指其静中之理爲太極之體爾。太極實無體用之分也。

第三節，冬至祀天於南郊之圜丘，夏至祭地北郊之方澤。此二禮相對，惟天子得行之。天，猶父也，父尊而不親，故冬至祀天之外，孟春祈穀於郊，亦於圜丘。五時兆帝則於四郊，亦惟天子得行之。其他非時告天，禮之重者，則亦謂之郊；禮之輕者，則謂之類，言非正郊也，有類於郊祀焉爾，然亦惟天子得行之。蓋祀天之禮，天子之外無敢僭之者。

地，猶母也。母親而不尊，故惟北郊方澤一祭爲至重，其次則祭地於社。北郊之祭，天子所獨；社之祭，天子而下皆得行之，母親而不尊故也。天子之社，謂之王社；諸侯之社，謂之國社；大夫、士、庶人之社，謂之里社，此皆正祭。除正祭之外，天子、諸侯或因事告祭，重者於社，輕者但謂之宜，言非正社之祭，其禮與社祭相宜稱焉爾。胡氏因不信周禮，但見他書皆以郊、社對舉而言，遂以爲天子祭地亦只是社祭而已，不知天子之尊所以異於諸侯者，有方澤祭地之禮爲至重，而諸侯不得行也。

第四節，古者天子祭七廟，初受命之王爲太祖，其廟居中，東三昭，西三穆，凡六廟。東西之南二廟爲禰爲祖，東西之中二廟爲高爲曾，此謂之四親廟。東西之北二廟祭高祖之父與高祖之祖，爲二祧廟。親四，祧廟二，合之爲三昭三穆。其有功德之王，親盡廟當毀，則別立一廟於昭穆北廟之北，謂之宗，百世不毀，與太祖同，周之文世室、武世室是也。合六祖、二宗、三昭三穆則謂之九廟，此天子之制也。

若諸侯，則始封之君爲大廟，高、曾、祖、禰爲四親廟，是曰二昭二穆，無二祧，亦無有功德之宗，故其祫祭也但有時祫，而無大祫。時祫者，遷二昭二穆之主，合祭於太廟也；大祫者，三昭三穆二宗之外，凡廟之已毀者，皆得合食於太祖之廟也。

大夫三廟，初爲大夫者居中，曰太廟，一昭一穆則祖、禰也。

上士二廟，惟祖與禰，無太廟也。中士、下士一廟，禰廟而已，無祖廟也。庶人無廟，祭父於其寢而已。中士、下士之常祭但得祭禰，若欲祭祖，則於禰廟祭之。上士欲祭曾、高，則於祖廟中祭之。大夫欲祭祖以上，則於太廟祭之。古者惟天子、諸侯有主，大夫、士無主，祭則設席以依神而已。

伊川所制之禮，大夫、士皆有主，皆得祭及高祖，僭諸侯之禮也。至若冬至祭始祖、立春祭先祖，則僭天子禘祫之禮矣。故朱子初亦依伊川禮，舉此二祭，後覺其僭，遂不復祭，後世既無封建，則斟酌古今之宜。三品以上得如古之諸侯，祭及四世，但既無封國，則不當有主。六品以上如大夫禮，七品如上士禮，八品、九品如中士、下士禮，如此，庶幾近之。朱子所謂二主者，此言繼禰之宗子載其考妣二主以行爾；所謂「二主常相依，則精神不分」者，言其考妣之精神當與神主相依，不别立祠板之類也。於祫及其高祖者，於謂由下而達於上也。高祖本無廟，若或立功於國，君寵錫之，則得合祭四代，上及高祖。大夫則祭於其太廟，上士則祭於其祖廟，中、下士則祭於其禰廟。

以上始舉其大概，不及詳悉也。或曰禮隨時制宜，有損有益，大夫、士有主，自伊川所定之禮始，然亦無害於義。但是有廟者有主，其無廟者，其主埋於墓所，若欲追祭，則設席依神而祭於有主者之廟，况如今廟制皆非古，則只當且因循伊川所定之禮行之。

答人問性理

自未有天地之前，至既有天地之後，只是陰陽二氣而已。本只是一氣，分而言之，則曰陰陽，又就陰陽中細分之，則爲五行。五氣即二氣，二氣即一氣。氣之所以能如此者，何也？以理爲之主宰也。理者，非别有一物在氣中，只是爲氣之主宰者，即是無理外之氣，亦無氣外之理。人得天地之氣而成形，有此氣即有此理，所有之理謂之性。此理在天地，則元亨利貞是也；其在人而爲性，則仁義禮智是也。

性即天理，豈有不善？但人之生也，受氣於父之時，既有或清或濁之不同；成質於母之時，又有或美或惡之不同。氣之極清、質之極美者爲上聖，蓋此理在清氣美質之中，本然之真，無所污壞，此堯、舜之性所以爲至善，而孟子之道性善所以必稱堯、舜以實之也。其氣之至濁、質之至惡者爲下愚。上聖以下、下愚以上，或清或濁，或美或惡，分數多寡，有萬不同。惟其氣濁而質惡，則理在其中者，被其拘礙淪染，而非復其本然矣。此性之所以不能皆善，而有萬不同也。

孟子道性善，是就氣質中挑出其本然之理而言，然不曾分别性之所以有不善者，因氣質之有濁惡而污壞其性也，故雖與告子言，而終不足以解告子之惑。至今人讀孟子，亦見其未有以折倒告子而使之心服也。蓋孟子但論得理之無不同，不曾論到氣之有不同處，是其言之不備也。不備者，謂但説得一邊、不曾説得一邊，不完備也。故曰「論性不論氣，不備」，此指孟子之言性而言也。

至若荀、揚以性爲惡、以性爲善惡混，與夫世俗言人性寬性褊、性緩性急，皆是指氣質之不同者爲性，而不知氣質中之理謂之性，此其見之不明也。不明者，謂其不曉得性字，故曰「論氣不論性，不明」，此指荀、揚世俗之説性者言也。

程子「性即理也」一語，正是鍼砭世俗錯認性字之非，所以爲大有功。張子言：「形而後有氣質之性，善反之，則天地之性存焉。故氣質之性，君子有弗性者焉。」此言最分曉，而觀者不能解其言，反爲所惑，將謂性有兩種。蓋天地之性、氣質之性，兩性字只是一般，非有兩等性也，故曰「二之則不」。是言人之性本是得天地之理，因有人之形，則所得天地之性局在本人氣質中，所謂「形而後有氣質之性也」。氣質雖有不同，而本性之善則一，但氣質不清不美者，其本性不免有所污壞，故學者當用反之之功，反之如「湯武反之也」之「反」，謂反之於身而學焉，以至變化其不清不美之氣質，則天地之性渾然全備，具存於氣質之中，故曰「善反之則天地之性存焉」。氣質之用小，學問之功大，能學氣質可變，而不能污壞吾天地本然之性，而吾性非復如前污壞於氣質者矣。故曰：「氣質之性，君子有弗性者焉。」

所謂性理之學，既知得吾之性皆是天地之理，即當用功以知其性，以養其性。能認得四端之發見，謂之知；既認得日用之間，隨其所發見，保護持守不可戕賊之謂養。仁之發見，莫切於愛其父母、愛其兄弟。於此擴充，則爲能孝能弟之人，是謂不戕賊其仁，義、禮、智皆然。有一件不當爲之事而爲之，是戕賊其義；於所當敬讓而不敬讓，是戕賊其禮；知得某事之爲是、某事之爲非而不討分曉，仍舊糊塗，是戕賊其知。

今不就身上實學，却就文字上鑽刺，言某人言性如何，某人言性如何，非善學者也。孔、孟教人之法不如此。如欲去燕京者，觀其行程節次，即日雇船買馬起程，兩月之間可到燕京。則見其宫闕是如何，街道是如何，風沙如何，習俗如何，并皆了然，不待問人。今不求到燕京，却但將曾到人所記録逐一去挨究，參互比校，見他人所記録者有不同，愈添惑亂。蓋不親到其地，而但憑人之言，則愈求而愈不得其真矣。

天與七政，八者皆動，今人只將天做硬盤，却以七政之動在天盤上行。古來歷家蓋非不知七政亦左行，但順行不可筭，只得將其逆退與天度相直處筭之，因此，後遂謂日月五星逆行也。譬如兩船使風皆趨北，其一船行緩者，見前船之快，但覺自己之船如倒退南行，然其實只是行緩、趕前船不着故也。

今當以太虛中作一空盤，却以八者之行較其遲速。天行最速，一日過了太虛空盤一度；鎮星之行比天稍遲，於太虛盤中雖略過了些子，而不及於天，積二十八个月則不及天三十度；歲星之行比鎮星尤遲，其不及於天積十二个月，與天争差三十度；熒惑之行比歲星更遲，其不及於天積六十日争差三十度；太陽之行比熒惑又遲，但在太虛之盤中一日行一周匝，無餘無欠，比天之行一日不及天一度，積一月則不及天三十度；太白之行稍遲於太陽，但有疾時，遲疾相準，則與太陽同。辰星之行又稍遲於太白，但有疾時，遲速相準則與太白同；太陰之行最遲，一日所行比天爲差十二三四度，其行遲，故退度最多，今人不曉，以爲逆行，則謂太陰之行最疾也。今次其行之疾遲：天一、土二、木三、火四、日五、金六、水七、月八，天、土、木、火，其行之速過於日，金、水、月，其行之遲又不及日，此其大率也。

私試策問 見元文類

治天下之事多矣，有司嘗考今古，以爲其事之大者十有二，稽之古而不能無疑，曷可行於今歟？試因識時務者議之：

古者胄子有教，何教乎？師保有訓，何訓乎？顯中諸呂之謀亂與奮節甘露變故之後者，孰優？精忠於賢否混淆與抗疏朝廷草創者，孰劣？上書美莽，何謬歟？醉入賦詩，何迂歟？願聞所以得公族之道。

古者力牧之外何以有六相？禹、皋之外何以有十六相？丞相欲斬二千石與置部刺史，而相府不相干者，孰非？丞相欲斬戲臣與小臣加官，而相府不相統者，孰是？蕭、曹舊隙，何以同心？姚、宋不同，何以戮力？嚴明寬厚，何以相資？善謀善斷，何以相用？醇謹相飭，才何劣，而係天下安危二十四考，量何宏！二黨交攻，量何隘，而爲天下輕重二十餘年，何才歟？願聞所以爲宰相之道。

古者諫無官，王事無闕，後世置諫大夫，世道不古。御史爲傳命記事，果得乎？御史爲平章按察，果失乎？擢補闕以增直臣氣，謂諫議有諫臣風者，孰優？以中大夫守東海，諫官補刺史者，孰劣？守饒州而給事不肯草制，可法與？除刺史而舍人封駮，可嘉歟？願聞所以得臺諫之道。

古者金馬、承明之著作與中書之官孰是？尚書侍郎之起草與立學士之號者孰非？取譽於貞觀，與德音除書者同乎？齊名於元和，與號大手筆者異乎？賜與宫錦與下詔而悍卒泣涕者，孰賢？贈以玉帶與賜詔而王逵效順者，孰勝？願聞所以得兩制之道。

古者東觀、禁中之名同乎？弘文、崇文、秘書之號異乎？秘書府居於外，何所始？秘書閣藏於外，何所因？劉章、元成、施讎、周堪，何官？揚雄、班固、傅毅，何職？黄香、盧植、蔡邕、馬融，與馬懷素、褚無量，何所顯乎？賈逵、丁鴻與張説、徐堅、元澹，何以名乎？願聞所以得館閣之道。

古者左右史與内史何所殊？大小史與外史何以異？蘭臺掌圖籍，與禁中注起居，孰優？太史居丞相上，與史館於門下省者，孰是？三墳、五典，紀之何人？春秋、檮杌，作之何氏？章程必付柱下、元功必藏御史，何意乎？太史必職司馬、科斗必職東家，何見歟？郤太宗觀史與郤文宗者，孰賢？郤張説託言與郤李德裕者，孰智？願聞所以得史館之道。

古者撢人巡省四方與椽史分制諸郡，同乎？刺史秩卑權重與州牧秩重權專，異乎？刺史揚州奏二千石罪與刺史冀州不察長吏者，孰優？不肯捄火與不肯捕蝗者，孰劣？補職三百、不以私撓，設學校，變風俗，與真刺史者孰勝？單造賊壘、不毁淫祠、破禨祥，與三獨坐者孰負？百城聞風而震悚，果賢乎？奸臟望風而解綬，果得乎？願聞所以得監司之道。

古者六官掌於司馬，孰爲將？漢、唐府衛，孰爲帥？韓、彭、衛、霍之功孰多？靖、勣、光、弼之才孰愈？築臺筒注，而上客何以誅？設壇寵拜，而椒房何以罰？漢中可戰則戰，非輕乎？荆州可和則和，非怯乎？朝受詔、夕引道與軍旅俎豆者，孰是？卯受命、辰出師與廟堂朝歌者，孰非？請抗强晉而學春秋者，何以有陳濤之奔？輕裘平吴而文賦者，何以有河橋之敗？趙不敢東、匈奴不敢寇，愈於毁其家以舒國難者乎？胡不敢南、突厥不敢顧，愈於「匈奴未滅，何以家爲」者乎？願聞所以得將帥之道。

古者渤海、潁川之良果拜守相，輒見問之功乎？河北二十四郡無一忠，豈側門俟進止之過乎？由滎陽爲田大夫與上蔡擢河南守者何如？道不拾遺、虫不犯境與江陵反風、不期伏虎者何似？肥鄉之才何以稱益昌？山陽之才何以美濫賞？王成何謂賢之不識？真卿何以復國？德化三異與忠信三善孰優？民不敢欺與民不忍欺，孰善？願聞所以得守令之道。

古者庠序、學校之名同乎？司樂、學政，學之制異乎？六德六舞、干戈羽籥之制何以殊？禮、樂、詩、書，鄉司徒之教何以别？置子弟員五十人而至百人千人而至二千人，何以盛？圜橋億萬計，黌舍千八百室之與每歲課三科、歲復增二科，何以精？國子三百人、太學五百人、四門千三百人，又何以盛？鹿鳴之歌、燕室之琴，舉成送尚書，何以精？博士弟子領於太常，得乎？國子監隸太常寺，當乎？舉司隸之幡與捄朱穆、皇甫規者孰優？拒朱泚之亂與褒陳仲舉留陽城者孰勝？教牢修之書，何以乎？喉張顥之誣，何因乎？願聞所以得學校之道。

古者選部有尚書，何所始？尚書有吏部，吏部有侍郎，何所自？用人不分流品，故有引强蹶張致相者，何法？官必取之法律，而財賦必取之入粟補官乎？選官清鑑與詳密者何如？平允與請謁不行者何若？山公啓事與二十年天下無遺才者孰優？金背鏡與二十年留得人者孰是？或無藻鑑、或賢否雜進，與曳白之譏孰非？或較覈失實、或大納賄賂，與市瓜之譏孰劣？願聞所以得銓選之道。

古者八元、八愷，誰之苗裔？鄧、虢、毛、原，何所自？出仕者世禄與三衙三衞之制何以殊？崇德象賢與武選之較何以異？多憨之夫、三篋之才與元城之守節孰優？細柳之屯、朱崖之排與蕭育之賢孰優？任太子洗馬、太子庶子與校書郎、博士弟子者孰勝？任侍中司空爲郎爲中郎將者孰負？父任與兄任孰賢？族父任與宗任孰愈乎？教子以諂者何故？教子以容者何爲？或謂任子不通古今，果當乎？或謂雜色入流者，果宜乎？願聞所以得任子之道。

若此十二事，曷爲而不戾於古，曷爲而可行於今，其詳言之，有司將以觀有用之學。

卷三　答問

答海南海北道廉訪副使田君澤問

澄向於京師獲識，深惟足下仕今學古，資純篤而志精專，世所希有，嘉嘆敬慕。但一見之後，無因再聚，每思同志之難遇，未嘗不悠然而興懷也。忽廑貽問，乃知觀風嶺海，又喜持憲之得賢。惠示賀、王二君數種之書，如獲奇寶。旋即開卷玩繹，鄙見頗有未然者，别紙開具，幸垂省覽。承問及無極太極説，非面難致其詳，姑言其略。

大概古今言太極者有二，當分别而言，混同爲一則不可也。莊子云「在太極之先」，漢志云「太極函三爲一」，唐詩云「太極生天地」。凡此數言，皆是指鴻濛渾沌、天地未分之時而言也。夫子言「易有太極」，則是指道而言也，與莊子、漢、唐諸儒所言太極字絶不相同。今儒往往合二者爲一，所以不明。如邵子言「道爲太極」，則與夫子所言同。又言「太極既分，兩儀立矣」，則與諸家所言同。

蓋夫子所言之太極，指道而言，則不可言分，言分者，是指陰陽未判之時。故朱子易贊曰：「太一肇判，陰降陽升」，不言「太極」而言「太一」，是朱子之有特見也。朱子本義解「易有太極」云：「易者，陰陽之變，太極者，其理也。」朱子只以陰陽之變解易字。太極者，是易之本原。節齋蔡氏以爲易乃太極之所自出，朱門學者皆疵其説。来諭與蔡説相符，而非朱子意也。

朱子語録云：「易之有太極，如木之有根，浮圖之有頂。然木之根、浮圖之頂是有形之極，太極却是無形之極，無方所頓放，故周子曰：無極而太極。」世儒讀太極圖，分無極、太極爲二，則周子之言有病。故朱子合無極、太極爲一，而曰「非太極之外别有無極也」，又曰「無極即是太極」。澄之説是發明朱子此義。蓋老、莊、列之意皆以爲先有理而後有氣，至宋朝二程、横渠出，力闢老氏自無而有之説爲非，而曰：「理氣不可分先後。理是無形之物，若未有氣，理在那處頓放？」又曰：「理與氣，有則俱有，未嘗相離。非知道者，孰能識之！」程、張之所以爲知道，正以其能識得此與老氏之説不同故也。今生於程、張之後，而又循襲「有理而後有氣」之説，則是本原處差了。可子細取近思録、程氏遺書、外書、張子正蒙及朱子語類觀之。四先生説得洞然明白，即與愚説無異，其他不能多及。

一，往歲蒙惠王弼卿易、春秋二書，易雖與鄙説多不同，然皆祖本程傳。程傳有與易之本文不甚協者，乃更易之。其書最爲平正穩審，不敢以其不與己説合而輕議之也。

二，春秋類傳極佳，内雖有一二處與鄙説不同，然大綱領皆精當，用工之深，用意之密，可敬可敬。

三，大學一書舊來只雜於禮記中，河南二程子生於千餘載之後，獨得聖道之傳，故能識此篇爲聖人之書，并中庸一篇皆自禮記中取出，表而顯之。明道、伊川二先生皆有更定大學傳文次第，然皆不如晦庵之當。經一章渾然如玉，豈可拆破。第一節自「大學之道」至「在止於至善」，言三綱領；第二節自「知止而后有定」至「慮而后能得」，覆説上文，五句各有「而后」兩字；第三節「物有本末」至「則近道矣」，總結上文。此以上三節爲前半章。第四節「古之欲明明德」至「致知在格物」，言八條目，與第一節相對；第五節「物格而后知至」至「國治而后天下平」，覆説上文，七句各有「而后」兩字，與第二節相對；第六節自「天子至於庶人」至「未之有也」，總結上文，與第三節相對。此以上三節爲下半章。經文二百餘字，謹嚴簡古，真聖筆也，與傳之文體全然不同。今乃拆破經之第二節、第三節以補「致知格物」之傳，豈不識經、傳文體之不同乎？而此兩節欲强解作「致知格物」之義，亦且不通。徒見有一「物」字，有一「知」字，而欲以爲「格物致知」之傳，無乃不識文義之甚乎！且經文中除了此兩節，豈復成文！如一玉盤，打破而去其一角，但存其三角，豈得爲渾全之器哉？

四，「明德」傳引用三「明」字，「新民」傳引用三「新」字，文法整齊嚴密，不可增添。今於「新民」傳增加「聽訟」一節，聽訟固可爲新民之事，然指一事而言耳，與上三節文體不類。子細玩味，自當見之。

五，「平天下」章，程子故嘗更定其傳文矣，而朱子獨以舊文爲正。或問之，言曰：「此章所言已足，而復更端以廣其意，有似於易置而錯陳。然其端緒接續，血脉貫通，而丁寧反覆之意見於言外，不可易也。必欲以類相從，則其界限雖若有餘，而意味反或不足，不可不察也。」今詳觀㢲卿所更，又不如程子之明且易。朱子不以程子之所更定者爲然，愚豈敢以㢲卿之所更定者爲然乎？㢲卿苦學深思，誠爲可嘉。而此一書比之易、春秋二書，不可同日語矣，恐不可以行於世也。區區老拙，學淺識卑，不足以窺測高賢之所藴，然不敢不盡己之心以告。

六，毁周禮、非聖經，在前固有其人，而皆不若吾鄉宏齋包恢之甚。毫分縷晰，逐節詆排，如法吏定罪，卒難解釋，觀者必爲所惑。如近年科舉不用周禮者，亦由包説惑之也。包説印行，比之㢲卿正義其多十倍。然愚嘗細觀，不過深嘆其無識而已。今㢲卿所言，比之於包極爲平恕。以包之苛細嚴刻，識者猶笑其爲蚍蜉撼大樹，而凡諸家之所詆，愚皆有説以答之，累千言未可既也，今不復言。

七，洪範當更定，愚自幼讀書，即有所疑，後見南康馮深居所更定，然猶未滿吾意。

深居，厚齋先生之子，從朱文公學，正與江古[一]心、董[二]矩堂爲行輩。今東岡曾爲古心、矩堂所前席，則與深居同時。此本或是曾相講論而爲之，否則，是與之暗合也。可尋探覓馮深居所定洪範經傳一觀，則見其與東岡之書大同小異。愚亦嘗有更定，與馮氏之本不盡同，不欲示人。近爲揚州秦氏於學者處傳得藳本刊之，今謾録呈過目，幸甚。

八，無極太極説，因朱子太極圖解云「上天之載，無聲無臭，而實造化之樞紐、品彙之根柢，故曰無極而太極，非太極之外復有無極也」，學者多不曉朱子之説，故作此説爲之疏義，以發明朱子之意而已。其愚意亦有與朱微不同者，當別言也。

答田副使第二書

澄夏間辱惠教墨，嘗率爾奉復。正以末由嗣訊爲慊，倏廑再書，捧讀忘倦。惟明公方

[一] 古，四庫本作「右」，據成化本改。按：江古心，即江萬裡（一一九八至一二七五），字子遠，號古心。
[二] 董，四庫本作「童」，據成化本改。按：董矩堂，即董槐（？至一二六二），南宋寶祐間爲相，字庭植，號矩堂。

以洗寃澤物爲事，而又有餘暇講談義理之精微，非資識傑出一世，何能若是！然斯道自孟氏以後，晦冥者千有餘年，至宋、程、張，其脉始續。明公有志乎此，則程氏所遺有遺書、外書、經説、文集，張氏所遺有正蒙、理窟、語録、文集之類，皆當博觀而細玩，然後見其真得不傳之學者，其要領爲何如。若未詳究而輕於立論，則非中庸所謂博學審問、慎思明辨之旨。所蒙惠教，謹逐一條析於後，唯明者擇焉。孔穎達易疏云：「太極謂天地未分以前，元氣混而爲一，是太初、太一也。老子『道生一』，即此太極也。混元既分，即有天地，故曰『太極生兩儀』，即老子之『一生二』也。」三五歷紀云：「未有天地之時，混沌如雞子，溟涬鴻濛謂之太極，元氣函三爲一。」莊子云：「夫道，在〔二〕太極之先，而不爲高」，漢書云：「太極〔三〕函三为一」。

澄按：莊子及漢、唐諸儒皆是以天地未分之前混元之氣爲太極，故孔穎達疏易亦用此説。夫子所謂太極是指形而上之道而言，孔疏之説非也。自宋伊、洛以後，諸儒方説得

〔二〕原文缺「在」字，四庫本、成化本同，據莊子大宗師補。
〔三〕原文以下闕文，四庫本、成化本同，據漢書藝文志補「函三爲一」四字。

「太極」字是。邵子云「道爲太極」，朱子易本義云「太極者，理也」，蔡氏易解云「太極者，至極之理也」。蔡氏雖於「易」字說得未是，解「太極」字則不差。澄之無極太極説曰「太極者，道也」，與夫子、邵子、朱子、蔡氏所說一同，而高見不以爲然。蓋是依孔穎達及莊子諸人之說，以太極爲混元之氣故也然。混元未判之氣，名爲太一。而不名爲太極。故禮記曰：「夫禮本於太一，分而爲陰陽。」朱子易贊曰：「太一肇判，陰降陽升。」若知混元未判之氣不名爲太極，而所謂太極者是指道理而言，則不待辨而明矣。

先次來教，言太極是理氣象數渾而未分之名，則又與漢、唐諸儒所謂混元之氣者小異。蓋混元太一者，言此氣混而爲一，未有輕清重濁之分。及其久，則陽之輕清者升而爲天，陰之重濁者降而爲地，是爲混元太一之氣分而爲二也。今曰理氣象數渾而未分，夫理與氣之相合，亘古今永無分離之時。故周子謂之妙合，而先儒謂推之於前，而不見其始之合；引之於後，而不見其終之離也。言太極理氣渾，是矣，又言未分，則不可。蓋未分，則是終有分之時也。其實則理氣豈有時而分也哉？又以象數并理氣而言，則象數果别爲一物乎？以其氣之著見而可狀者謂之象，以其氣之有次第而可數者謂之數。「象數」兩字不過言氣之可狀、可數者爾，非氣之外別有象數也。若以太極爲至極之理，則其上不容更着「無極」兩字。故朱子爲周子忠臣，而曰：「無極二字只是稱贊太極之無可名狀，非太極之外復有無極也。」若以太極爲一氣未分之名，上頭却可着「無極」兩字。然自無而有，非聖賢吾儒知道者之言，乃老、莊之言道也。今録老、莊言道自無而有之旨及朱、陸辨無極、太極問答大略於後，細觀當自了悟。

老子曰：「天下萬物生於有，有生於無。」又曰：「道生一，一生二。」莊子曰：「太初有無無有無名，一之所起。」

澄按：老子所謂道、莊子所謂太初，即来教所言之無極也。所謂一者，即来教所言之太極也。若如来教之解無極、太極，即是老、莊此二章之旨，說得周子本文固甚分曉，但是押入周子在老、莊隊裏行，而不可謂之得吾聖道之傳者矣。朱子費盡氣力爲之分疏，而解此二句不與世儒同者，正欲明周子之所言與吾聖人之言道不異故也。故澄以爲，周子之忠臣程子親受學於周子，周子手授此圖於二程，二程藏而秘之，終身未嘗言及，蓋爲其辭不別白，恐人誤認以爲老、莊之言故也。其後學者索之，只將出通書，終不出太極圖。程子没後，於他處搜求，方得此圖。能知程子不輕出此圖之意，則言之必不敢容易，且知朱子之大有功於周子也。

梭山陸子美與晦庵書云：「太極圖説與通書不類，疑非周子所爲。不然，則是其學未成時所作；不然，則或是傳他人之文，後人不辨也。蓋通書言五行陰陽、陰陽太極，未嘗加無極字。假令太極圖説是其所傳，或其少時所作，則作通書時不言無極，蓋已知其説之非也。」象山陸子静與晦庵書云：「無極二字出於老子『知其雄』章，吾聖人之書所無有也。老子首章言『無名，天地之始；有名，萬物之母』，此老氏宗旨也。無極而太極，即是此旨。老氏見理不明，所蔽在此。太極圖説以無極冠首，而通書終篇未嘗一及無極字。二程言論至多，亦未嘗一及無極字。假令其初實有是圖，觀其後来未嘗一及無極字，可見其學之進，而不自以爲是也。兄今考訂注釋、表顯尊信，如此其至，恐未得爲善祖述者也。」晦庵答書云：「老氏之言有無，以有無爲二；周子之言有無，以有無爲一，正如南北、水火之反，未可容易譏評也。近見國史濂溪傳載此圖説，乃云『自無極而爲太極』，若使濂溪本書實有『自』、『爲』兩字，則信如老兄所言，不敢辨矣。然因渠添此二字，却見得本無兩字之意愈益分明。請試思之。」

澄按：來教所言，正是以有無爲二，自無極而爲太極也。今録程子、張子所言有無不分先後之旨於後。蓋宋儒之言道，周子微發其端而已。其説之詳而明，直待張子、二程子出，而後人知二子所言之道與老、莊所言自無而有者不同。故論程、張二子有功於吾道者，以其能辨異端似是之非也。

程子曰：「道者，一陰一陽也。動静無端，陰陽無始。非知道者，孰能知之？」

澄按：此程子解繫辭傳「一陰一陽之謂道」一句也。蓋陰陽，氣也；所以一陰一陽者，道也。道只在陰陽之中，雖未分天地以前，而陽動陰静固已然矣。非陽動即陰静，非陰静即陽動，無更有在陰静陽動之前而爲之發端肇始者。程子既言此，而又以「非知道者，孰能知之」綴於其後，蓋亦自負，而料世人不悟，必有以爲道在陰陽之外，而動静有端、陰陽有始者。惟朱子曉此，故其太極圖解曰：「此無極，太極也，所以動而陽、静而陰之本體也。然非有以離乎陰陽也。」即陰陽而指其本體，不雜乎陰陽而爲言爾。言一初便是陰陽，而太極在其中，非是先有太極，而後有陰陽動静也。

程子曰：「至微者，理也。至著者，象也。體用一原，顯微無間。」

澄按：此程子易傳序中語也。蓋至微之理者，體也，即来教所謂易之體者。然體之至微而用之至著者已同時而有，非是先有體而後有用也，故曰一原。至顯之象而與至微之理相合爲一，更無間别，非是顯生於微也，故曰無間。程子嘗與人言：「某之此八字，莫不太洩漏否？」蓋亦自擔當，而料世之人不能悟也。

張子曰：「有無、隱顯，通一無二，則深於易者也。若謂虚能生氣，則體用殊絶，入老氏『有生於無』之論，不識所謂有無混一之常。此道不明，儒、佛、老、莊混然一途，語天道性命者不囿於恍惚夢幻，則定以有生於無爲窮高極微之論，多見其蔽於詖而陷於淫矣。」

澄按：張子此言尤爲明白，非是先無後有、有生於無矣。蔡氏謂周子於太極之上加無極，正是解夫子「易有太極」之「易」字，而其解「易」字亦曰：「易，變易也。」澄謂變易屬乎陰陽，豈可以言無極？蔡氏自知其説之病，乃引「易無體」之説以救之，而曰「變易無體之中有至極之理也」。朱子以「易爲陰陽之變。易有太極者，言陰陽變易之中有至理以爲主宰也。」蔡氏既以變易無體爲理矣，而又曰「中有至極之理」，然則理中復有一理乎？「變易無體」，已是言理，而又曰「有至極之理」，可乎？粗曉文義者，亦知其説之不通矣。又曰：「流行乎乾坤中之易非『易有太極』之易也。」果有二等易乎？又曰：「陰陽動静之間是流行中之太極，與夫子所言太極降一等。」果有降一等之太極乎？蔡氏所解卦爻彖象，多有發明朱子未到處，澄纂言中亦取其説。但易解後别有大傳易説一卷，主於破其師「太極在陰陽中」之説，於道之大本大原差了，故有此兩般易、兩般太極之謬談。朱門惟勉齋黄直卿識道理本原，其次北溪陳安卿，於細碎字義亦不差。

來教謂澄「以一二三四五六七八九爲洛書文」，然此乃數也，若五行至六極，則洛書之文也。

澄按：舊説以「初一曰五行」至「次九曰嚮用五福威用六極」六十五字爲洛書本文。此六十五字者，不知是龜介甲上有此六十五字乎？抑是龜背負得一竹簡，或一木板，寫此六十五字在簡板之上乎？果如此，則與宋真宗朝所謂天書降者何異？世豈有此等怪妄之事哉？

来教謂禹如何逆知一爲五行，二爲五事。澄謂設使龜書果有此六十五字，禹亦如何逆知五事之爲貌、言、視、聽、思也？如何逆知八政之爲食、貨、祀及司空、司徒、司寇與賓、師也？如何逆知五紀之爲歲、月、日及星辰、歷數也？與夫三德、庶徵、五福、六極之目，皆非可以臆度必也，并九疇之子目，皆是龜背之文寫出而後可知，設若如此，愚人拾得，亦可傳世，何必聖人而後能作洪範、九疇哉？且河圖之出，亦止有五十五數。伏羲則之，便畫成兩儀、四象、八卦，及重爲六十四卦。此卦畫即非河圖所有，伏羲何以臆度而爲此畫邪？至如邵子言「方者洛書之文，畫州、井地之法，其倣如此乎？」亦但言洛書有九數，其分天下爲九州、分一井之田爲九个百畝者，亦與洛書之九數相符爾。聖人之心與天地合德，以脩身、齊家、治國、平天下之事有九个門類，此其素藴於胸中者也。一旦見龜文之有九數，遂撰成洪範一書，即平日所藴修齊治平之法分作九類，次其先後，以配龜文之九，正與伏羲見河圖有奇偶之數而作奇偶二畫以倣河圖奇偶之數者同，天乃錫禹洪範、九疇。如商書言「天乃錫王勇智」，湯生得有勇智，即是天錫，豈必天提此勇智錫與湯邪？「舜有天下也，天與之」，豈是天親手分付而與之乎？「有夏多罪，天命殛之」，豈是天親口有言語而命之乎？河圖自一至十，五十五點之在馬背者，其旋毛之圈有如星象，故謂之圖，非五十五數之外别有所謂圖也。洛書自一至九，四十五畫之在龜背者，其背文之坼有如字畫，故謂之書，非四十五數之外别有所謂書也。至今馬背之旋毛如星點，特無自一至十之數爾；至今龜背之坼文如字畫，特無自一至九之數爾。左傳所謂「有文在其手，曰友」，亦是手掌之坼文如「友」字也。手掌之坼文與龜背之坼甚相似。今言河之圖者，不索圖於五十五數之外；而言洛之書者，乃欲索書於四十五數之外，不亦惑乎？大概不曉洛書之數爲龜坼之文如字畫，而亦如河圖作四十五个圓圈子看，所以惑也。

來教謂澄：「概言『易』爲陰陽變易之易，其易已連屬乎陰陽之中，如此是一部易書只做得一个『易』字字説。」

澄竊謂伏羲當初作易時，仰觀天文，天文只是陰陽；俯察地理，地理只是陰陽。觀鳥獸之文與地所宜之草木，近取諸人之一身，遠取諸一切動植及世間服食器用之物，亦無一而非陰陽者。適值河出馬圖，觀其後之一與六，則一陽六陰也；觀其前之二與七，則二陰七陽也；觀其左之三與八、右之四與九、中之三與十，又皆有陰有陽也。此天不愛道，而顯然以陰陽之數示人者，於是始作八卦，畫一奇畫以象陽，畫一偶畫以象陰，即此奇偶二畫而爲四象、八卦，以至重爲六十四卦。八卦者，止是十二陽畫、十二陰畫而已；六十四卦者，止是百九十二陽畫、百九十二陰畫而已。除陽畫、陰畫外，別無一句言語，亦無秘密傳授。即此陽畫、陰畫之中包括天地萬物之理，更無遺者，故可以通神明之德，可以類萬物之情。若謂伏羲之易非陰陽變易所能盡，而有不連屬乎陰陽者，不知當於何處尋覓。文王、周公之彖爻姑未暇論，夫子作繫辭傳，乃是爲伏羲、文王、周公之易作序也。首言天尊地卑而乾坤定，卑高以陳而貴賤位，動静有常而剛柔斷。天地、卑高、動静非陰陽乎？乾坤之卦、貴賤之位、剛柔之畫，非易中之陰陽乎？剛柔相摩、八卦相盪，雷霆風雨、日月寒暑、乾男坤女，非陰陽乎？以至言易與天地準，而曰天地之道、幽明之故，天地、幽明，非陰陽乎？曰死生之説、鬼神之情狀，死生、鬼神，非陰陽乎？而夫子又直指而曰「一陰一陽之謂道」，不知捨了陰陽，道於何處連屬乎？後章又言乾坤、動静、四時、日月，非陰陽乎？效天法地，天地設位，而易行乎其中，非陰陽乎？以後不及縷數。果有不連屬乎陰陽之易，夫子何不言之？而自初至末，皆必以陰陽爲言，何夫子之不能爲高論乎？

来教謂：「天地絪緼變化之機，人物性情之理，開物成務治國平天下之道，夫子作易繫辭，發明尤爲詳悉。止言『易者，陰陽相易』，則所以開物成務之大道不見彰著。」

澄觀夫子言昔者聖人之作易，將以順性命之理，而其所謂性命之理者，不過曰天之道陰與陽、地之道柔與剛、人之道仁與義而已。柔者，地之陰也；剛者，地之陽也；仁者，人之陽也；義者，人之陰也。夫子何不捨去陰陽而別作高虚之説以言天、地、人之道乎？不審捨了陰陽而有天地絪緼變化之機否乎？捨了陰陽而有人物性情之理否乎？以至開物成務、治國平天下之道，無非陰陽之用。今而不知其爲陰陽，正所謂百姓日用而不知爾。先儒言世間無一事無陰陽者，行便是陽，止便是陰；語便是陽，默便是陰；開目便是陽，閉目便是陰；呼氣便是陽，吸氣便是陰。張忠定公詠曾見陳希夷言公事亦有陰陽，未斷時是陽，已斷時是陰。以至月令「逐月順天地之陰陽而行事」，無一而非陰陽也。欲外陰陽而語天地絪緼變化之機，語人物性情之理，語開物成務、治國平天下之道，澄識見卑下，不知其爲何說。澄之愚見則以爲人之生也，因陰陽五行之氣而有形，形之中便具得陰陽五行之理，以爲健順五常之性。仁禮者，健之性也，屬乎陽；義智者，順之性也，屬乎陰。信也者，實有是陽健陰順之性也，率是性而行焉。仁禮，陽健之道也；義智，陰順之道也。其在五倫，則父子兄弟之仁禮，親屬而屬陽者也；君臣夫婦之義智，人合而屬陰者也。又細分之，則父子之仁，陽之陽也；兄弟之禮，陽之陰也；君臣之義，陰之陽也；夫婦之别，陰之陽也。又細分之，則父之愛，陽也；子之順，陰也；兄之長，陽也；弟之幼，陰也；君之尊，陽也；臣之卑，陰也。夫之倡，陽也；婦之隨，陰也。開物成務、治國平天下之道，果有出於五常、五倫之外者乎？謂非陰陽變易之道，可乎？澄之所尊信者，夫子也。夫子明言一陰一陽爲道，明言曰陰與陽爲天之道。今乃以陰陽變易爲不足以彰著開物成務之道，則夫子之言非乎？

来教又謂：「易之爲道，有體有用。理，易之體也；陰陽變易，易之用也。」此言至當。然理無形象，變易者，陰陽之氣也。陰陽之所以能變易者，理也。非是陰陽變易之外，别有一物爲理，而爲易之體也。

又謂：「『畫前元有易』爲言易之體。」此是錯解了康節詩，然是蔡節齋錯解了。畫者，伏羲奇偶之畫也。有天地以来不知幾千年，而後有伏羲出来畫卦。伏羲畫卦，所以明陰陽之變易也。然伏羲未畫卦以前，陰陽未嘗不變易，故曰畫前元有易，非是指畫字屬陰陽、易字屬空虚之理。若曰未有陰陽之畫以前先有不屬乎陰陽之理在，此是不知道者之言，康節不如是也。

又云「無極之前，陰含陽也，是又先言用也」，亦是蔡節齋錯解了康節言語。然節齋并改了字，以「無」字爲「太」，今所引幸而不曾改字。邵子所謂「無極」即非周子所言之「無極」，但二字相同耳。「無極之前，陰含陽也；有象之後，陽分陰也」，此是邵子解伏羲六十四卦。圓圖左邊自復卦至乾卦屬陽，陽主生，言生物自無而有也；右邊自姤卦至坤卦屬陰，陰主殺，言殺物自有而無也。無極之前，謂自坤卦右旋以至於姤也；有象之後，謂自復卦左旋以至於乾也。自坤前至姤皆屬陰，而陰之中有八十陽者，陰中所含之陽也。自復後至乾皆屬陽，而陽之中有八十陰者，陽中所分之陰也，即非先言用也。

来教謂：「羲、文、周、孔造易，其道大矣廣矣。包羅天地，揆敘萬類，豈象占而已哉！」

澄謂伏羲作易，仰觀俯察，近取遠取，而畫八卦，以通神明之德，以類萬物之情，此即來教所謂包羅天地、揆敘萬類者。其時固未有占也。然三百八十四畫皆是象天地萬物，惟其所象者皆神明之德，故可以包羅天地；惟其所象者皆萬物之情，故可以揆敘萬類。伏羲之易只是三百八十四畫而已，此所謂象也，故曰：「易者，象也。」今謂易道廣大，豈止於象？若捨象而言，不知伏羲之易更在何處？爲此言者，莫是不曉得象字？象者，伏羲之畫，所以象天地萬物也。其後卦名是指出所象之事而爲名，及彖辭爻辭中言龍言馬等，又是指出所象之物而爲言也。象之至大至廣，而可以包羅天地、揆敘萬類者，伏羲之畫也；其次卦名，指一事之義而言者，比伏羲之畫則爲狹小矣；彖辭爻辭中所指一物者，比卦名之指一事者又狹小矣。今人往往但知卦爻辭中所指一物者爲象，諸儒言之不甚明白，惟項平庵玩辭，却曉得象字。伏羲既畫卦之後，遂作揲蓍之法，教民以所畫之卦占吉凶而處事，此是聖人之用易也。伏羲別不曾教人於揲蓍之外用易。後世能明義理者遵用象辭之意而修身應事，此則無事於占，然其爲善去惡、趨吉避凶之道，亦是自占中來，此後之君子推廣聖人之易而用之者也。至若夫子繫辭中所言用易，只曰「君子居則觀其象而玩其辭，動則觀其變而玩玩其占」，則無他説。及後章，言易有聖人之道四焉：曰辭，曰變，曰象，曰占。推其功效，以爲天下之至精、天下之至變、天下之至神，可以通天下之志，可以成天下之務，可謂大矣廣矣。而其歸宿，又不過曰：「易有聖人之道四焉者，此之謂也。」其所以有許大功效者，亦只在辭、變、象、占而已，然則象占豈可輕忽哉？若可輕忽，則夫子不如此言之矣。想是讀夫子繫辭未熟，請將夫子繫辭從頭至尾逐一句逐一字子細詳玩，便知夫子之言易還有在於象占之外者否。大概近世學者涉獵乎老、佛空虚無用之説，故其言道皆欲超乎形器之上，出乎世界之外，全無依靠，全無著實，茫茫然妄想而已，卒之自叛吾道，而於老、佛真處亦未嘗窺見，此今日學者之大病也。

来教又謂：「注易之際，當於羲、文、周、孔四聖人脚迹下馳騁。今止祖程義理、宗朱象占，則程、朱義理象占已傳於世，又何必贅説？」此論尤爲可怪可駭。夫子生知之聖，猶曰「述而不作，信而好古」，况庸下之末學乎？且程之説義理、朱之説象占即羲、文、周、孔之旨，捨程、朱則何以能探四聖人之奥？「脚迹下馳騁」五字是南康戴師愈所僞撰之麻衣易，内有「羲皇心地上馳騁，周孔脚迹下盤旋」二句，今用其語而節縮其辭，亦非所願聞。

答田副使第三書

澄前者辱第二書，玩繹之餘，以鄙意奉答，乘便寄呈，惟恐浮沉。七月得今春所惠第三教帖，乃知二月已達左右，甚爲之喜。書至之時，恰值病作，未及細觀。既而病證日增，不食者近兩月。頭目昏重，雙耳失聰，幾於危篤。逮兹冬初方稍輕減，然未復常，未敢出外。念欲附數字以謝，又思已嘗罄竭愚陋之見至再矣，覺来皆與高明之見不合。澄自幼務學，用功六十餘年，今年已八十，資下識卑，所見僅僅至此。雖復瀆進其説，不過如前，何能有補於賢達？是以綴而不爲。忽鄉人久寓長沙者還鄉来過，又蒙重筆第三帖見示，深感盛意之勤勤。且聞澄清底績移寓長沙，相去亦近，天相吉德，履候平康，益可喜也。眷愛之隆不可虛辱，但病餘精神虛耗，弗克詳悉，以報所施。手顫妨於運筆，命學子代寫。

一，愚見以太極爲道理，而高見必以爲混元渾沌未判之氣，此其不合者一也。

愚見以爲理在氣中，同時俱有，而高見必以爲先有理而後有氣，此其不合者二也。

愚見以爲易者，陰陽之變；「易有太極者」，言陰陽變易之中有理以爲之主宰。夫子「易有太極」之言，其立言猶曰臣有君、子有父云爾，故朱子以爲易之有太極，如木之有根、浮圖之有頂，可謂明白。而高見以爲其説顛倒錯亂，斷不可以訓後學，此其不合者三也。

蔡節齋解「易」字作「無極」字，此是背其師説，無識之言也，而高見取之；解太極字爲至極之理，此言却是，而高見不取。愚所非者而以爲是，愚所是者而以爲非，此其不合者四也。

已上愚説并與周、程、張、朱之説同，皆非不肖自出己見。而来書引王巽卿之言，以爲舍禰而宗兄。澄識見凡陋，竊謂禰之道更秦、漢以来，晦蝕千有餘年。若非天於盛宋之時生此數兄，發明吾禰之道，則幾於隊地矣。澄視吾兄，有大功於吾禰者也。凡吾兄所言，五經之梯階也。敢問此數兄有何言語背了五經？乃曰不可徒求之先儒而不本之五經乎？若曰徒求之五經而不反之吾心，是買櫝而棄珠，此則至論。不肖一生切切，然惟恐墮此窩臼。學者来此講問，每先令其主一持敬，以尊德性，然後令其讀書窮理，以道問學。有數條自警省之語，又揀擇數件，書以開學者格致之端。學徒鋟之於木，今謾納去一帙。是蓋欲如巽卿之説，先反之吾心，而後求之五經也。僕雖老矣，學之久而未得，願與足下共勉之。

二，易是形而下者，太極是形而上者，先儒已言，澄不復贅。先儒云道亦器，器亦道，是道、器雖有形而上、形而下之分，然合一無間，未始相離也。今乃曰陰陽變易之易非本原形而上者之易，則伏羲合當如周子畫一圈作太極，何緣但畫一奇爲陽、畫一偶爲陰而已？至夫子方推其本原，而有陽奇陰偶之中有太極存焉，夫太極者不在陽奇陰偶之外也。今以陰陽爲不是本原，則是伏羲之易無了本原矣。伏羲但有卦畫，别無他文。若欲求「易」字、「太極」字於陽奇陰偶之外，竊望就伏羲卦中指出見教，何者是「易」，何者是「太極」。如此論易，何萬古大聖人之不幸也！噫！

三，老子云：天下萬物生於有，有生於無。萬物者，指動植之類而言，「有」字指陰陽之氣而言，「無」字指無形之道體而言。此老子本旨也。理在氣中，元不相離。老子以爲先有理而後有氣，横渠張子詆其「有生於無」之非，晦庵先生詆其有無爲二之非。其「無」字是說理字，「有」字是說氣字。若澄之以精氣爲物，爲自無而有；遊魂爲變，爲自有而無。以先天圖左邊爲自無而有，右邊爲自有而無。乃是言萬物形體之無有有無，如春夏所生之物，皆去冬之所無，而今忽有；秋冬所殺之物，皆今夏之所有，而今忽無。人之生也，漸至於長大，是自無而有；人之死也，遂至於朽腐，是自有而無。又如平地本是荆榛，乃翦除草茅而蓋造宫室，則此宫室自無而有其；後宫室銷毁敗壞，又成瓦礫之場禾、黍之墟，則此宫室自有而無。又如一虚室忽然排辨酒器，鋪設筵席，聚賓客於其中，歌舞歡笑，是此宴會自無而有；及其酒罷客散，徹去筵席，收去酒器，依舊一虚室，是此宴會自有而無。凡物凡事皆然。

来書謂「世間人物之生、百姓日用之常，那件不是自無而有」，是矣。此之無而有，有而無，是言鬼神之屈伸往来、人物之生死始終、人事之興廢聚散，即與指理爲無、指氣爲有之「無」、「有」不同，但「有」、「無」二字相同爾。老子謂有氣之陰陽自無形之理而生，以「有」、「無」爲二，而不知理氣之不可分先後。與予言萬物形體自無而有、自有而無者旨意逈别。今以愚言爲自相抵牾，何其不通文理之甚也！如孟子不言利，前則曰「何必曰利」，後則曰「以利爲本」。前之「利」，强兵富財、便利其國之謂也，後之「利」，順其自然之理之謂也。「利」字雖同，而文義則異。若不通文義，必謂孟子之言自相抵牾矣。

来書取南軒先生張氏太極圖解首章之説甚當，然請博觀南軒太極圖全解及今文集、語録諸書，還曾解「太極」二字爲渾元、渾沌否？還曾謂理在先、氣在後否？南軒圖解之下文云：「非太極之上復有所謂無極也。太極本無極，言其無聲臭之可名也。」又云：「無極之真，二五之精，妙合而凝，非無極之真爲一物，與二五之精相合也，言未嘗不存於其中也。」南軒此言，即與朱子所言及老拙所言一同。賣花擔上前後兩籃，不曾遍看，但見前籃一朵之花，便自買取，而不復顧其後籃之花爲何如，况望能於洛陽諸處名園中萬紫千紅而一一識之乎？朱子初焉説太極與南軒不同，後過長沙謁南軒，南軒極言其説之未是，初亦未甚契。既而盡從南軒之説，有詩謝南軒曰：「我昔抱冰炭，從君識乾坤。始知太極藴，要妙難名論。」及南軒死，有文祭之曰：「始參差以畢序，卒爛熳而同流。」是晦庵太極之説盡得之於南軒，其言若合符節。明公取南軒而不取晦庵，何也？

四，「有生於無」，是老氏異端之説。周子「無極而太極」，即非言自無而有。晦庵、南軒二先生之説燦然明白。高意必欲解此一句云「自無極而爲太極」，是押周子入老、莊隊也。朱、張二先生皆云「非太極之上復有無極」，極力分解，惟恐人錯認此一句與老氏同。衛道之力如此，可謂忠於周子也。明公必欲屈抑周子以同於老氏，老拙極力喚醒而不見從，是辱吾周子者，明公也。己自爲之，又自稱寃，何耶？

五，繫辭傳「易有太極，是生兩儀，兩儀生四象，四象生八卦」，此是説卦畫。周子因夫子之言而推廣之以説造化，言卦畫，則生者生在外，有兩儀時未有四象，有四象時未有八卦。朱子謂生如母之生子，子在母外是也。言造化，則生者只是具於其中，五行即是陰陽，故曰「五行一陰陽」，言陰陽五行之非二。朱子所謂五殊二實無餘欠也。陰陽即是太極，故曰「陰陽一太極」，言太極、陰陽之非二，朱子所謂精粗本末無彼此也。朱子又言生陰生陽之「生」猶曰爲陰爲陽云爾，非是生出在外。惟朱子能曉得太極圖說之「生」字與易繫辭之「生」字不同。解經析理，精密如此，如何不使人觀之而心服！此等精微毫釐之辯，想明公前此之所未聞。欲以粗心大眼觀聖人之言，何其容易耶？兩儀、四象、八卦，漸次生出者也，非同時而有。太極、陰陽、五行，同時而有者也，非漸次生出。一是言卦畫，一是言造化，所以不同。天地却是後來方有，故邵子之書以爲「天開於子，地闢於丑」。来書既引朱子所云，是欲聞其説也。今爲詳陳。

一元凡十二萬九千八百歲，分爲十二會，一會計一萬八百歲。天地之運至戌會之中爲閉物，兩間人物俱無矣。如是又五千四百年而戌會終。自亥會始五千四百年，當亥會之中，而地之重濁凝結者悉皆融散，與輕清之天混合爲一，故曰渾沌。清濁之混逐漸轉甚，又五千四百年而亥會終，昏暗極矣，是天地之一終也。貞下起元，又肇一初，爲子會之始，仍是混沌；是謂太始，言一元之始也；是謂太一，言清濁之氣混合爲一而未分也；又謂之混元，混即太一之謂，元即太始之謂，合二名而總稱之也。自此逐漸開明，又五千四百年，當子會之中，輕清之氣騰上，有日，有月，有星，有辰，日月星辰四者成象而共爲天，故曰天開於子。濁氣雖摶在中間，然未凝結堅實，故未有地。又五千四百年，而子會終。又自丑會之始，五千四百年，當丑會之中，重濁之氣凝結者始堅實，而成土石，濕潤之氣爲水流而不凝，燥烈之氣爲火隱而不顯，水火土石四者成形而共爲地，故曰地闢於丑。又五千四百年而丑會終。又自寅會之始，五千四百年，當寅會之中，兩間之人物始生，故曰人生於寅。開物之前，渾沌太始混元之如此者，太極爲之也。開物之後，有天地、有人物如此者，太極爲之也。閉物之後，人銷物盡，天地又合爲混沌者，亦太極爲之也。太極常常如此，始終一般，無增無減，無分無合，故以未判已判言太極者，不知道之言也。

六，夫子言「一陰一陽之謂道」，而澄言夫子以一陰一陽爲道，節縮「之謂」兩字，以「爲」字代之，取其言之便而已，不知有何礙理？夫子言「形而上者謂之道，形而下者謂之器」，程子則言「形而上爲道，形而下爲器」，節縮「謂之」兩字，代以「爲」字，亦合糾彈程子之過乎？又如大程子「言發己自盡爲忠，循物無違謂信」，上句言「爲」，下句言「謂」，二句之意果有異同乎？小程子則曰「盡己之謂忠」，兄言「爲忠」，弟言

「之謂忠」，二先生之言果有差殊乎？此等不過取其文從字順、便於口爾。經史傳記子集中或以「爲」代「謂」，或以「謂」代「爲」，二字通行，不一而足。大戴記曰：「夫子可謂孝乎？」小戴記則衍之曰：「夫子可以爲孝乎？」他不悉數，遍讀諸書，自當見之。

七，河圖只是五十五圈，洛書只是四十五畫，羲因圖數奇偶而畫卦，禹因書數先後有敘疇，此鄙見也。高見不以爲然，澄豈敢力争己説之是以求勝？但自信則篤，著論以俟百世之知爾，不敢求高明印可也，故不復論。圖、書之出，聖人因此有契於心，而遂畫八卦、敘九疇。程子曰：「若無河圖，八卦亦須畫。」愚亦曰：「若無洛書，九疇亦須敘。」夫子因獲麟而作春秋，若不獲麟，春秋亦須作。至若愚謂洪範乃禹自作，此「自」字是言敘疇出於禹之己意，不是傳寫龜背見成之文也，即非説九疇是禹一人自作，而箕子無與。今来書謂：「禹至箕子千有餘年，安知箕子無一言乎？」澄之洪範注及前書中即無此意，何故横生此一枝以見喻？恐是不通文理之人看澄洪範注而誤，因對明公説，而明公不自參詳，以致錯誤。不然，明公之高了，何緣如此昏謬邪？

澄弱冠時，已見南康馮深居先生訂定洪範印本，分禹經、箕傳一如所惠賀氏之書。澄後来重定洪範，疑「經」、「傳」二字未甚安，故改之曰「綱」、「目」。深居者，古心江丞相同鄉里之父師也。古心之家自有深居洪範印本，其有取於賀者，亦喜其與鄉里前輩之書同故爾。澄前書欲得足下尋探收書之家，覓馮深居訂定洪範經傳一觀，人家夫豈無之哉？

八，「畫前元有易」，畫是伏羲畫卦之畫，易是指易之書而言。人但知伏羲畫卦之後方有易，而不知伏羲未畫卦之前，天地間已有此易矣。畫字與删字對，皆是指作書修書者；易字與詩字對，皆是指所作所修之書名。今曰「畫非止伏羲卦畫一奇一偶之謂，等而上之，至於太極未判皆前也」。又曰「易即理也」。若如此言，試改此一句詩曰「太極以前元有理」，則成何等言語！此句詩若出粗通文理者，笑之矣。如此推廣上句，不知下句「删後更無詩」一句如何推廣？

九，邵子所謂無極，即非周子所謂無極。足下所取之南軒先生亦如此説，非愚之私言也。今必欲以爲與周所言之無極同。愚意陰陽太極同時而有，不可言「之前」二字。姑如明公之意，則可言陰陽之前先有太極，太極之前先有無極，無極則不可再有所加於其頭上矣。言無極之前，是無極頭上又加一層也。不知無極之前是何物？當作何名稱？以見教如此，則周子圖說又欠一層，當言云云而無極，無極而太極也。以無極爲周子所言之無極，而陰含陽乃在無極之前，是先有陰陽，後有無極也。可謂顛倒錯亂之甚矣。何乃以此四字而誣朱子，又以此四字而罪老拙邪？

十，項氏說象字，出於一己之特見，度越群儒，且非蹈襲前人之所已言。謂彼知其略，而不知其詳，則雖得一說超乎其上，然後見彼之爲略、而此之爲詳。象非偶不立，數非奇不行，此一偏一曲之論也，識者不取。蹈襲「非兩不立」一句之陳言以說象，既不該遍，又不親切，不免於擇焉而不精，語焉而不詳矣，而何可議項氏之不知其詳也哉？項所謂象，所包甚廣；「非兩不立」，所指甚狹。一廣一狹，其孰爲詳？而孰爲略乎？

十一，「天者，乾之形體；乾者，天之性情。」此兩語，格言至論也。足下疵之，何哉？人之著書筆削，各有其意。若先儒好言語都要寫盡，則豈可謂之成一家言？澄不引用程子此言者，自是用不着，非以其言爲有病不取之也。僕幼時雖未遠出，然聞人說河豚魚、江豚魚，已疑「豚魚」只當作一字解。後見雲間田疇易解作「江豚魚」，犂然有當於愚心。長而泛大江，親見所謂江豚魚者；又聞舟人呼之爲風信，於是確然從田疇之說。

足下既罪僕不合祖程傳義理，今又罪僕不合不盡用程説，而以爲畔程子，此似市井小夫兩面二舌者之言，非所望於希賢希聖之君子也。王巽卿一部易純是宗程，其間與程不同者甚多，亦可指之以爲罪乎？

十二，君子所居而安者，易之象也，立象成器以爲天下利，澄各有所據，纂言中載之已詳，今再逐一條具。陸德明經典釋文曰：「虞翻本序作象。」東萊吕先生易音訓曰：「晁氏云：『虞作象。説之按：作象乃與下義合。』」此是從陸、晁、吕三家之説。「立象成器以爲天下利」，此是依荀悦漢紀所引易文。如坤卦象傳元本云「履霜堅冰，陰始凝也」，朱子據陳壽魏志所引云：「初六，履霜，陰始凝也。」上添「初六」二字，下去「堅冰」二字，是准此例。「何以守位曰人」，本義改「仁」作「人」，而曰「今本作仁，吕氏從古，蓋所謂非衆罔與守邦」。来書謂不知何所據而添改，且如上傳本義謂「立字下有闕文」。來書言之，是曾讀本義繫辭上傳也。此處朱子直改了本文「仁」字，又注説明白如此。澄從朱子所改，非自改也。乃曰「不知何據」，豈是不曾讀本義繫辭下傳乎？凡看人文字，欲尋人疵病，合當首尾洞徹，真箇捉著本人謬誤處，然後疵人而人服。如考進士試卷，黜落之卷更須着力精看，批抹其所以不好之由。又如平反獄訟，須是將案卷前後一一參照精詳。

澄纂言中三處，「於易之象也」章末注云：「舊本象作序，今依虞翻本。」「立象成器以爲天下利」章末注云：「舊本無『象』字。朱子曰：『立下疑有闕文。』澄按：荀悦漢紀引此文作『立象成器』，今增補。」「守位曰人」章末注云：「舊本『人』作『仁』。陸氏曰：王肅、卞伯玉、桓玄、明僧紹作『人』。」已上并是纂言各章注文，援據至甚明白。今乃見問「不知何據」，是不曾看澄所注也。若澄之書紕謬不足觀，則當以覆醬瓿，以糊屋壁，或以火焚之可也。既是存留，欲就上尋求疵病，合依平反案卷之法照刷子細，看得情弊方出。今乃看前不照後，看此不照彼，何其疏率也！

十三，生生之謂易，正與生四象、生八卦之「生」同，周子所謂生陰、生陽、生水火木金土者，其義亦同，但有在外在中之異。大德曰生之「生」意却微別。乾坤法象，此指畫卦之陰陽而言，易則陰與陽之總也，故主此陰與陽者謂之易。占與事，著數之未定、已定者，神則占與事之總也，故主此占與事者謂之神。凡陰陽變易，道理便在其中，元不相離，直以道字解易字則不可。而易之所以易者，道也。故程子言陰陽非道，所以一陰一陽者，道也。

十四，程子「隨時變易以從道」之言，以此解易書之名則未的當，然此言與中庸君子而時中之意同，乃聖賢之格言也。青山疵之，以爲道自道，易自易，可謂謬妄。青山，吾鄉人，長吾十歲，澄以兄事之。其人善作時文，却不曉義理。而作文之際，每喜議評先儒。澄屢嘗辨析其不然，卒皆無辭而屈服。明公於晦庵朱子尚不假借，而乃引用青山之言。使其言是，猶可曰不以人廢言；其言不是，而以爲據依，何哉？舍了甘棠樹，緣山摘醋梨，可嘆也已！

十五，其他諸條不能一一酬答。澄老耄無知，卑賤無庸，極荷不鄙，薦賜貽問。不敢不竭愚衷者，蓋恐墮於不忠不孝之域。然技能識見止此而已。天下之廣，豈無傑特明達之士過澄百倍十倍，可陪明公之講論者哉！澄黽勉奉酧此紙，豈能稱盛心！望憐其愚，不必更賜第四書。借視於盲，借聽於聾，非計之得者也。

卷四　說

無極太極説

太極者何？曰道也。道而稱之曰太極，何也？曰假借之辭也。道不可名也，故假借可名之器以名之也。以其天地萬物之所共由也，則名之曰道。道者，大路也。以其條派縷脉之微密也，則名之曰理。理者，五膚也。皆假借而爲稱者也。真實無妄曰誠，全體自然曰天，主宰造化曰帝，妙用不測曰神，付與萬物曰命，物受以生曰性，得此性曰德，具于心曰仁，天地萬物之統會曰太極。

道也，理也，誠也，天也，帝也，神也，命也，性也，德也，仁也，太極也，名雖不同，其實一也。極，屋棟之名也。屋之脊檁曰棟。就一屋而言，惟脊檁至高至上，無以加之，故曰極。而凡物之統會處，因假借其義而名爲極焉，辰極、皇極之類是也。道者，天地萬物之統會，至尊至貴，無以加者，故亦假借屋棟之名而稱之曰極也。

然則何以謂之太？曰：「太之爲言大之至甚也。」夫屋極者，屋棟爲一屋之極而已。辰極者，北辰爲天體之極而已。皇極者，人君一身爲天下衆人之極而已。以至設官爲民之極，京師爲四方之極，皆不過指一物一處而言也。

道者，天地萬物之極也。雖假借極之一字强爲稱號，而曾何足以擬議其髣髴哉！故又盡其辭而曰太極者，蓋曰此極乃甚大之極，非若一物一處之極。然彼一物一處之極，極之小者爾；此天地萬物之極，極之至大者也，故曰太極。邵子曰：「道爲太極。」太祖問曰：「何物最大？」答者：「道理最大。」其斯之謂與？

然則何以謂之無極？曰：「道爲天地萬物之體，而無體謂之太極，而非有一物在一處，可得而指名之也，故曰無極。」易曰：「神無方，易無體。」詩曰：「上天之載，無聲無臭。」其斯之謂與？

然則無極而太極者，何也？曰：「屋極、辰極、皇極、民極，四方之極，凡物之號爲極者，皆有可得而指名者也。」是則有所謂極也。道也者，無形無象、無可執著？雖稱曰極，而無所謂極也。雖則無所謂極，而實爲天地萬物之極，故曰無極而太極。

放心說

其體則道，其用則神。一真主宰，萬化經綸。夫如是心，是爲太極。或已放去，所宜收也。于名于利，于色于味，妄念紛擾，私意纏滯。夫如是心，是爲劇賊。或未放下，不宜留也。不可以放，還家即次者歟？不可不放，解懸棄屣者歟？雖然，放故不放，不放故放，二者相通而不相戾，此學之全。知不放心，不知放心，二者相尚而不相同，此學之偏。虛豁豁地無毫髪累，常惺惺法無須臾離。其放不放，如是如是。吾會其全，以救其偏。在吾可聖，在彼可仙。於乎至矣，安得起鄒叟、蒙吏而與之言？

得一説贈傅道士

道家者流，以一爲基，而帝之者，無有也。建之以常無有，主之以太一，古之博大真人哉！此莊氏所以贊其師。無有也者，無名也，天地之始也。一也者，有名也。萬物之母也。故曰道生一。莊氏亦云：「泰初無名，一之所起。」抱一，抱此者也。守一，守此者也。泊兮未兆，淵兮不盈。慈儉不先爲之寶，濡弱謙下爲之表，抱之守之之方也。雖然，中央渾沌之帝，初未嘗視聽食息也。七者鑿，而一者離矣。竅開而竇塞，竅閉而竇通。至矣哉，一之體乎！妙矣哉，一之用乎！正一師傅君以得一名，其已得之歟？他日解后無何有之鄉，密若無言，相視一笑。

敬齋説

易、書、詩、禮四經中，言敬者非一，訓釋家不過以敬爲恭肅嚴莊、祇慄戒慎之義。至伊、洛大儒，始有主一無説之説。其高第弟子，又謂敬者。此心收斂，而常惺惺也。夫彼異端者流于「敬」之一字，蓋不數數，而其治心之法，亦惟收歛惺惺是務。然則敬者，聖學之要，雖彼不能外也。

東昌張侯汝弼，敦厚詳審，來爲撫州推官。余視其威儀，察其政事，曰恭曰肅，曰嚴曰莊，曰祇曰慄，曰戒曰慎，侯其有焉。名其宴居之齋曰敬，非虚也。雖然，敬之用甚大。異端者之成仙成佛，而吾儒之爲賢爲聖，以至于參天地，莫不由此。侯其懋之哉！昔衛武公年九十餘，尚作抑戒以自警。一行一言，兢兢惕惕。詩人美之，而尊之者曰「睿聖」。侯年七十矣，而志不衰倦。充其所到，如武公可也。人美侯之德，將有嗣淇澳而詩者。賢而聖，聖而天，一皆敬之功。其法自心起，而非腐儒蹈襲之常談所可了也。侯其敬之哉！

素軒説

絲未染色曰素。羔羊、干旄之詩并託素絲以美其大夫之德。素也者，不苟悦乎新以改乎其舊，不外假乎文以增乎其質。素位而行，唯君子能之。夫不安其素而悦乎新、假乎文，斯須之榮不足以償其終身之羞者有之矣。余于杜子美白絲行之作所以每三復焉，而嘆其深得國風之意也。

清江范亨自京師來，稱太原白賁無咎之賢，皮溍亹亹爲余道，且言其以「素」名所居之軒。余聞之而驚異。噫！是殆庶乎其安其素者，因爲説素之義。皮、范如京，聞余説而喜，請書以遺。雖然，白已仕，皮將仕，范未仕。見賢而思與之齊，一當以白君爲師，而于白絲行之詩之意諷諸口，識諸心，其勿忘。不然，可黄可黑，固墨氏之所悲也，而況不爲墨氏者乎？

致愨亭説

墓焉而體魄安，廟焉而神魂聚。人子之所以孝于其親者，二端而已，何也？人之生也，神與體合；而其死也，神與體離。以其離而二也，故于其可見而疑于無知者，謹藏之而不忍見其亡；于其不可見而疑于有知者，勤求之而如或見其存。藏之而不忍見其亡，葬之道也；求之而如或見其存，祭之道也。葬之日，送形而往于墓。葬之後，迎精而返于家。方其迎精而返于家也，一旬之内，五祭而不爲數，惟恐其未聚也。及其除喪而遷于廟也，一歲之内，四祭而不敢疏，惟恐其或散也。家有廟，廟有主。祭之禮，于家不于墓也。墓也者，親之體魄所藏，而神魂之聚不在是。以時展省焉，展省之禮非祭也。近代所謂祭者，乃或隆于墓而略于家。夫伊川野祭，古所深慨，習俗之由來漸矣。不有禮以稽其弊，則雖豪傑之士，亦且因仍而莫之怪。余嘗適野，見車馬塞道，士女盈盈于墟墓之間。少長咸集，攀號悲泣，彷彿初喪之哀，未嘗不嘉其孝誠之篤，而亦不能不嘆夫古禮之泯也。

荏平梁潤之，篤于親者，作亭墓側，朝之聞人爲扁曰「致慤」，或者又引祭義以發明之，俾梁氏孝思悠然而不能已，其言豈無助哉！雖然，祭義所云，皆廟祭之事，非可施之墟墓間也。梁之子宜，國子伴讀，復請于予，而予以古之正禮告。禮有其義，人之報本反始，求之于有而不求之于無。非達鬼神之情狀者，未易語此。京兆蕭君曰：「爲祠堂于所居，揭斯扁于齋室，庶乎其可。」斯言也，不亦善于禮矣夫！

静安堂説

静而安，聖學之基也。曾子授子思，子思授孟子，孟子之後，失其傳焉。歷千五百年之久，周子特起，以主静爲聖人立人極之本，上合大學静安之旨，然儒者莫究其用功之何如也。大學之静在有定，周子之静在無欲。知有定、無欲之不二者，于静之功思過半矣。王府掌書何君，以「静安」名堂，其友趙侯徵辭于予。予蓋有意乎曾、思、孟、周之傳，學之四十餘年而未有分寸得也，爲之難言之，其敢易乎哉！雖然，諸葛丞相曰：「静以修身，未寧静無以致遠。」又曰：「學須静也，險躁則不能理性。」而莊生亦云：「寧可以止遽。立心處事，惟寧毋躁。」是其所謂静安者乎？此前代賢相之所以行，予就何君之所可及者而言，非虚言也。如其言之虚也，雖累千百言，奚庸？

静壽堂説

静，静與？曰：否。静，壽與？曰：未。請問曰：静莫如山。稽諸易：山，艮象也。艮時静時動，曷嘗一于静哉！山，地之隆起者。地，坤象也。坤静翕動闢，曷嘗一于静哉！山塊然静，雲雨不作，草木不生，朽壞爾。壞朽斯陁，而奚壽焉？夫人也如槁木，如死灰，曰静，可矣。榦遂枯，火遂滅，曰壽，可乎？養生家有言：户樞不蠹，流水不冰。日月之明，不息則久。豈必一于静而後壽哉！仁者静，仁者壽。人知夫子之所已言，不知夫子之所未言。武仁夫以「静壽」扁齋居，余爲發夫子未發之藴。仁在天地爲元，元無頃刻之不運。貞下之元，静極之動也。静根動，動根静，天地之機也。天地之壽無窮者，以此。人亦然。體静而用動，動賓而静主，可相有，不可偏無。故曰：静而無動，物也，物也惡能壽！静而無静，神也，神也是以壽。吾聞之周子云。

仁本堂説

天之爲天也，元而已。人之爲人也，仁而已。四序，一元也。五常，一仁也。人之有仁，如木之有本。木有本，榦枝所由生也。人有仁，萬善所由出也。人而賊其仁，猶木之戕其本也。木無本，則其枝瘁而榦枯。人不仁，則其心死，而身雖生也，奚取？論語一書，無非教人以求仁，讀之而能知之者，鮮矣。廬陵鄧熙學可以仁本名其堂，大哉名乎！夫立是名者，蓋欲既其實也。既其實者如之何？體仁之體，敬爲要；用仁之用，孝爲首。孩提之童，無不愛親，此良心發見之最先者。苟能充之，四海皆春然仁人心也。敬則存，不敬則亡。夫子之言仁，以居處恭、執事敬語樊遲，以出門如見大賓、使民如承大祭語仲弓。于此實用其力焉，本其庶幾乎！學可資質静重，可與求仁者也。其思所以實斯堂之名哉！

中和堂説

吉水高根名讀書之所曰中和堂，而問其説于予。夫室屋以居此身也，豈必有其名哉！倘或名之，亦爲是聲稱焉爾，豈必究其實哉！根之名堂也，不取他名，而以中和名。大哉名也！根之意殆異于人乎？「中和」二字見于子思子書之首章，蓋以狀性之體，擬誠之用也。

學而求諸性情，秦、漢以下之儒所不知。逮宋數大賢，始及乎此，而玩繹其遺言，踐修其實功者，甚寥寥也。大率漁獵博襍之書以爲博，飣餖浮淺之文以爲工而已。于性情之學，其孰留意？根也，因堂之名而有意究中和之實，予也雖嘗從事于斯，然未易爲子言之也，姑就子所當入之門、所當由之路，而言其概。然則如之何？其必慎動于人所不見之處，而不然，則動應之宜如天氣之順，略無太温太凉、太寒太熱之忒，情之用庶乎不乖其和矣。静而有主，心不外馳，以至于無時而不然，則静定之極如地形之正，略無少東少西、少南少北之偏，性之體庶乎不失其中矣。是其效也。若其本，則慎動在集義，主静在持敬。噫！此舉世儒者之所不肯爲，而根欲聞之乎？予于是誦所聞以告。根字良友，大父諱君輸，宋登仕郎、史館編校云。

收説 遊説 有序

收説者何？遺番陽陳熙也。遊説者何？亦遺番陽陳熙也。作之者誰？臨川吴澄也。延祐丁巳十有一月，饒樂平陳熙來山中，言其先世以家所藏書悉上送官，得賜號清白處士。處士之孫，慶歷之間擢進士科，卒大理寺丞，致仕。詩集中與范文正、包孝肅、唐芥、孫莘老諸公相往還。仕進代不乏人。熙之先大父教授于家，臨終囑諸子：「謹收吾書。」熙之父遵考訓，扁讀書之堂曰收。至熙之子生，亦名之曰收。收之一字既以名堂，復以名子，示不忘[一]也。予謂農之力穡而穫謂之收，井之汲水而上謂之收。農之收，以供食也。井之收，以供飲也。書之爲世用，甚如六府之有穀、五行之有水也。收之者，豈無所用乎哉？收而不知所以用，是猶儲穀于園倉，貯水于瓶罌，而不以食飲也。然則用之將何如？在乎子孫善讀之而已矣。讀而有所悟，悟而有所得，小用之可以釣爵禄，而榮其身，而顯其親，大用之可以躋聖賢，而澤被生民，而道濟天下。書之用如此。收之者，有期于後者也。用之者，有光于前者也。有收之實，遂有其名。有收之名，必有其用。故予于陳氏之有書也，不徒嘉于祖父之善于收，而猶俟其子孫之善于用云，作收説。

古無遊士也。修于家，舉于鄉，仕不出邦域之内。其窮而不遇者，以先覺而耕于野，以良弼而築于岩。苟非以幣而三聘，以夢而旁求，則終身岩野而已矣，孰肯以遊爲事？自王政衰，陵夷至于春秋，至于戰國，生民塗炭。孔、孟抱濟時之具，而時不用。聖賢不忍恝然忘天下，于是乎歷聘環轍。而當時潔身避世之士猶且非之，倘無聖賢救世之心而遊焉，則其非之也，又當如之何哉？七雄以力相并吞，冀得權謀術數之流，不愛高爵厚禄，

[一] 忘，四庫本作「志」，據成化本改。

以招致遊士。遊士因得大肆其意，以傲世主。然孟子比之妾婦，則其可賤甚矣。漢、晉、隋、唐以來，遊者不得如戰國之盛。宋之季，士或不利于科舉而遊。入事臺諫，則内外庶官畏之；出事牧伯，則郡縣庶民畏之。雖不能如戰國之士，立躋顯榮而挾其口舌中傷之毒，亦可要重糈于人。若夫遊于今之世，則異是。上之人無所資乎爾，下之人無所畏乎爾。于身既不可以驟升，于財又不可以苟得。叩富兒門，隨肥馬塵，悲辛于殘盃冷炙之餘；伺候公卿，奔走形勢，僥倖于污穢形辟之地。不過如子美、退之所云，其可哀也夫！而好遊者諉曰：「吾之遊，非以蕲名，非以干利，將以爲學焉爾。」是大不然。夫古之謂遊學者，不遠千里，從師問道也。蓋如孔子者，天下一人而已。故遠近翕然宗之，如百川之赴海。世無孔子，其孰可師？如欲爲學，私淑艾于古聖遺言可也。不求之于此，而求之于遊，悵悵欲何之乎？司馬子長世掌文史，父子授受，而負傑然不羈之才，雖使終身不出門户，亦自有此雄健之筆，豈得于遊哉！謂子長因遊而有史者，謬也；信其説者，惑也。

樂平陳氏，家世收書。而熙也氣清才俊，可以得志于今，進之可以尚志于古。將遊于四方，予勸之息遊而歸讀祖父所收之書，作遊説。

願學齋説

宜黄鄒聖任，少日嘗受學于予。其從弟之子世賢學儒，而旁通醫家之説，名其齋曰願學，以諗于予。予曰：醫之學雖有高下淺深，然一是以濟人爲務，無他術也。儒之學則不然。昔魯號多儒，遍國中皆儒服。而達者笑之，以爲魯國之儒一人耳，曷謂多哉！予觀夫子誨子夏，已有君子儒、小人儒之分。而近世大儒，直指記誦辭章爲俗儒。然則儒之名一，而儒之實甚不一也，豈可概謂之儒，而不謹所擇乎？今之願學者，所願何學，所學何如，試自擇焉。倘或告予，當必有以相長也。

仁壽堂説

「仁者壽」，非聖人之言乎？天地生物之心曰仁，惟天地之壽最久。聖人之仁如天地，亦惟上古聖人之壽最久。人所稟受有萬不齊，豈能人人如聖人之仁哉？夫人之全，德固未易全，然禮儀三百，威儀三千，無一而非仁者。得三百、三千之一，亦可謂仁，則亦可得壽矣。予嘗執此觀天下之人，凡氣之温和者壽，質之慈良者壽，量之寬洪者壽，貌之重厚者壽，言之簡默者壽。蓋温和也、慈良也、寬洪也、重厚也、簡默也，皆仁之一端。其壽之長，決非猛厲、殘忍、褊狹、輕薄、淺躁者之所能及也。

合陽杜翁年八十有二，而壽數正未艾，一鄉稱善人，名其所居之堂爲仁壽。予雖不識翁之面，其必温和者與？其必慈良者與？其必寬洪而重厚且簡默者與？五者有其一已宜壽，况或有其二、三、四、五乎？至治三年秋，識翁之子輝卿于京師，獲見時賢所贈仁壽堂記諸作，于是推仁者壽之理而爲之説以附焉。

誠求堂説

醫家之術，視其説，聽其聲，問其食味，切其動脉，以知人之病。而小兒醫乃不盡然。男未齠，女未齔，一呼吸間，脉八九至，而脉未可切也。口不能自言其所嗜，而味不可問也。脉未可切，味不可問，則聽聲視色而已。辨啼有訣，相面有圖。審其聲若何，察其色若何，而名其病之爲何病。其方之所載，其師之所傳，有成説，有定法，的確可驗，而毫釐靡差，凡學醫者類能之。故嬰兒雖不能言，而其病洞然于醫者之耳目。此無他，醫之術然也。母之育子，平日曷嘗習知醫家審聲察色之術哉？然因其啼笑于外，而輒能揣度其中，何也？愛子之心真實懇切，而求其所苦、所欲者以誠也。誠可以感神明，貫金石。誠于捕魚，雖厚冰，可卧而開。誠于畏虎，雖堅石，可射而入。豈有慈母之誠，而不能測識其子之意？彼不通醫術，而誠之所求能若是，况醫有其術，又有其誠，寧不百求而百中乎？其或有醫術之醫，而反不若無醫術之母，誠與不誠之異也。

夫醫之于人子，一如母之于己子，而後可謂之誠求。求而有所覬，則重用其心而昏；求而無所利，則輕用其心而怠；求而自恃其能，則處之以易而忽。或昏焉，或怠焉，或忽也，俱不誠也。噫！醫者，人之司命也，而可不誠也耶？

廬陵曾仲謙，儒流而通醫術，其術不止小兒醫也。若扁鵲然，隨所在而顯一伎。人以「誠求」二字號其貯藥之堂，蓋取大學「如保赤子」之義。噫！仲謙豈特于赤子之病而誠求之，若丈夫，若婦人，苟有所治，無所不用其誠也。誠也者，聖神之用心也。醫家亦以聞聲而知之爲聖，望色而知之爲神。行醫家所爲聖神者之術，而求之以儒家所謂聖神者之心，仲謙之醫，詎可與族醫同日而論哉！

卷五　說

慎獨齋説

天下人人讀大學、中庸二書，於誠身之要，皆曰「慎其獨也」，讀者類能言之。古舒李文質彬叔，以儒飾吏，亦克自持，取「慎獨」二字名所居。而淮西憲官温侯爲書其篇，發揮旨意者不一。而泰州教授王實所述顔、楊、馬、趙四君子之行，最爲明切。夫易以溺人污人者，色與貨也。非理非義之事，雖甚不良之人，往往畏人之知而不敢肆。苟人所不知之地，一時不勝其利欲之私，則於所不當爲，能保其不爲之乎？若顔叔子之達旦秉燭，若楊伯起之暮夜却金，若司馬君實、趙閲道之所爲，無一不可與人言，無一不可與天知，真能慎獨者也。然斯事也，儒者猶或難之。莊子曰：「爲不善乎顯明之中，人得而誅之；

爲不善於幽閒之中，鬼得而誅之。」君子言人，不言鬼；言是非，不言禍福。而莊子云爾者，将以警夫中人以下也。今彬叔不俟他人之警，而警於屋壁之間，其異於人也遠矣。予嘉其可以爲吾儒之式，豈特可爲吏師而已哉！

主敬堂説

易、書、詩、禮之言敬者非一，及夫子答子路之問，則其辭重以專，而子路莫之悟也。再問，三問，意若有所不足。聖人語以堯、舜猶病，雖能已其問，而子路猶未悟也。嗚呼！子路，聖門高第弟子也。果於從人，勇於治己，當時許其升堂，後人尊之爲百世之師。親承「修己以敬」之誨於夫子，而未能心受也況。後聖人千數百載，而掇拾其遺言者乎？

伊、洛大儒，嗣聖傳於已絶，提「敬」之一字爲作聖之梯階。漢、唐諸儒，所不得而聞也。新安大儒繼之，直指此爲一心之主宰，萬事之本根，其示學者切矣。夫人之一身，心爲之主；人之一心，敬爲之主。主於敬，則心常虚。虚者，物不入也。主於敬，則心常實。實者，我不出也。敬也者，當若何而用力耶？必有事焉，非但守此一言而可得也。河中張克恭，名其讀書之堂曰「主敬」，而問其説於予。北方學者篤厚沉毅，類無南方輕揚浮淺之習，固晞賢晞聖之器也。標揭作聖之要言置諸屋壁間，晨夕目睹，其志可尚已。嗚呼！近世以來，學者爲虚言所誤，幾成膏肓之疾。予而曰程、謝、尹、朱之言敬蓋如此，是又以虚言而益學者之疾也，夫何敢！雖然，主敬之事，人皆可勉能，無庸以子路之不速悟而憚其難也。其亦因名堂之虚言而務修己之實功也哉！

淵默齋説

君子之道，語默隨時，豈偏於默哉！雖然，語者，默之賓也；默者，語之主也。默之時固默，語之時亦默也。夫子欲無言，子貢之徒不知悟是意也，莊氏乃能知之，故曰淵默。默者，無言之謂，而喻之以淵默之意也。淵者何？静而深也。惟静語默，惟深故默。

彼躁於外，淺於中，則其發言也不擇，惡乎默？

西川李岩，平章公之子。資態而學專，不躁不淺，欲由寡言以至於無言，以「淵默」名其燕坐之室。之二字雖出莊氏書，而實有契於聖人警子貢之意。朱子感興詩之末篇演繹其旨，甚惓惓也。而或以莊氏爲異乎吾聖人者，過也。夫莊氏之書，於人倫、日用頗有戾於吾教者，吾違之；於心原道奥，苟有契於吾學者，吾從之可也。非從莊氏也，從吾聖人也。夫無言之時，其默也如淵，有目者莫能測；有言之時，其聲也如雷，有耳者莫不聞。此君子之道，語默隨時者也。公之子與予之友黄祖德游，概有聞乎君子之道，予是以志之云爾。

敬堂説

淮西楊應叔，以「敬」而名其讀書之堂。噫！大哉，名堂之義乎！古聖人垂世之言，肇自唐、虞，而典謨之書，言敬者不一。商人、周人之詩，周公、孔子之易，繼繼言之；論語、大學、中庸、孟子，下逮傳記、諸家之言，又累累及之。然惟商頌、周雅、「聖敬日躋」、「於緝熙敬止」兩辭，爲以此贊詠湯、文之德。其餘言敬，各隨所指，鮮或該體用之全而言也。夫子答子路君子之問曰「脩己以敬」，所該則廣矣。而子路曾莫之悟，反疑聖人之言淺近，而不知其甚深甚遠也。千數百年之後，程子始闡明之，以極於天地位、萬物育，而讀者亦或爲之茫然。夫敬者，人心之宰、聖學之基也。釋其字義，曰欽，曰寅，曰祇；由中而外，曰恭，曰莊，曰肅。獨程子擺脱訓詁，而謂之「主一無適」，其開小學者之意至切也。

應叔以予之嘗有志於程學也，請予説以文其堂之名，予不敢臆説也。睎程子之學，當自朱子之言入。以演釋敬齋之箴，以裨益敬堂之義。箴之首章，潛心以居者，静而居處之敬也。其次章，擇地而蹈者，動而步趨之敬也。三章之如賓如祭者，形見于表之氣象也。四章之如瓶如城者，保持干裏之念慮也。故總之曰動静無違，表裏交正。五章之不東西南北，則心之無適而達於事也。六章之弗貳二參三，則事之主一而本於心也。其發程子四言之精藴，未有若是其悉者。而衣冠瞻視，足容手容之間；出門承事，守口防意之際，皆一身用功之實地。應叔，謹飭士也，於父爲才子，於弟爲令兄；於鄉爲良朋友，於官爲賢師儒。進於是也蓋不難，亦在乎爲之而已。目堂之扁，熟究而信蹈焉，則敬不于其堂，而于其人。不然，堂之名，虛名也；予之説，虛文也，敬於何有？

立齋説

有學者言陜士翟狃友諒質美而劬書，京兆蕭維斗名其齋居之室曰「立」。敢問立之義何如？予曰：大哉，蕭君之所以期於人者乎！昔夫子之徒三千，其間粹德英才不少矣，而夫子未嘗以立許之。非薄於待人也，誠以立之未易能，而不敢輕許也。自漢以至于今千有餘年，務學之士奚啻百千萬億，而能立者幾何人哉！

士之有立，蓋不一端。以春秋叔孫豹所云，則有三焉：有德之立，有功之立，有言之立。三者之立，古之上聖大賢其至矣。吾姑論其次。夷、齊之讓，曾、閔之孝，立德者也。周、霍之安漢，狄、張之復唐，立功者也。漢之賈、董，隋之王通，唐之韓愈，立言者也。夫子之言孝，以立身爲孝之終。立身者，行道於當時，揚名於後世，亘古今而不朽，夫是之謂立。翟君如欲副蕭君之所期，其思所以立之之方乎！或曰：立於禮，可與？立，三十而立，非所謂立乎？曰：此言既有所知而固守不移之謂，非立身之立也。然果能有知而又能固守，則其能有立於世也可冀矣。一「立」字之義雖不同，而實相因也。志於有立者，其尚有味於吾言哉！學者欲筆吾言以寄友諒，予曰：「諾。」

敬義齋説

敬勝怠，義勝欲，其言肇於古册書，而周太師尚父以授武王。後五百餘年，夫子贊易，有敬以直内，義以方外之説，「敬義」二字遂爲萬世聖學之根基。然自孟子没，而其言絶。漢、唐千餘年間，知之者誰與？宋程子出，而後直内方外之學復明於世。同時見而知之者，異時聞而知之者，豈無其人？求如程子之直，有得乎是者，亦無幾也。予之愚騃，自少妄有志於程子之學，心必主於一，事必合於宜。學之踰五十年，而卒未有得也。

蓋其資質之庸下，功力之淺劣故爾。

今聞大名王君伯玉以「敬義」匾其齋室。卓哉，立志之高乎！聖也者，人皆可學也，患志之不立與？夫所以充其志者，或未至焉爾矣。王君有是志，又有以充其志，學之可以睎聖也，孰禦？它日解后，以其所志者諗於予，予亦以其未有得者質於君。互相激勵，其不兩有所益哉！若夫掇拾先儒之所已言，而曰若是斯爲敬，若是斯爲義，則凡世之爲學爲文者人人能，予則恥躬之不逮，而不敢出諸口也。

逍遥遊説

周流六合，臨睨三光，此屈子之遠遊也。乘天地之正，御六氣之變，以遊無窮，此莊子之逍遥遊也。世其果有斯人乎？蓋未之知爾。於乎！蜩、鳩、斥鷃又惡能知九萬里之上有大鵬者哉？

無塵説

上方道士陳子靖，通三教書。醫之一技，進乎工巧。以無塵倅其名，問余曰：「若何而可以無塵也？」余曰：「子之道所貴也，余儒流，惡足以知之？抑佛者有言：根立而塵集。有根，斯有塵也。六根其能無乎？根不能無，則塵豈能無哉？故佛者必務寂滅以無其根，而老者亦務清静以無其塵。二氏之學，余不能知也，又安能爲子言之也耶？無已，則姑爲子言儒者之學。」

余嘗聞，邵子年十歲，學於里，遂盡里人之情，而己之滓十去其一二。年二十，學於鄉，遂盡鄉人之情，而己之滓十去其三四。年三十，學於國，遂盡國人之情，而己之滓十去其五六。及至年四十，能盡古今之情，而己之滓十去其七八。年五十，能盡天地之情，而己之滓無可得而去。此非所謂無塵者乎？然以其天挺人豪、英邁蓋世之資，冬不爐、夏不扇、夜不就席之功，猶必學至於五十而後無滓也。明得盡，則查滓渾化。程子亦云：

「查滓渾化者，無塵之謂也，而唯明之盡者能之爾。」余固願學焉，而莫之能至也。然則吾儒之無塵，蓋不易能也。不知以清静寂滅而無塵者，其難易爲何如。無塵乎，無塵乎，尚其名，不既其實，可哉？

永愚説

愚者，智之反也。智爲五常之一，人孰不欲智哉？不恃其智，而自守以愚；不耀其智，而自晦於愚，唯古昔之聖神、後來之老、莊能。然亦有其識深潛，其才隱約，而其智難以淺窺者，顏淵、甯俞是也。夫敏於悟道之謂智，而顏子之聽受師訓，若無所悟，疑於不能敏。巧於避禍之謂智，而甯子之衝冒艱危，略無所避，疑於不能巧。人或謂之愚焉，然顏子於不違之際如愚。如也者，愚之似爾。究其實，不愚也。甯子於無道之時則愚。則也者，愚之暫爾。要其終，不愚也。顏之敏悟，不惟精於知，而且果於行。甯之巧避，不惟免於身，而且利於君。智孰大乎是？故顏、甯之愚，非真愚，二子亦未嘗自以爲愚也。

凡自以爲愚者，往往出於憤激，非由衷也。柳子厚少已嶄然露頭角，自恃其智，何如也？未幾一斥不用，不勝其憤激，而假託於愚，溪、池、亭、島，悉以愚名。此豈由衷之言乎？

友人謂以立之客徐元壽，號永愚，而求言於予。夫愚之名一，而所指各不同。愚智之分，或指質之豁蔽巧拙言，或指學之明昧敏鈍言，或指身與時之窮達遇否言。予未知元壽所謂愚者何所指。其憂自耀之或過，而以愚自矯與？抑慮自守之或渝，而以永自誓與？予莫之能知也，又豈容於臆説哉！它日倘一見，見面而知心，然後因所指之實而頌焉，而規焉，蓋未晚也。

思誠説

子思子之中庸曰：「誠者，天之道也；誠之者，人之道也。」孟子述其語，不曰誠之，而曰思誠，何也？思也者，所以誠之也。通書云：「誠者，聖人之本。」而又云：

「思者，聖功之本。」前後聖賢之立言，若合符節。天何思哉？而四時行焉，而百物生焉。自須臾頃刻之近，至于千萬億年之久而如一，夫是之謂誠。天之道若此，而聖人亦天也，其德之純，同天之不息。生而知之，不待思而得，是以安而行之，不待勉而中也。下聖人一等，思而後能得，則勉而後能中矣。斯其爲思誠者歟？

昔丞相張魏公名廬陵文節楊先生之齋室「誠誠」，宋孝宗御書「誠齋」二字以賜。山南僉憲史侯又名先生玄孫〔一〕若義之齋室曰「思誠」，而孝廟神明之胄趙子昂承旨又書「思誠」二字以遺。祖孫輝煥於百有餘年之間，韙哉！

趙謂史憲欲使孫之思其祖，蓋借孟子思誠之言而寓慈孫念祖之意云爾。夫誠之爲誠，一也，然有中庸、孟子所言之誠，有文節先生所能之誠。清修苦節，清誠清也，苦誠苦也，文節之實足以副魏公之名則然。誠者，實而已。今先生之孫，一行在身，必實而非僞；一言出口，必實而非虚。口無虚言，身無僞行，其不爲之誠乎？其不謂之思其祖者乎？若夫天道之誠，唯天下之至聖能盡其道。古之大賢雖能知之，雖能言之，而能行之，

〔一〕孫，四庫本誤作「將」，據成化本改。

或猶未至。澄也固嘗從事於斯，老矣，而未之能知也，未之能言也。将以己所不能知、不能言而勉若義，豈誠也哉？則亦曰思爾祖之爲，近而可能也。

静淵説

其静也，淵水之止也；其動也，川水之流也。惟其止而常定，是以流而不返。古之大聖人蓋若是。常定謂何？事物不撓心也。不息謂何？須臾不離道也。吾夫子之後，無其人矣。同時魯國一顔子，曠千數百年之久，江南一周子、河南一程子，其幾乎？予自幼弱，志在晞三子。資不而學不力，年八十餘，而未之得也。强壯時，嘗取友於天下，合朔南所見，奚啻百千萬億人，而莫之知也。倏有人焉，以静而自命，豈将可嘉可尚而已，抑亦可驚可駭也。何也？二字之實未易能，則二字之名未易當也。而予之舊友以書問其説。夫粗有所知者，默無所言，妄有所言者，瞢無所知也。予敢輕言哉！非不敢言，不能言也。静淵之云，将徒竊其名乎？将欲既其實乎？如欲既其實，試過予，相與默坐一月，庶或相觀而微有悟也。

靜淵者誰？胡氏光祖。問予者誰？黎氏希賢。俱章貢人也。黎，予所識。胡，予所未識。

青溪道士點易軒説

有一道士，空同其躬，鴻濛其衷；其動顒顒，其止雍雍。濯纓乎青溪之上，混跡於黄垓之中。手持一編，過予而言曰：「吾後暝結廬數椽，即大隱廛，成小洞天。鑪熏𣆶煙，韋編置前，蘭露浄滴，汞朱細研；執筆臨文，號『點易軒』。敢問何知？」予未及答，不覺輾然。

易道至矣，匪書可傳。求之句讀，如錐測淵。曷探其賾，曷鈎其玄？盍且援筆，襲韜卷衷；沈消百慮，静虚一室。神如歸来，閉塞勿出。進修存存，退藏密密。昭昭南端，靡白可觀；冥冥北牖，靡黑可守。我乾我坤，自尊自卑；我坎我離，自倡自隨。易道於斯，奚以點爲？舍蚌取珠，得兔忘蹄。本無二經，本無十翼。安有九師？安有八索？易之門庭，甚寬甚宏；易之宧奧，甚深甚窈。易之樓閣，八窗寥廓；易之路途，萬里舟車。天圓吾廬，地方吾褥，焉用夫軒，而構此屋？爰覿溪隅，孰是漁夫？溪上一葉，恍若海桴。其載有月，其釣無漁。可論易者，斯人也與？倘能樵乎，試往與俱。道士喚鶴，速騎以趨。四顧悵恍，莫知所如。

道士爲誰？北嶽恒山人，僑居江之南餘三十春，家世儒士。因柱下叟命氏，予不知其名，從道其字。

思無邪齋説

程子曰：「思無邪者，誠也。」此「邪」字指私欲惡念而言。有理無欲，有善無惡，是爲無邪。無邪斯不妄，不妄之謂誠。以大學之目，則誠意之事也。易文言傳曰：「閑邪存其誠。」此「邪」字非私欲惡念之謂。誠者，聖人無妄真實之心也。物接乎外，閑之而不于乎内。内心不二不襍，而誠自存。以大學之目，則正心之事也。凡人昧然於理欲、善惡之分者，從欲作惡，如病狂之人，蹈水入火，安然不以爲非；蚩蚩蠢蠢，冥頑不靈，殆與禽獸無異。其次頗知此之爲理爲善，彼之爲欲爲惡，而志不勝氣，閒居獨處之際，邪思興焉。一有邪思，即遏制之。乃不自欺之誠也。夫既無邪思，則所思皆理皆善矣。然一念才起，而一念復萌；一念未息，而諸念相續，是二也，是襍也。匪欲匪惡，亦謂之邪，此易傳所謂「閑邪」之「邪」，非論語「無邪」之「邪」也。論語之引詩，斷章取義云爾，詩之本意豈若是乎哉！

豫章熊原翁，以「思無邪」名齋室，或以「不二不襍」勉之，言固甚美。予疑熊君之未遽及是也。蓋必先能屏絶私欲惡念之邪，而後可與治療二而且雜之邪。誠意而正心，其等不可躐。無私欲，無惡念，世孰有司馬公？而「不二不襍」則猶未，終身每以思慮紛亂爲患，故程子惜其篤學力行，而不知道。異端氏之「不二不襍」，自初而持戒持律，絶去私欲惡念故也。不然，諸業未净，烏乎而可以「不二不襍」乎？

卷六　説

丹説贈陳景和

丹出井中，玉質而日色，蓋至陽之氣所成。知丹之名，則知丹之實矣。希夷先生陳圖南所傳六十四卦，丹之道具是。魯山景和非圖南後人乎？好外丹。夫外者，内之景象也。如好之，有圖南之圖在。

藥説贈張貴可

人無恒，不可以作巫醫，古有是言也。張貴可設藥肆三十年餘，自前至今如一日。其生藥精，而不倦於治擇；其熟藥真，而不雜以僞贋。又得方外高人傳授丹法、墨法，與衆迥别。養命者服之而效，濡豪者用之而良，取信於遠近有年矣。而敝衣羸形，安守其業，恬然無欲羸貪利之心，庶幾乎古之所謂有恒者歟？柳子厚嘉宋清市藥而不爲市人之行，余於貴可亦云。

丹説贈羅其仁

丹也者，至陽之氣所成也。似朱非朱，似赤非赤，丹之色也。似玉非玉，似石非石，丹之德也。古之真人，陽純陰絶。方其初也，以無象有，用鉛非鉛，用汞非汞，成之而温養，使精神魂魄混合不離，可以長久者，内丹也。及其究也，以有象無，用鉛爲鉛，用汞爲汞，成之而服食，使骨肉血髓消鑠俱融，可以升舉者，外丹也。後之名醫，以藥濟世，爲之湯以治經絡，爲之散以理中焦，爲之丸以達下部。而丸之别，或名爲丹，何哉？蓋以其匹配陰陽，依放造化，可以愈沈痼，可以扶危急，可以救卒暴，可以起死回生，可以延年益壽，雖醫之用，而有仙之功焉。其名之曰丹也，不以此乎？

廬陵羅其仁，克紹父之業，工鉛汞交媾之術、鼎爐烹煉之法。推其餘爲丹藥，以療未病之人。其爲人慈善篤實，志於利物，不志於利己。其爲丹也，既有仙之功；其爲人也，又有仙之行矣。功行可仙，則丹非凡丹也。得是而服食焉者，不謂之得仙丹也歟？

琴説贈周常清

昭文善鼓琴，而文之綸施及文之子，何也？以其伎之異乎人也。蓋若僚之丸、秋之奕、養叔之射、造父之御然，苟非精於其伎，有以自好，則不終其身而廢業者有矣，尚能家傳世守之耶？

廬陵周大江，挾琴遊士大夫間，號爲琴師，莫之可儷也。其子常清，得其父之伎。延祐戊午春，予與同止宿者再，浹日每於隔壁聽其吟弄之妙，塵累爲之傾消，於是深服其伎之精。予自少有志於樂，嘗歎古樂泯絶，學之無由。夫八音之中，革、木無當於五聲。

匏、竹、土之與金、石，五聲雖具，而其節奏不過教坊燕樂。絲之一音，若筝，若篡，若箜篌，若琵琶，非古雅樂器，無足論者。唯琴、瑟，古樂器也。瑟之器雖古，而聲亦今。庶幾可以古者，琴而已。琴之譜調，超出俗樂之上。然自古及今，不知幾變矣。更造改作者，果皆石夔、師曠其人乎？抑亦猶夫人也？唐、宋盛時，韓子、歐陽子所聽之琴，猶不免可憾，況後此者乎？以予所知，未百年間已變三譜。愈變愈新，其聲固有可尚。而纖穠哀怨，切促險躁，或不無焉。淳古遺音，和平安樂、澹泊優游之意，其亦若是？否也。世之能琴者往往非儒，能儒者又不知音。欲與論此，而無其人。大江，儒者也，而精於伎。常清歸省，其以予言質正於家庭。他時再會，必有以起予者。故於其行也，書此以贈。

丹說贈劉冀

劉冀仲山通醫之書，明醫之理，傳醫之方，得醫之法。其辨脉也精，其識證也決；其用藥也審而不緩，奇而不險；其收功也全多而失少。又遇異師授丹法，其上之却老還童者頗秘，未暇問。其次之濟世活人者嘉，與衆共之。藥物有交媾，火候有進退；有烹煉，有温養。宜其妙合陰陽、巧奪造化，而愈難愈之疾、長彌長之壽也。是豈可與藥市市藥者同日語哉！

丹説贈吴生

有神仙延年之丹，有神醫愈疾之丹，實殊而名一。葛溪吴仁叔，丹藥作效於人多矣，取信於人久矣。一門二弟，同得其法。今見其弟，如見仁叔焉。

文泉説

昌化縣主簿錢自牧言其所治縣有隱士陳希仁，博學能文，以「文泉」號其所居之地。予問之曰：「文泉者，舊有此名歟？抑新爲之名也？」簿曰：「地有泉，而陳以文之一字名之爾。」予曰：「人稱蘇明允爲老泉者，以其地有老人泉，故借其地以號其人，非新創名也。」惟柳子厚謫居冉溪之側，特以「愚」名其溪。元次山在南方，往往爲水立新名。道州有水名濂溪者，亦次山之遺教。其後周茂叔先生寓江州城外，取道州舊地名名其書院曰「濂溪」。蘇子瞻詩云：「先生本全德，廉退乃一隅。」謂其取廉之義以名溪，而旁加「水」字也。泉之名爲「文」者，其亦昔人以「愚」、以「廉」名溪之意歟？「愚」非美名，「廉」亦一善而已。昔人薄於取名蓋如此。若「文」之名，則其義甚大，非「愚」與「廉」所可同也。天有天之文，地有地之文，人有人之文。天、地、人之文具備於聖人之身。堯、舜、禹、湯、文、武而下，惟周公、孔子可謂之文也，故曰「文不在兹乎」。秦、漢以後，儒者不知道，惟以言語之工爲文，則既非矣。蘇子瞻嘗言「吾文如萬斛泉源」，以言語之工爲文者倘如蘇子瞻，殆亦庶幾焉。

夫水，天下之至文也。而泉者，水之初出。陳君以「文」號其泉，自負豈淺淺哉？最下猶當爲蘇子瞻，遡而上則周、孔之文，又非子瞻之所得聞者。名之浮於實，君子必不爲也。錢簿請録吾言，辭不獲，遂書以遺。

松友説

松，木之貞堅也。其爲友者爲誰？魯論美其後凋，蒙莊美其冬夏青青，皆與柏并稱。然則，柏其松之友乎？戴記美其貫四時不改柯易葉，則不止與柏俱，而又與竹儷。世俗亦以松、竹、梅爲歲寒三友。然則竹、梅其松之友乎？人之可與松友者，必如柏、如竹、如梅而後可。盤桓於孤松之側，松所友者，晉淵明也；吟哦於二松之間，松所友者，唐斯立也。

鄱陽陳聖舉，嗜書，有清致，以「松友」名其居。夫不以我友松，而松與我友者，其節其心當有以肩陶而軼崔。不然，松之爲松，絲蘿施之矣，何以表然特立於柏與竹、梅之上哉？臨川吴澄爲作松友説。

冰花説

清江鎮李巡檢，廉惠人也。所涖之地，瓦屋有霜，結爲冰花。史圖其狀以美侯，客傳其圖以示予。予爲之言曰：「凡天下之物，每有、多有者爲宜，希有、忽有者爲異。妖者宜，則祥者異也；常者宜，則怪者異也。其妖、其祥、其常、其怪，或謂之宜，或謂之異，在天在人一也。夫廉恥道喪，貪濁成風，瘠人肥己，殘下罔上者，比比而是。於斯時也，而有人焉，以清謹爲行，以寬厚爲政，乃見於卑小之官、遐僻之地，豈其宜哉？異也。有雹有雷，有風有雲，氣侯嚴肅，則露凝爲霜，雨凝爲雪，水凝爲冰，天之常也。若夫霜堅成冰，冰鏤成花，稽諸前志，參諸雜記，其似此者，於昔爲間見，於今爲非常，豈其宜哉？異也。」

由此觀之，李侯，人之祥也；冰花，天之怪也。衆皆若彼，侯獨若此。惟其祥，故在今以爲異。常時所無，一旦所有。惟其怪，故自昔以爲異。夫人之異，非必有以感乎天；

天之異，非必有以應乎人。二異於一時而適相遭，吾安得不以人之異者爲斯時喜？又安得不以天之異者爲斯時嘆也哉？

觀瀾説

予家有清池，可十畝，泉冬夏混混不竭。月夜乘舟扣舷，蕩漾其間，彷彿赤壁之遊之樂。地四平無山林障礙，微風發則粼皴淪漣，倡披繽紛，如綺如縠，如鱗如鬣，不可勝狀，有天下之至文焉。大父嘗結廬西南涯，開軒面之，曰觀瀾軒。有客難曰：「瀾之雄偉壯盛者，長河、大江之流，洞庭、彭蠡之瀦也。今以一勺之水，而觀其所謂瀾，得無見笑於天吴哉？」主人答曰：「子知孟子之言觀瀾者乎？『觀水有術，必觀其瀾。』蓋貴乎水之有源也。潢潦之水，雨集而盈，雨止而涸，何瀾之可觀？若夫有源者則異是。彼之經數千百里而來，合數千百川而一者，有源也。此之歷四時千載而如一日者，亦有源也。有源既同，則有瀾亦同也。泰山之與秋毫，政未可以大小而殊其觀。」於是客無以應也。

金谿洪君，恢廓尚義。所居有觀瀾閣，浚渠導溪，引活水至前，殆與予之大父同其趣。蓋有源之水，不必如長河大江、洞庭彭蠡之廣且深而後可觀也。青田陸子，近世大儒之知道者。洪君生不同時，而與同里，增修祠宇，以表欽慕，是必悠然有會於其心。兹非所謂有源者耶？譬之水然，有源如是，其有瀾可觀也固宜。竊慮時人未達洪君之所以名其閣之意也，故述予大父之答客難者以諗。

虚舟説

真定趙時中扁其燕坐之所曰「虚舟」，蓋取諸莊氏書。夫彼之所謂虚也者，謂有其舟而無人主之也。大概莊、老氏之學，以無心待物，若無主之舟然，任其汎汎於水中，雖偶觸他人之舟，而人不怒，以其無主而非有心故也。待物一皆無心，倘或傷於物，物亦無憾於我，故曰人能虚己以遊世，其孰能害之！雖有己，而己無心；雖有舟，而舟無主，是之謂虚。虚舟者，虚己之喻也。其遠害之計高矣，而終不及吾聖人之中道。

吾聖人之舟，有主而實，非如彼之無主而虚也。然操之於節度，行之於空隙，百艘并進，狹澗相遭，其舟亦無所觸。既無所觸，誰其怒之？彼無主之虚舟，固爲無心，而亦有時觸人之舟。人雖不怒，心實不悦。吾聖人之舟，未嘗有觸於人。人不惟無怒於心，而其中亦無不悦之意。蓋莊、老以無心待物，聖人以公心應物。其心公，雖曰有心，亦若無心。利之而民不庸，殺之而民不怨，又奚啻能使褊心之人不怒其觸而已！意，古聖人邈矣。吾於後世得漢相諸葛武侯焉，廖立、李平被廢黜，而終身無怨尤，感之至於垂涕，非其公心足以服人而然歟？豈必如老、莊之無心也哉？時中方以才名爲世用，與其學蒙吏之無心而縱無主之虚舟，孰若學漢相之公心，而運有主之實舟乎？

春谷説

河南趙和卿以春谷名其居。予聞陶唐命官羲氏司春，而名其賓日之處曰暘谷。暘之爲義，固取日出之明，亦取春暘之温。春谷之春，亦猶暘谷之暘也歟？蓋河南爲天地之中，得氣候之正，非特每歲之春然也。世道太平，而萬物皆春，惟河南爲尤盛。周公營洛，而驗諸陰陽風雨之和，其事遠矣。前三百年，有邵子自衛來居，而以收天下春歸之肝肺自幸。和卿，河南人，而曰春谷，夫誰曰不宜？然天地之氣與化移易，又不知今之河南，視昔何如也。和卿宦遊四方，鮮或歸其鄉，則亦隨所在而皆春谷，奚獨河南之谷可以爲春乎？春之時，在天地爲元，在人心爲仁。元者，藹然發生之理；仁者，盎然惻隱之心。存此心之惻隱，以同乎天地之發生，則春，吾心也，靈明四達，何往非谷，而豈係乎身之所居也哉？和卿賦質慈良，而施於政者多寬惠，此其所謂春谷者也。擴而充之，與天地之春如一，在乎人而已。

方舟説

舟，所以濟不通也。士特舟，大夫方舟，諸侯維舟，天子造舟，其多寡不同，何也？示有等也。南面之君，由天子下達於諸侯；北面之臣，由士上達於大夫。臣之位，至大夫而極；士之志期，於大夫而止。龔仕璋，士也，而以方舟名其燕坐之所，蓋以大夫自擬者歟？

方舟，濟川之具也。濟世必以人，猶濟川必以舟。欲得舟之用，宜備舟之材。古之舟，刳木而已。後世解木爲片，編以爲舟。一舟所須，其材不一也，有一不備，舟不可以成。濟川之具，其難如此；濟世之具，豈不猶難於舟也邪？如夫子之上聖，孟子之大賢，備全人之能，乃可爲濟世之舟也。義理有一之未瑩，才藝有一之未優，臨事鮮不致缺敗。

鄉相王文公，學孔、孟而志伊、周，節行文章爲天下第一。若官爵，若貨利，若聲色外物之欲，一毫不入其心。及其爲相，設施竟不滿人意。甚哉，濟世之不易能也！惟完舟能濟川，惟全人能濟世。以荆國所志所學，猶未得爲全人也。況不及萬分之一者乎？夫濟川者聚衆材成完舟，若楫，若維，若檣，若帆，靡有不完而後可以浮之江湖之中，置之風濤之衝，而無滲漏覆溺之虞。苟學不至孔、孟，才不逮伊、周，則皆未完之舟也，其可輕試於一濟哉？仕璋字民望，吾同鄉人也。因其所名而勉之以實，作方舟説。

寬居説

京兆邵信可以「寬居」扁燕坐之室，臨川吴澄問之曰：「何謂也？」對曰：「寬者，仁之德；居者，以之宅心也。」澄遂爲之説曰：「人性所有，仁、義、禮、智。四而四之，仁其一爾；四而一之，仁其統也。仁之量宏，仁之施博，故狀仁之德，寬爲首。然天以是理賦於人。木之神曰仁，金之神曰義。仁之德爲寬，義之德爲猛。二者可相有，不可相無。若專於一，則偏矣。金之神王於西，而秦俗往往尚義。」信可，西人也，持身峻潔，涖政勇決。其所得於天者，義之分數多。蓋欲擴仁之寬，濟義之猛，俾所由所居，義與仁合，而以寬居自懋也。聖賢之學，使人變化氣質，損有餘，益不足，裁其偏而約之中。寬居之扁，殆古人佩韋之意乎？抑嘗觀夫子所言，寬者實居上臨下之本。論語末篇記帝王出治大概，「寬則得衆」一語亦冠「信」、「敏」、「公」之前。寬之用大矣哉！究寬之用，可以該仁之全，非特可以濟義之偏而已。其量兼容而并包，其施廣被而普及。八荒皆我闥，四海猶一家，寬居則然也。此仁所以爲天下之廣居者夫！

信可名思誠，初以儒而仕，繼爲一道臬司之輔，又爲兩路民牧之殿。充其所到，可大受，可大任。是乃寬居之極功，吾將有俟焉。

蒙泉説

吾夫子之亟稱於水也，果何取於水哉？孟子以爲取其原泉之混混也。夫泉者，水之原也。水必有泉爲之原。其來者混混而有常，是以其往者續續而無盡也。苟無是泉，則溝澮之乍盈，不崇朝而已涸。湖澤之極深，曾幾時而亦竭。水之有貴於泉者如此。

泉之名不一也。爾雅名其所出，已有三名之殊；世人名其所見，奚啻百千萬名之衆！曰甘泉者，味之宜於供飲也。曰寒泉者，氣之宜於救暍也。曰清泉者，質之宜於鑒照滌濯也。推是而名，雖巧歷莫能殫。

真定，河北之雄郡。其地有名之泉甚夥，而吾令君崔耀卿之别墅獨專其一。滃滃而出，涓涓而流；堰之爲渠，瀦之爲池；引之導之，灌田若干畝。昔未有名。自言蒙被兹泉之德，於是假借易經卦名之字而名之曰蒙泉，其取義則與易卦所謂蒙者不同也。何也？蒙之字義，巾冪物也。其加草者，草之蔽猶巾之冪焉爾。障隔而冥迷之，蒙昧之蒙也。覆幬而資益之，蒙蔽之蒙也。易卦所象之泉，潛出於山腹之下，而未達于外，譬如童穉蒙昧，所向惠利未能及物者也。令君所名之泉，顯出於平地之上，而遄達於遠。隨其流注，蒙被所潤，惠利已能及物者也。前此固有以蒙名泉者，蓋取易卦蒙字之義。今此之以蒙名泉者，非取易卦蒙字之義也。一以蒙昧之蒙而名，一以蒙被之蒙而名。蒙之字雖同，而蒙之義則異。蒙之名雖舊，而蒙之義則新。

廬陵文士劉道存，主崇仁簿，爲官長作蒙泉記。鎮陽之山川形勝，崔氏之家世閥閲，該載瞻麗，蔑以加矣。予復因令君蒙被兹泉之言，而剖析舊名、新義之各有當於人，俾得所蒙者，兹泉之至德也；於泉不忘所蒙者，令君之厚德云。

車舟説

曾子言：「士不可以不弘毅。」弘，所以勝重也；毅，所以致遠也。夫可以勝重致遠而行於陸者，車也；可以勝重致遠而行於水者，舟也。豫章揭秀才，從吾遊也久。其廣博也，期於無一理之不知，無一事之不爲；其健敏也，期於視萬里而咫尺，視萬古而瞬息。故車以爲名，舟以爲字。其欲勝至重之任，致至遠之地，而通行於天下者乎？雖然，予嘗問諸邵子曰：物者，身之舟車。身，我也；車也，舟也，物也，物以載我而行者也。然我之所以爲身，豈五臟六腑、四肢百骸之謂哉？身非身也，其所主者，心也。心非心也，其所以具者，性也。性非性也，其所原者，道也。道者，天也。天之所以爲天，我之所以爲身也。然則我之身，非人也，天也。天也者，道爲之身也。至重莫如道，至遠莫如道。倘非恢擴堅强之車舟，何能勝其重、致其遠者？重也，遠也，身有此道故也。苟無此道，則雖有車舟，無所可載，虚車爾，虚舟爾。出與？處與？用與？舍與？身之所值有不同，而道無不同也。或以道而殉身，或以身而殉道。身之所在，即道之所在。車舟所載，匪載我之身也，載天之道也。秀才有非車之車、非舟之舟以載矣，又將假有形之車、有形之舟以行於陸、以行於水，而達於京師。仰瞻奎閣清光於九天之上，親而大，有輔星焉；疏而小，有郎星焉。試以車舟所載之身一鑒照於星光之下。道果無所欠，車舟果有所載，則其重、其遠，我所自有，而此身之出、處、用、舍，又奚足云！

蘭畹説

蘭有君子之德，其名見於易繫辭傳、春秋左氏傳、禮之二戴記。至屈子賦離騷，則其言蘭悉矣。蘭有德有用，而有益於世，匪但載於儒家之書，在醫經爲草部上品之藥。後之注離騷者，援據醫經以辨其名物，曰蘭生水旁，與澤蘭相似。紫莖赤節，高四五尺。緑葉光潤，尖長有岐，陰小紫。花紅白色而香，五六月盛。蓋有莖有枝之草，邵子所謂草之木者。而今世所謂蘭，則無莖無枝，草之草爾。豫章黄太史以一榦一花而香有餘者爲蘭，一幹數花而香不足者爲蕙。俗間同聲附和，謬以此草當離騷之蘭。寇宗奭本草衍義亦復溺於俗稱，反疑本草圖經爲非。甚矣，其惑也。夫醫經爲實用設，非虛言也，其可誤識哉！不知今之所謂蘭者，醫若用之，果可利水殺蟲而，除痰癖否乎？

且其種莫盛於閩之漳與南劍。夾漈鄭氏、考亭朱子，皆閩人也，豈有不識其土之所産？朱子楚辭辨證既以洪氏所引本草之言爲是，而復申之云：「本草所謂之蘭雖未可識，然似澤蘭，則處處有之，可推類以得。其與人家所種葉類茅而花有兩種如黄説者不相似。古所謂香草，必其花葉皆香，燥濕不變，故可爲佩。若今之蘭花，雖香而葉乃無氣；香雖美，而質弱易萎，非可刈而佩者，其非古人所指甚明。但不知自何時而誤。」鄭氏通志於昆蟲草木略則云：「近世一種草，如茅葉而嫩，其根謂之土續斷；其花馥郁，故得蘭名，誤爲人所賦詠。」夫鄭、朱二先生之辨析如此，而世俗至今承誤，猶以非蘭爲蘭，何其惑之難解也！古稱蘭蕙、蘭茝，是蘭與蕙、茝同類。蕙者，零陵香也。茝者，香白芷也。皆可采而乾之，收貯以爲香藥，經久而彌香，非若今人所名之蘭，不過如茉莉、瑞香之花，能香於一時而已。

章貢連芳潤，修潔士，取屈子離騷之辭，以「蘭畹」名其書室。屈子所好，往往與楚俗異。芳潤心，屈子之心，其所謂蘭，必不與世俗同。因爲誦予以所聞，作蘭畹説，以解世俗之惑，欲人之誠真蘭，而不惑於僞蘭也。

無作説

内息貪嗔癡心，外絶淫殺盜事，此爲學佛初階。綺語亦合禁斷，我不作以媚人，人猶作以奉我。人、我雖殊，罪業則一。作綺語人，不如無作。試問居士，如何如何？一吾山人説。

卷七　字説

凌德庸字説

吴興凌君時中在燕，諗于臨川吴澄曰：「某生而父名之，冠而字之曰德庸。恒懼弗克稱，願聞一言。」

澄曰：「君以儒術吏事爲世用。方今仁賢大夫之列若而人，士之列若而人，君所當事而友也。若澄鄙儒，不通時變者，奚於此乎問？抑澄嘗聞之師矣，庸者，常而不易之理，然不可以一定求也。庸因中以爲體，中因時以爲用。昔之過也，今爲不及；彼之不及也，此爲過。隨時屢易而不可常者，中也。夫理之常而不易，政以屢易而不可常之故，一定則惡能常而不易哉！銖、兩不易，衡之常也。膠其權，則奚取？然則權之前郤無常，衡之所以有常也。時中之爲庸，蓋如此。所貴乎儒者之爲政，以其能得法外意也。法有一定之例。事紛至乎前，或行同而情異，或名是而實非，百千萬變，莫能盡。一概諸例而無權，則府史自足以治世，而又焉用士夫爲？近年法家齪齪，於例惟謹。雖有賢士大夫，亦縮手攣足，一毫不敢行其意。聞君曾爲盱郡獄掾，辯疑辟於府，反覆數四不置，囚藉是得紓死，豈執一無權者所能？今受知侍御史程公，奏署東淮憲属。人皆偉公之不失所舉，知君之不負所舉也。君勉乎哉！尊德性以極衡平之體，道問學以括權變之用，此中庸要領。君持是佐其長，其必有非常之政聞於人。人以爲非常，乃德庸之所以爲常也夫！」

饒文饒字説

盱南饒君，以有異禀。宏齋包文肅公名之曰敏學，字之曰文饒，而爲之説。臨川吴澄曰：「敏不敏，天也；學不學，人也。天者不可恃，而人者可勉也。蟹不如螾，駑可以及驥，何也？敏而不學，猶不敏也；不敏而學，尤敏也。夫子，上聖也，而好學；顔子，大賢也，而好學。古之人不恃其天資之敏如此也。既敏且學，則事半而功倍。義理日以精，操修日以謹，氣質日以變。一身之言動，一家之倫紀，一國之政教，天下後世之儀範，皆文也。自可欲有諸己，以至于克實，克實而有光輝，文其不饒矣乎？此古之所謂學、所謂文也。古者八歲入小學，十五入大學，所學何事者？其書蓋可覩也。饒君資敏而甚有志，吾知其可與共學也。懼夫無以古之學告者，則今之學不過學記誦也，學詞章也。記誦之博洽，詞章之贍麗，則曰文之饒也，然而非也。古學、今學之所以殊，爲己、爲人而已。爲己，喻於義也；爲人，喻於利也。」

昔陸子白鹿講篇，一時深見取於朱子，以其於此剖抉痛快，有以切中學者之病也。包公嘗學於陸子之門，吾故取其意，以補包說之所未及。夫異時不得專意于古學者，猶曰科舉之利誘之也。今無是矣，而不絶利一原者，何也？吾不敏，且未之學也，而有志焉，所願與饒君共勉之。

虞采虞集字辭

著雍困敦，相月六蓂。虞氏二子，丱突而成。既加元服，乃敬其名。字采曰受，字集曰生。采也維孟，集也維伯。爰加爾字，用勗爾德。孰采孰受，忠信於禮；孰集孰生，道義於氣。禮喻夫采，受者其本。如繪之初，質以素粉。義在夫集，生者其効。如耘之熟，苗以長茂。予告汝采，自誠而明。行有餘力，一貫粗精。予告汝集，自明而誠。及其誠功，四體充盈。念念一實，表裏無僞。言動威儀，浸浸可備；事事一是，俯仰無怍。盛大周流，進進罔覺。采匪詞華，集匪辯博。希賢希聖，爾有家學。相門有嗣，禮義有傳。是究是圖，毋忝爾先。

右十有二章，章有十六字。

蕭佑字説

談命者蕭佑，字順夫，言人貴賤、貧富、壽夭多奇中。吾戒之勿易其言也。夫幹支之合有從乖；經緯之離有淑慝，而人生所值之不齊，所以爲昏明粹駁之分也。吾意天之命是人也，得其明且粹者，宜其貴，宜其富，宜其壽也。得其昏且駁者，宜其賤，宜其貧，宜其夭也。而或不然，何哉？吁！此吾之所以戒之勿易其言也。詩曰：「保佑命之，自天申之。」孟子曰：「莫非命也，順受其正。」然則斯命也，佑之者天也，順之者人也。天也者，不可知者也。人也者，不可不知者也。諸所言者，天乎？人乎？吁！此吾之所以戒之勿易其言也。因書之，爲字説以贈。

周元名辭

昔周元公少依於舅鄭龍圖，卒以繼往聖，開來學。余愧鄭龍圖多矣。周氏其世有人哉！其以元名。

胡同孫字説

中隱胡君之叔子名同孫，而字大中，問其説於予。予不敢言，亦不敢不言。夫大中也者，天地萬物同之，古今萬世同之，不可以意義求。謂不偏不將，非也；謂無過無不及，非也。然則前聖所執所用之中，與中隱君所隱之中同乎？不同乎？曰：同。能知其所同，而得之於所獨，則幾矣。如未然，問之嚴君。又未然，問諸夫子之孫。又未然，問諸唐、虞、夏后氏三聖人。

范謙字説

豐城范謙，字君益。夫地中有山爲謙。山，至高也；地，至卑也。内所蓄者至高，而外示人以至卑，所以能受人之益。若恃其高而矜且傲，則人將曰：「是堂堂者，是訑訑者。」孰肯告以善哉？吾見其損矣。故曰：「自高者不高。」況内本卑也，而自高以欺人者乎？易六十四卦，惟謙六爻皆吉。非特人益之，天亦益之。謙乎，其尚有終。

譚適字説

譚適既冠，其父奉政公字之曰立之。公之友爲作字辭者凡三，復以請於余。余何言哉！夫遵其途而有行者，適也；至其所而有定者，立也。立不難而適難。世有慕京國而遊、思故家而還者，其行也，患不致爾。苟至，覩京國之麗，得故家之安，豈有不定於其所者哉？余故曰：「立不難。」今夫適萬里者，不知其歷幾亭堠、幾都邑、幾山川而後至。十里至某，如是者以千計；百里至某，如是者以百計；千里至某，如是者以十計。其途有正者，有他者；有徑者，有岐者。出門而迷者有焉，中路而迷者有焉，行已十之九而迷者有焉。迷而復，猶可；迷而不復，終不致矣。予故曰：「適爲難。」顏子，聖門之第一人也，其行猶不無差失者，其復能不遠而已。世豈多顏氏子，而謂吾行必不迷而能至也，可乎？適也欲遵何途，欲至何所，余若復舉陳編腐談以瀆告，而曰此之謂適，此之謂立，是不誠於心，無益於事，而負子之請也。謹不敢。子其問途於已至之人，適之而繇其途，則至之而立其所也必矣。子歸，以余言白於公，公以爲如何？

或問立之義。曰：「定脚之謂立，動脚則非立矣。」此一義也，可與？立者謂行到此處，立定脚跟，更不移動。故先儒以「守之固」釋之。「三十而立」、「立於禮」之説并同。

竪起之謂立，放倒則非立矣。此又一義也。孝經所謂「立身行道」、「名立於後世」，左傳所謂「立德」、「立功」、「立言」，「臧文仲其言立」之「立」并通。

立愛惟親，立敬惟長，此猶論語「本立道生」之「立」，言植立愛親、敬長之心，以爲愛敬他人之本。字義以與竪立之意同。

「如有所立，卓爾。」此言顔子見孔子之道，如有一物，卓然立於其前，欲至之而不可至。蓋設喻之辭，非言己之所立也。揚子雲曰「顔苦孔之卓」是已。

張仲默二子字説

汴張君仲默，名其仲子曰權，季子曰柢，謂余字之。余曰：「物之輕重不齊也。」而衡之稱物，常適其平者，以權之或進或退也。故君子之以義制事，隨時取中者似之。而泥於經者疑於權。夫經之爲經，豈執而不通之謂？因時制宜，所以不違乎經也。權乎，其毋舉一而廢百哉。木之有柢也，幹、枝、葉、花所繇以生，而實所繇以成也。柢不深固，則其葉、其花不及他植矣，况其實乎？韓子云：根之茂者其實遂。柢乎，其毋輕本而重末哉。請字權曰子經，柢曰子實。既以復于君，君曰：「可。」乃書以遺之。

張恒字説

學者張恒請字，字之曰伯固。易曰：「恒，德之固也。」固者，堅守而不移。或勤或怠，乍作乍輟，無而爲有，虚而爲盈者不至是。必終始惟一，無時厭倦，而后能之。易所云「一德」，所云「雜而不厭」，蓋以此夫！恒之資可以進，其毋不一而易厭哉！抑聞之，聖師不重，則不威而不固。然則内固自外重始，恒懋諸！

馬氏五子字説

河北馬仲温之子，名振，名拯，名授，名持，名揖；其字曰舉，曰用，曰立，曰敬，曰肅。請予即字爲説，以教戒之。

予曰：古者丈夫之冠也，賓字之，祝之以辭。後世因是乃有説其字之義，以寓教戒者。若子之字，前定也久矣，而子復何説哉？請不置，則曰：昔聞郢相詒書於燕相，史誤筆「舉燭」二字。燕相推其説，遵而行之，燕國大治。夫其所推之説，非郢書意也，而能有益於燕國。今求有益於若子，亦以燕説説，可乎？舉也，用也，仕者事；立也，敬也，肅也，學者事。仕而學，學而仕，相資不相離也。欲獲舉於上，必有用於世；欲獲用於世，必有立於己。立己之道如之何？内敬外肅而已，立者，守之固；敬者，心之一；肅者，貌之莊。肅斯能敬，敬斯能立，立斯可用，用斯可舉矣。振、拯，伯仲叔季間，究五字之義，而交盡其所當然，則由己及人，何所施而不可？苟五字之約弗之究，雖五車之博，奚益？是爲馬氏五子字説。

岳至岳亹字説

東平岳伯陽之子曰至、曰亹，問字於予。夫大學篇端、中庸篇末皆言至，而溺卑污、安淺近者，小有德而自足，惡能至其至哉！詩曰「誰謂華高，企其齊而」，故字至曰齊高。躬自屋者不肯爲不肖，甘墮凡下人之品而不恥，薄之甚者也。語曰「見賢思齊焉」，故字屋曰齊賢。至從予學，嘗聞其説矣，尚以是告而弟。

史魯字説

昔者聖人之門，惟子貢之才識可亞於顔子。諸弟子之中，曾子以魯稱，而卒傳夫子之道者，曾子也。一以貫之之旨，聖人不輕以語人，得聞之者，曾子、子貢二人而已。然於曾子也，不待其問而直告之。既告之後，曾子深領會焉。於子貢也，先發其疑，而後告之。既告之後，子貢亦未能如曾子之唯也。然則子貢之達而反不及於魯者與？竊嘗論之：曾子之魯也，其學一出乎誠。蓋惟不恃天資之敏鋭，所當知者，堅志以蘄於通；所當行者，强力以蘄於至。誠篤懇切，敢有一毫怠忽之心哉！論語一書，成於曾氏門人之手，而記言首述三省之章。夫謀人必忠，交友必信，傳於師者必習，可以見其誠矣。知之爲真知，行之爲實行。所以能得夫子之道也。

中州史魯，學於予，予字之曰伯誠，而語之以曾子之學。魯也勉旃！其母曰此聖門學者事，非今人之所可爲。

吴浚字説

崇仁貳令吴侯之孫浚，字德普，侯謂予教之。予曰：天之生人也，其性善善，端之發也，如泉之出。泉初出於地，而能浚之，則其源深，其流長。所積彌多，而所及彌廣。行而爲大川，瀦而爲大淵；可以漕而通，可以灌而注；資人用，膏物産，利澤被乎天下，其德不亦普乎！苟不知所以浚，則其源塞，其流絶，其涸可立而待也，又何望其普也哉！浚年少，喜問學，趨向正而志不卑，有以擴充其善端如浚泉然。予知其爲川爲淵而及物之普也有日矣。浚之哉，勿自畫。

劉節劉範字説

劉節、劉範，富州尹、真定劉侯之伯子、仲子也。伯務學循理，應事知方；仲一惟伯氏步武是隨，器之良者也。節字叔度，範字叔倫。夫易之卦有節焉，書之篇有範焉。易之節曰：「節以制度。」書之範曰：「彝倫攸敘。」節，如竹之有節；而度者，分寸尺丈之則也。範，如金之有範；而倫〔一〕者，先後次第之序也。一言一行，不踰乎界限之外，斯中度矣；一言一行，必由乎模楷之内，斯中倫矣。能如是，奚翅一家之良子而以！居官爲良吏，立朝爲良臣，繇此其選也。節也，範也，尚思所以稱其名哉！二子嘗從周栖筠學，而栖筠遊吾門，是以勉其進。

〔一〕「倫」，四庫本誤作「論」，據成化本改。

黄東字説

豫章黄幼德之子名東，字元長。夫東、南、西、北，地之四方也，而東爲先。元、亨、利、貞，天之四德也，而元爲長。地之東，天之元，時之春，人之仁也。易曰：「體仁足以長人。」仁者何？人之心也。苟能體此，則有我之私，纖介不留；及物之春，洞徹無間，真足爲人之長矣。不然，失其本心，没於下流而不能自拔也，又奚長之云？東也勉夫！東請問求仁之方，曰：「稽之魯論。」

沙的行之字説

鴻濛以來，幾千萬年，有君有臣，其人杳不可聞也。名且無，而況於字乎！自大鴻氏、燧人氏以逮于羲農氏、黄皞氏、須嚳氏、堯舜氏、禹湯氏，人始各有稱號。然其稱號也已，以是自名，人亦以是名已，初無名與字之别也。至周而彌文，於是乎有名焉，有字焉。字也者，所以倅其名也。人之名與字何以謂之字？猶文字之字然。書之文與字何以謂之字？猶字育之字然，謂因生而猶也。獨體爲文，合體爲字。字者，文所生也。三月而名，既冠而字。字者，名所生也。譬之字育生生而繁滋，故曰字。上古有名而無字，質也；中古有名而有字，文也。九州之内尚文，則如中古之後。九州之外尚質，則如上古之時，其俗之不同也舊矣。皇朝區宇之廣，鴻濛以來所未有。天之所覆，地之所載，九州内外，靡不臣屬。合諸國、諸部而爲一家，蓋各從其俗而莫之或同者也。

建康貳侯沙的公，西北貴族，於今日爲能吏。其治所至有聲，同列嘉之，字之曰行之，以從中夏之俗者。以周公、孔子所置之禮法可慕也。所慕乎周公、孔子之禮法者，以行之爲貴也。慕之切而行不繼，則虛文耳。尚文而虛，不如尚質之實也。行之之行既取信於同列，行之之字非直倅其名而已，抑亦表其實云。爲之書者，吳興趙子昂；爲之説者，臨川吳澄也。

吴仲堅字説

宏齋包公之彌甥吴良金，字仲堅，請訓戒之辭以説其字。予曰：金之所以爲良者，以其堅故，是以經火百煉而其重不虧。人之心主於天理則堅，徇於人欲則柔。堅者凡世間利害、禍福、貧富、貴賤舉不足以移易其心，柔則外物之誘僅如毫毛，而心已爲之動矣。堅歟？柔歟？惟子所擇。包公學吾陸子之學，其剖决於理欲之幾，必有其説，亦嘗聞之否乎？予言何益於子哉！

王學心字説

夫學亦多術矣。詞章、記誦，華學也，非實學也。政事、功業，外學也，非内學也。知必真知，行必力行，實矣，内矣。然知其所知，孰統會之？行其所行，孰主宰之？無所統會，非其要也；無所主宰，非其至也。孰爲要？孰爲至？心是已。天之所以與我，人之所以爲人者，在是。不是之求而他求焉，所學何學哉？聖門之教，各因其人，各隨其事。雖不言心，無非心也。孟子始直指而言，先立乎其大者。噫，其要矣乎！其至矣乎！邵子曰：「心爲太極。」周子曰：「純心要矣。」張子曰：「心清時視明聽聰，四體不待羈束而自然恭謹。」程子曰：「聖賢千言萬語，只是欲人將已放之心約之使入身來。」此皆得孟子之正傳者也。

臨川黄令君，字其學者王敏求曰學心，故爲誦予之所聞。

吴晉卿字説

金谿吴晉卿，字君錫，問其説於予。予曰：晉者，進也。晉之爲卦，上明下順，内順外明。以一世言之，君明於上，可進之時也；臣順於下，可進之道也。以一身言之，内順於理，克己之仁也；外明於理，應物之智也。遇明時，行順道，既仁且智，如是而進，其有不膺寵錫者乎？故爲侯而進覲，則有車馬之錫；爲士而進用，則有爵命之錫，進之至善者也。君錫之先君子，登進士科得仕，而君錫資質粹美，又能文章，進其學焉。俾内於己而順，外於物而明，其將以世科進而受爵命之錫也，餘事耳。學進則身亦進。其進也，孰能禦之哉？

張元復字説

易曰：「復，亨。」何謂也？復者，陽剛之來。亨者，嘉美之會。易以陽剛爲君子之道。一陽來復於六陰之時，君子之道自此而長盛，故曰亨。張貴可之子元復請字，字之曰道亨云。

鄧中易名説

金華雲林鄧氏諸兄弟，率取易卦立名。伯初名蒙，避廟諱，更之曰中。蒙者，周易六十四卦之第四卦也。中者，太玄八十一首之第一首也。玄之首倣卦氣養，首象頤，爲子月卿卦，成舊歲之終。中首象字，爲子月公卦，間新歲之始。中繼以周，象復，爲一陽之辟卦。漢儒卦氣之説雖與先天圖卦序不同，然先天卦亦以坤〔二〕、復之間爲中。中者，歲氣之一初也，故名中字伯初。邵子有云：「先天圖自中起者，心法也。」蓋在天則爲中，在人則爲心。人能不失此初心，反而求之，何物非我？擴而充之，爲賢爲聖，已分内事耳。然則，中之用功何先？曰一。伯初實致其力焉，予之所望也。予豈爲是虚言相媚悦而已哉！

〔二〕四庫本無「坤」字，據成化本補。

宋沂字説

臨江宋氏子名沂，蓋遠想聖門沂浴之樂者。予觀四子言志，而聖人獨與曾點，何哉？三子皆言他日之所能爲，而曾點但言今日之所得爲。期所期於後，不若安所安於今也。夫此道之體充滿，無毫髮之缺；此道之用流逝，無須臾之停。苟有見乎是，則出王遊衍，皆天也。素其位而行，無所願乎外。夫子之樂，在飯疏飲水之中；顔子之樂，雖簞瓢陋巷，而不改也。邵子曰：「在朝廷，行朝廷事；在林下，行林下事。」其知曾點之樂者與？魯南實有沂水也，曾點實可往浴也。故其言云然，非虚言也。今無可浴之沂，而追想當日之事，是亦妄想爾，而與三子者之豫期何以異哉！沂也，身九衢埃壒之途，目四海名利之府，於此超然而悟，悠然而得，其庶乎！不然，名雖曰沂，夫子必不以子爲點也。沂字吾與，而予爲之説其義云。

王玉字説

建康王玉冠，而字振伯。夫質之美者，玉也。玉之成器非一，而玉磬最實，名之曰天球，藏之與河圖并。樂之八音，七音各一物，惟磬有二：有石焉，有玉焉。玉之聲清越以長，詘焉以竟。鳴之於初，則以配升歌，戛擊鳴球是也。鳴之於後，則以集大成，玉振之是也。孟子所云，兒寬亦云，蓋樂經之語也。説者以振爲收，或者又謂不然。振者，振奮、振蕩之義。振旅、振衣、風振條、漢振天聲之振同。樂音將畢，而至委靡，必以持磬奮揚其音，貴有終也。孟子譬聖之事以此。凡人皆當至於聖，遜第一等而爲第二等，比於自暴自棄。然人必學而後知道，猶玉必琢而後成器也。孟子之璞玉雖萬鎰，必使玉人琢之。振之於他日者，已成器之玉；琢之於今日者，未成器之玉。賦之以至美之質者，天也；期之以至貴之器者，人也。亦在乎琢之而已。玉也勉夫！內有大父母、嚴父之訓，外有師長良友之規，琢而成器也可待矣。振之而成樂，他日奚容遜哉！玉也勉夫！其勿忘而祖、而父所以名汝、字汝之意也。

高諒字説

古人幼學之年，固已請肄簡諒。簡者，書之篇。諒者，言之信。夫不徒授之以書，而必教之以信，以此見古人之教，乃躬行之實事，而非止口誦之虚文也。後世但知讀書一途爲學而已，雖或廣覽博記，該洽群書，而詭譎誑誕，自幼已然，至長益甚，則不復可以爲人矣，豈皆質之不美哉？教之不先故也。

金陵高生名諒，而字允中。甚矣，名之、字之者得其當也！允者，信之誠於中；諒者，信之形於外。其能諒於外，以其能允於中也。生力踐其實，以稱其名。果始終一信中允而外諒，見而莫不稱之爲信人，然後無愧於古人務實之學。雖然行己固當諒，取友亦當諒。友諒則爲益友。生之行，於己者，其勉之；取於人者，其謹之哉！

卷八　字説

孔得之字説

名者，己之所以自稱；字者，人之所以稱己也。古人之名、之字，蓋無所取義。近世有説其名與字之義，以寓訓戒者，非古也。然而不害於教，是以君子亦無訾焉。承事郎、寧陽縣尹孔思則字得之，以予爲父之黨，而請其説。予曰：大哉，子之名與字乎！

思者，作聖之基也。夫子生知安行之聖，未嘗不思。思而弗得弗措者，子思所以繼聖統也。子思傳之孟子，以心官之能思而先立乎其大，實發前聖不傳之秘。至汝南周氏，直指思爲聖功之本，有以上接孟氏之傳。而關西之張、河南之程，其學不約而同，可見其真得孔聖傳心之印。孔氏自子思以下，代有賢哲，然能洞究聖學，得此心印者，未聞其人。子聖人之後也，其有志於斯乎？且常人非無思，而不見其有得，何也？不思其則，是謂妄思，惡有妄思而可以有得者哉？思必于其則，而後爲思之正；則必于其得，而後爲思之成。則也者，帝之衷、民之彝，性分所固有，事理之當然也。稽諸夫子之言，無邪其綱，九思其目也。無邪者，心之則。曰明、曰聰、曰温、曰恭、曰忠、曰敬者，視、聽、色、貌、言、事之則也。思九思之，其有不得之者乎？

子之俊偉通達，嘗爲學官掌教矣，嘗爲祝官掌禮矣。筦庫之塵勞，校讐之清暇，皆當身親歷之、試之。於事殆無不可，才士也。夫今又出宰百里，有社有民，責任甚不輕也。學道愛人，此先聖教人以宰邑之則。道若何而可學？亦在乎思而得爾。況身紹聖人之繫，仕近聖人之居，其感發興起當何如也？其毋以才士自足，而以學道爲志。學而思，思而得，將可以嗣聖傳而光千載，豈但不忝於名與字之義而已哉！

姜河道原字説

天下之山脉，起於崑崙，山脉之所起，即水原之所發也。水之發自崑崙也，其原爲最遠，惟中國之河爲然。漢之發原於嶓冢，江之發原於岷山以西，視他水亦可爲遠，而非極於山脉初起之處，則不得與河原并也。故天下有原之水，河爲第一。古人祭川，先河後海，重其原也。學記以濟川之重其原喻爲學之志於本。

覃懷姜道原，以河爲名，以道原爲字者，其亦此意與？蓋河之原盡出山脉之所起，而道之原盡夫道體之極也。道原生許公仲平之鄉，濡染先正之風，脱去凡陋之識。不以其年之既長，而肯降心以學於予。予因其命名命字之意，而嘉其志之遠大也。於是爲之説曰：

學者之於道，其立志當極乎遠大，而用功必循夫近小。遠大者何？究其原也。近小者何？有其漸也。漸者自流遡原，而不遽以探原爲務也。道之有原，如水之有原。人之學道，如禹之治水。禹之治水也，治河必自下流始。兖州之功爲多，而冀州次之。河之外，名川三百，支川三千，無所不理。若畎，若澮，田間水道爾，亦濬之以距于川。其不遺近小也如是。

聖門教人，自庸言庸行之常，至一事一物之微。諄切平實，未嘗輕以道之大原示人也。仁道之大，子所罕言。聖人豈有隱哉？三百三千之儀，流分派別，殆猶三百三千之川，雖瑣細繁雜，然無一而非道子用。子貢之敏悟，曾子之誠篤，皆俟其每事用力。知之既遍，行之既周，而後引之會歸于「一以貫之」之地。無子貢、曾子平日積累之功，則一貫之旨不可得而聞也。

近世程子受學於周子。太極一圖，道之大原也，程子之所手受，而終身秘藏，一語曾莫之及，寧非有深慮乎？朱子演繹推明之後，此圖家傳人誦。宋末之儒高談性命者比比，誰是真知實行之人？蓋有不勝之弊者矣。夫小德之川流，道之派也；大德之敦化，道之原也。未周遍乎小德，而欲窺覘乎大德，舍派而尋原者也。以道原所志之遠大，而舉夫子、程子教人之法以告，俾由近小而入，理其衆流，則卒之究其大原可俟也。道原可與言，必不以予言爲卑淺。

豫章田三益字説

權衡稱物之輕重，其名有五：曰銖、曰兩、曰斤、曰鈞、曰石也。黄金之數以鎰名，則又出於五名之外。鎰，從金從益，諧聲而兼會意。或云二十兩，或云二十四兩，皆於一斤而增其兩以益之也。故「鎰」取「益」之義。

豫章田君，名鎰，而以三益字，其取於益之義者大矣哉！人之益，莫大於友，友之益，夫子獨取其三，何也？三友之目雖約，而所該之益甚博。三益者，萬鎰之所從生也。直者爲友，則己之過無隱；諒者爲友，則己之善無僞；多聞者爲友，則天下義理之無窮，古今事變之無盡，莫不因吾之所已知，而悉廣其所未知。雖夫子之焉不學，大舜之樂取諸人，亦可階而升也。益之大，豈復有加於此者！世人不達聖言之深，疑三友之目有限而少之，不知直、諒、多聞，三者之益，足以包括天下古今萬端之益而無遺，可謂博之至也已，而可少乎？

予嘉田君之益之大也，爲作字説以贈。

曾瑛字説

瑛者，玉之瑛也，何以謂玉之瑛？石，玉之母也，而有石英焉；瓊，玉之類也，而有瓊英焉。琬琰，玉之成器也，而有琬琰之英焉。英也者，言其精華，如草木之英也。人之秀乎群衆，亦謂之英。

曾瑛之父請予字其子，於是字之曰英玉。先儒以人有英氣，比水晶，而不以比玉。蓋温潤含蓄者，玉也；光明瑩徹者，水晶也。既爲玉矣，而又曰英，何也？玉之英非如水晶之光，雖温潤含蓄，而氣如白虹，精神見于山川，是爲可貴也。苟徒瑩徹而已，謂之英則可，胡可謂之玉哉！竊嘗論之：玉而英，上也；英而不純乎玉，次也；不玉而英，下矣；不英而又不玉，下之下者也。聖、愚、賢、不肖之分，大率有四，瑛也其擇於斯。

虞豐虞登字説

潭州路教授虞先生之子采，有子曰豐、曰登。先生命之名，俾予字之。予曰：「先生所期於孫者，至矣。」夫人之志，非甚狹陋卑污，孰肯以小者、下者自足，而不期至於大且高者哉？學必至於爲聖人，仕必至於宰天下。苟遜其極，姑處其次，殆與自暴自棄一爾。

豐者，期之積而大也；登者，期之升而高也。以其期於大，則字豐曰與京。傳云：「京，大也。」以其期於高，則字登曰與齊。詩云：「誰爲華高，企其齊而。」先生所期則然也。

而豐也，登也，所以副親所期者，宜何如哉？期於大、期於高者，德與才也，名與位也，資與力也。德與才，天所賦也。擴之極其大，崇之極其高，在乎學以充之而已。天爵脩而人爵從，名位固不待求也，而資力又何足計哉！雖然，衆流之合匯于海，跬步之進躋于巔；大自小而積，高自下而升也。才德名位之豐登，靡不由是。欲以學而充其才德，其亦曰小學者，大學之始；下學者，上達之基。威儀三千，事之細微而曲，當未易「孝弟」二字。行之卑近，而篤行寔難，此其大凡也。充其類，非可以一言盡。豐也，登也，日過庭而問諸。

曾尚禮字説

古之經禮，其目三百，而儀禮十七篇，嘉禮、賓禮僅存其十。於僅存之中最易行者，冠禮也，而其廢也久矣。司馬公及程子、朱子，惟恐人之憚其難，故又斟酌古禮而損益之，庶其便於今而可行，然人亦莫之行也。故其在吾鄉，惟蜀郡虞氏及予二家猶不廢此禮，他蓋鮮有聞焉。

翰林應奉曾巽初在京冠其子，有賓有贊，有三加，若醮若字，其儀一倣朱子所定。古禮久廢之餘，而獨行人之所不能行，可謂篤志好學之君子已。屬予有疾，弗及往觀。冠畢，巽初以其子求見，且曰：「巽申之子如璋既冠，賓字之以尚禮。賜一言以繹其字之義，可乎？」

予謂詩言「如圭如璋」者，喻粹美之德如圭璋之玉也。考之周官，璋之用不一：尚其色，則有赤璋；尚其飾，則有大璋。又有中璋、邊璋、牙璋之别。用之南方，禮陽神也；用之山川，禮陰示也；用之賓客，則以禮乎人也。不惟用之於文事，而亦用之於武事。起軍旅，治兵守，莫不於璋乎是用。然則吉禮、嘉禮、賓禮、軍禮，皆用璋也。所尚乎璋之爲禮者，貴其有粹美之德也。德可貴者，璋之體；禮可尚者，璋之用也。抑聞古者男子生而弄之璋，蓋自其初生之時，而期之已不薄矣。及其既冠，貴以成人，則必其德之體無一可疵，而禮之用無一不宜也。夫欲備知所尚之禮，而無闕於既冠之所用，其亦勉脩所如之德，以無忝於初生之所期者哉！於是書此以授如璋，而爲尚禮字説。

萬實元茂字説

君子耻聲聞之過情，喜其實，病其虚也。原泉之有本，而混混不舍；衣錦之尚絅，而闇然日章，有其實者蓋如是。漢儒之言實而曰茂實，何也？茂者，植物之甚盛也。莊子嘗云：「耕而鹵莽，其實亦鹵莽而報；芸而滅裂，其實亦滅裂而報。」夫其實之鹵莽、滅裂也，雖實，而非茂也。昔者國之選士，其科有所謂茂材；君之厲臣，其語有所謂茂功。才而茂，甚盛之實能也；功而茂，甚盛之實効也。彼鹵莽、滅裂之實，安敢望此乎？然則實固難，實之茂者尤難也。

豫章士萬氏，實名，而元茂字。清江范德機敘其名與字之説以勉之。范之清操廉節，實清、實廉者也，益貧而益堅，彌久而彌光，斯其爲實之茂也已。元茂從之游，其有所師法歟？予方嘅斯人之不可復見，而幸見斯人之所與游者焉，如見吾德機也。是以識乎其説之左。

戈直伯敬字説

戈直初字以敬，予爲更之曰伯敬，請問其説。予曰：「敬以直内」，夫子傳易之言也。程子謂夫子言「敬以直内」，而不言「以敬直内」，蓋主於敬，則内自直，非以敬而直其内也。以敬者，夫子之所以教子路。子路問君子，而夫子答之曰「脩己以敬」。敬以直内者，成德之事也。脩己以敬者，自始學至成德皆然。始能脩己以敬，則終能敬以直内矣。脩己以敬者如之何？坐如尸，坐之敬也；立如齊，立之敬也。張拱徐趨者，手足之敬；聽必恭視毋囬者，耳目之敬也。如執玉，如奉盈，如見大賓，如承大祭，無一時一處而不如斯，則事不二三，心無他適，内之直將有不期然而然者焉。直者，心正而不斜倚之謂，然事未易言也，子姑從事於敬。

戈宜字說

戈直之弟名宜，字叔義，求言於予。噫！予言之易也，而行之實難。予言之弗能行，虛言爾，奚益哉！義者，宜之理也。處事各合乎天理之宜，則爲義。義與利對，或分毫有計利之心，斯忘義矣；義與欲對，或分毫有狥欲之心，斯賊義矣。日月之間，惴惴然唯恐入於利、陷於欲，必事事皆由乎天理，夫是之謂宜、夫是之謂義。宜也，有嘉名，有嘉字，尚勉行之以稱其名、稱其字哉！

湯盤又新字說

盤從皿，或從木，所以承盥手餘水。將欲盥手，別以一器盛水，寘手盤上，用杓斟器中之水沃之，所沃餘水落在盤中，故盥文從水、從臼、從皿，兩手加于皿，而以水沃其手也，皿即盤也。

内則曰：「少者奉盤，長者奉水，請沃盥。」盤不以盛盥水，而以承其餘水。武王銘諸器，載在大戴禮記。於盤曰盥盤，明盤之爲盥器，而非沐器、浴器也。考之玉藻，浴蓋用杅。考之他書，沐蓋用盆。盆也，杅也，皆以盛水。瀆髮於盆之内，裸身於杅之内。瀆髮裸身，既褻且污，不可刻文。盥盤，承餘水者，不褻不污，故可刻文而銘也。

按内則：凡家之夫婦，上而父母，下而男女，及内外使令之人，每日晨興必盥，故曰日新。不特晨興一盥而已，雖無事，一日大約五盥。有事而行禮，又不止五也。至若沐浴，五日然後請浴，三日然後具沐。亦或過三日五日之期，無一日一沐一浴之禮。不日日而沐浴，不可謂日新矣。

湯所銘之盤與武王所銘之盤，皆謂盥盤也。鄭注但言刻戒於盤，不言盤之爲何用。孔疏乃以盤爲沐浴之盤。朱子仍襲其誤，蓋考之未詳，而不及脩改也。日新者何？每日洗滌其手之舊污而新之也。苟之爲言，猶曰若。謂若自今以始，每日而新之，則當繼今之日，每日而新之，又於繼今之後，每日而又新之也。如此則每日而新，無休息、無間斷矣。

武寧士湯氏名盤，字又新，因正大學傳文注釋之誤，而書以遺焉。

黄璧元瑜字説

玉之爲器，不一也。有圭焉，有璋焉，有琮，有琥，有璜焉。而禮天必用璧，則璧之視他玉尤爲貴。昔有一璧，當十五城，天下皆欲得之而不可得者，蓋非他玉所能同也。宜春黄君名璧，而字與其名不類，予爲更其字曰元瑜。瑜者，玉之至美也。非至美之玉，不足以成至貴之器。元瑜之質，純然粹然，無暇可擿，無垢可磨，接於人者温如，斯可謂之瑜也已。所成之器，吾知其宜於禮大也，吾知其重於連城也，實之稱其名者夫！

抑人有言：天下之寶，當爲天下惜之，言乎人之貴乎自貴也。

元瑜爲轉運司屬官，持身謹清，瓊異儕輩。家素豐殖，視身外物有之若無，漠然不以動于中，其能自重也如是。所以全其美，成其貴者，又豈常人所得而同哉！予既更其字，因爲之著其説，而俾異乎元瑜者知所勸也。

朱肅字説

國子祭酒鄧侯以敬之字浙士朱肅，肅問其義。予曰：先儒以敬爲攝心之具，作聖之基，淵矣，予未之能也。唯朱門黄直卿先生，謂敬字之義近於畏者最切於己。凡一念之發，一事之動，必思之，曰：此天理與？抑人欲也？苟人欲而非天理，則不敢爲。惴惴儆慎，無或有慢忽之心，其爲敬之也已。尚勉之哉！

陳幼實思誠字説

陳幼實請更其字，字之曰思誠。人之初生，已知愛其親，此實心自幼而有者，所謂誠也。愛親，仁也。充之而爲義、爲禮、智，皆誠也，而仁之實足以該之。然幼而有是實心，長而不能有，何也？夫誠也者，與生俱生，無時不然也其。弗能有者，弗思焉爾矣。

五官之主曰思。孟子有云：「思則得之。」周子亦云：「思者，聖功之本。」思於行之先，則能知其所當知；思於行之際，則能不爲其所不當爲，所以復其真實固有之誠也。幼實之資篤實，而不已於學，其進於是也蓋不難。大哉思乎！其學誠之階梯乎？

黄珏玉成字説

天下之可寶莫如玉。玉者，寶之至美者也。雙玉爲珏。珏者，玉之至重者也人。而如雙玉之珏，是有至純至粹之美者也。

吾郡黄提舉之宗孫名珏，生長素封之家，而慈良温恭，藹然王、謝子弟丰度。方且及吾門，問修己接人之道如之何。珏之字曰玉成，珏之志蓋以玉雖重寶，必琢而後成器，亦知人有美資，必學而後有成也。問學於予，而將以成其美，亦如玉之求琢於工，而將以成其器也。予嘉其志，而勗之以學。

予所謂學，非欲其學記誦以夸博，非欲其學辭章以衒文也。其學在處善循理，在信言謹行，在孝弟忠順，在睦婣任恤。於家而一家和，於族而一族和，於鄉而一鄉和，於官而一府和。推而廣之，無施不宜。果若，是則昔猶二玉相合之理。今猶一玉琢成之器，爲圭，爲璋，爲璧，爲琮，爲瓚，爲斚，爲盤，爲敦，爲諸多珍玩，遂成天下有用之至寶。此珏之所以爲玉成者歟？

陳君璋伯琬字説

玉有瑑飾之文謂之章，詩言「追琢其章」是也。然圭、璋、璧、琮、琥、璜，皆玉也，而貴莫貴於圭。桓、信、公、穀、琰、琬，皆圭也，而貴莫貴於琬，何也？六玉者，或以禮神，或以接人，其用不同，各有所執。而七命以上乃得執圭，故圭之視六玉猶尊。凡圭者，或取其方，或取其直，或取其恭己，或取其養人，或取其除慝。而琬圭所以象德，故琬之視圭爲尤重。

陳氏子君璋，以琬爲字。夫璋者，篆玉之文華；琬者，象人之德美。君璋涉書通務，習國字，諳國音，嘗觀光于天京，達人樂與其進，所謂瑑飾之章固有之矣。而内之事親長，外之事尊貴，又能始遜順而無違，則所謂象德之琬，豈亦外是哉！

予考圭之制，均之剡其首而鋭其上，琬獨不鋭，而無鋒芒。蓋琬之爲言婉也，婉有圓之義焉。然則琬圭所象之德，非以制行之婉、應世之圓，而削除鋒芒也邪？韓子詩云：「磨礱去圭角。」琬之德是以副章之文者在此。予與璋之父同里而相得，嘉其子之有嘉名嘉字也，於是作字説以貽之。

沂州曹茂字説

沂州曹茂，字蜚英。漢書云：「蜚英聲，騰茂實。」茂者，學業之美盛也。英者，才智之過人也。蜚與飛同。在内有美盛之實能，在外有過人之聲名也。

陳文暉道一字説

陳文暉，字道一，或議其名與字之不相當。袁用和與之厚善，以問於予。予曰：人之踐行者爲道，道非物外幽隱之事也。道之著見者爲文，文非紙上工巧之言也。明乎此，則知文之炳焕而暉，即道之貫徹而一也，惡得爲之不相當也哉？世之人，論文則淪於卑近，論道則騖於高遠，往往離文與道而二之。失之於卑近，俗儒之詞章爾；失之於高遠者，異端之虚寂爾。吾聖人之所謂文所謂道不如是。散而爲暉，歛而爲一而已矣。顯微無間，斯之謂歟？

用和曰：「請書此以爲字説，而遺道一，可乎？」予曰：「可。」

饒氏四子字説

臨川饒心道之教子也以禮，故其名子也皆於禮乎有取。伯名約，仲名絢，叔名經，季名紀，而請予字之。

予字約曰伯本，博而約之以禮者，末而反其本也。

字絢曰仲儀，素而絢之以禮者，質而備其儀也。

字經曰叔常，傳云：「夫禮，天之經。」經者，言其常也。

字紀曰季理，記云：「禮義以爲紀。」紀者，言其理也。

蓋禮也者，所以固人肌膚之會、筋骸之束，以之治身則莊敬，斯須不莊敬，而慢易生焉。人之於禮也，可不學乎？昔關西張子教學者先學禮，程子善之。饒氏四子之承父訓也，其必内而主一無適以立乎其大，外而三百三千以謹乎其小，庶其無忝於父之所期者夫！

楊忞楊悳字説

河南楊友直之子曰忞，曰悳，請予字之。予考六書之義，忞從心、從文，悳從心、從直。雖諧聲，而兼會意。心之所欲言者，傳之於文，是之謂忞。心之所得乎天者，其理則直，是之謂悳。

忞者，心之傳也，字之曰心傳。悳者，心之得也，字之曰心得。

凡古聖先賢之書，皆所以傳其心者，苟能博學詳説而反約言，則此心之傳，其傳在我矣。五常萬善之理，皆吾之得於心者，苟能精思力踐而妙契焉，則心之得其得。不失矣。忞也，悳也，有良質可以受學，有暇時可以務學。家有嚴父，歸求而有餘師，心之傳、心之得，可計日而有功也。其勿自隋自棄也哉！予既爲字，又爲之説以贈。

書武仁夫字説後

聖門教人無它事，曰仁而已。樊遲、司馬牛，門人之下品，其問仁也，亦未嘗無誨言。蓋仁者，人所固有，人人可求也。然勇如子路，藝如冉有，習禮如公西華，夫子各稱其能。至於仁，一則曰不知，二則曰不知，何也？仲弓、顏氏流亞，德行顯聞者也，而亦曰不知其仁。噫，仁之難能也如是夫！能之難，言之易，可哉？

恒山武寧，仁其字，所師吴民瞻爲作字説，而嗣作者十餘人。自孟、程以來，名狀夫仁者援引無遺矣，復徵予言，噫！已言可損，未言不可益也，予敢易於言哉！雖然，讀戴記，得廿有七言，曰九容；讀魯論，得廿有八言，曰九思。容容如其容，思思如其思，仁其幾乎！雖然，此非徒言之所可能也，尚允蹈諸。

王章伯達字説

金谿王章將冠，請予字之，予字曰伯達。章從音、從十，蓋數至十而竟，樂音之竟則爲一章。凡樂之節，前章既成，而後達於文。學之循序漸進亦若是。儻未了其一，遽及其二，是欲速也。烏乎！而能達哉？吾未見躐等以進，而其學有得者也。故曰：君子之志於道也，不成章不達。因章請字，而語以進學之法，章其勉諸。

卷九　字説

玉元鼎字説

學者阿魯丁，以玉氏，以元鼎字，其先西域人也。始祖玉速阿剌，從太祖皇帝出征，同飲黑河之水，爲勛舊世臣，家名載國史。今其苗裔乃能學於中夏，慕周公、孔子之道，可謂有光其先者矣。以其字而請教訓之辭。

予語之曰：鼎者，重大之器，烹飪以養老、養賢，享帝、享親，皆鼎之功也。其在於易，巽下離上之卦爲鼎，蓋取卑遜於内、文明於外之義。卑遜者，進德之基；文明者，進學之驗。進德在於克己以變氣質，進學在於窮理以長識慮。氣質變而若下巽之遜，識慮長而若上離之明，此所以成其重大之器也。元鼎讀大學、論語甚習，所謂窮理克己，豈俟他求哉？於二書格言，實用其力而已。筆之爲元鼎字説以贈。

賴致廣字説

豫章士賴致廣，字其淵。善讀四書，推繹其文義，亦可謂有志者。然其命名命字，一取諸中庸之書，予切異焉。

夫致廣也者，充其德性之用，而至於彌滿，賢希聖之事也。其淵也者，全其德性之體，而極於静深，聖希天之功也。人皆可以賢、可以聖，固在學者己分内。然學而能以聖賢自期者，幾何人哉？尋行數墨，出口入耳，往往近於侮聖言，所謂「淵淵其淵」，是豈常人之所能窺測？知造之之難，則言之何敢易也？若夫致廣之事，尚其勉之。勉之將如何？充其所不忍，達之於其所忍，則凡所忍者皆不忍，而仁不可勝用矣。充其所不爲，達之於其所爲，則凡所爲者皆不爲，而義不可勝用矣。由是而進進不已，雖未可以希天，亦庶乎可以爲賢人也。不然，徒擇格言之美者以自詭，而實之不稱其名，寧不重可愧矣夫？

熊井仲洌字說

水潔清謂之洌。井之洌者，其水潔清，而爲人所用。井之泥者，其水污濁，而爲人所棄。故井卦五爻，莫善於五，莫不善於初。豐城熊生，井名而洌字，蓋以水之潔清自擬也。人之容貌脩於外，德行脩於內，是其潔清如此水，誰不取而用之？儻不脩而惰焉，外則塵，内則穢，人將見其污濁而遠之矣。邵子云：「外内俱脩，何人不求；外内俱惰，何人不唾！」生殆庶乎外内之不惰者。吾知其爲可用之井，而人之求之也可計日以待，豈或有唾而棄之者哉！

余淵字說

抑嘗觀聖門諸子之名與字乎？水之回旋者，淵也；人之由行者，路也；六材之合而雍和者，弓也；九旗之垂而偃蹇者，斿也。農耕既穫，有服箱之牛；上賜既受，有報禮之貢。物損少則騫，求索則有。以至予之字我，商之字夏，其名略無夸大，其字姑以配名，未嘗取甚尊甚高之義，而使之莫及也。近時之人，往往擇第一等之言以名己、字己，而不復計其義之何如。曰天、曰聖、曰性、曰道，昔人不敢以自稱者，皆稱之而不以爲慙惑也，久也。

吾郡余氏子名淵，弱冠及吾門，而字深道，屢請予書訓戒之辭爲字説。予曰：「『淵淵其淵』，此中庸論聖神之極致，深於道而後能。子之年猶未，隨群逐隊，學世俗爲人之學者爾，而遽以聖神之極致稱，可不可也？盍更諸？」既而又請予爲之更。予曰：「禮：名子者父，字之者冠賓。予非父也，又非冠之賓也，輒更汝字，豈禮也哉？」

淵請字説益勤，乃爲之説曰：子以深道自期，太早，太易，太僭。然斯道也，子所固有，天與？以仁、義、禮、智之性，則有此仁、義、禮、智之道。義、禮、智後於仁，而仁莫先於孝弟。孝弟，子可能也。若何而善事親？當效内則所記；若何而善事長？當效曲禮所記。或入或出，實踐而無違。勿謂其淺，階之可造而深也，雖至于堯、舜，亦不過是道。故曰堯、舜之道，孝弟而已矣。淵乎，其勉哉！

徐基士崇字説

清江徐基，字士崇。其先汴人，宋開禧乙丑進士，廣西運使之後裔，咸淳戊辰進士第三人黎先生之外孫也。年少有志於學，請予作字説，而示以爲學之方。

予爲之言曰：基者，自下而起；崇者，積至於高也。故曰，高以下爲基。九仞之山，基於一簣之覆；九層之臺，基於尺土之累。爲學亦然。有其漸，而不可驟也；有其序，而不可紊也。若躐等，若凌節，驟而不漸，紊而失序，學之雖勞，而無所成矣。正心誠意自格物致知而基，致知格物自明倫敬身而基；明倫基於孝弟，敬身基於恭謹。以其序，以其漸，則德之積也，不期於崇而崇。終之崇，肇於始之基也。雖世儒凡近之學，亦未有不立基而能崇者。不究百家説，必無吏部之文；不讀萬卷書，必無工部之詩。恃小小之才思，資淺淺之見聞，非如韓、杜之先立其基，而曰可以文、可以詩，是不猶屋之不堂而構、田之不菑而畬者乎？俗學且爾，而况聖學哉！士崇欲其德之崇，循序積漸而學焉，以爲之基可也。

陳垚伯高字説

泰定三年十有二月辛酉，陳垚冠，字之曰伯高。其父昇可請爲説其命字之意，俾知所矜式。夫冠而字，禮也；字而有辭，亦禮也。然其辭載在禮經，祝頌之微，寓訓戒焉爾。及考大戴禮公冠篇所記，亦有别爲冠辭者，近世彌多。而予爲人作字説，殆不啻數十，是以昇可之請宜諾也。

説文「三土爲垚」，蓋積土之多也。土積而多則高矣，故字書以土高釋垚。積土者自下而起，以至於高，高以下爲基也。務學而欲學業之日崇，治生而欲生業之日廣，此皆期於高者也。治生而期於高，必勤於理財，不可謂已足而惰；必儉於用財，不可恃有餘而奢。或惰或奢，則已高者將有替之漸，豈復日進日長而益高也哉！務學而期於高亦若是。

汲汲而求之，勉勉而爲之，不敢自滿，且自畫也。先哲有云，自下者人高之。身之才能、家之貲力雖高出衆人之上，惟當退然謙下而不驕，庶可保其所已高，而增其所未高也。倘佩服予言而勿忘，予見伯高之不自高而常高已夫！

游通喆仲字説

萬理無不洞達之謂通，明於其事之理之謂喆。喆，今俗書作「哲」，與「悊」、「晢」并諧折聲，義俱訓明。周易之「明辨晢」，其字從日，日〔二〕之明也。漢書之「躬明悊」，其字從心，心之明也。從口之哲，口在下，或在左。「禽聲嘲哲」之哲，陟轄切，假借爲明哲之哲。倉頡古文「嚞」，讀如折，喆者，省文也。事理苟明，動罔不吉，故合三吉、二吉而成字。王文公云：「上喆能官人，下喆能保身，可謂吉矣。」由明於一事之理，推而明於十事、百事、千事之理，以至於萬事之理，無所不明。萬理而貫於一，此名通而字喆

〔二〕「日」，四庫本誤作「月」，據成化本改。

者之義也。然豈初學所易能哉？吾將勉通以其所可能。

夫喆也者，萬理均所當明也，而其要在於明倫。五倫均所當明也，而其首在於明父子之親。聖門閔子騫，人不問於其父母昆弟之言，夫子亦以宗族稱孝語子貢，記禮者又以州閭鄉黨稱其孝爲人子之道，又以國人稱願曰「幸哉，有子如此」爲君子之孝。然則明父子之親，親者宜如何？樂其心，承其志，有聽從，無違咈而已。必得乎親，而後可以爲人；必順乎親，而後可以爲子。其順乎親也何？以驗其順。必父母稱之，必昆弟稱之，必宗族稱之。不唯親者稱之也，疏而二十五家之閭、五百家之黨亦稱之。不唯近者稱之也，遠而二千五百家之州、一萬二千五百家之鄉亦稱之。不特此也，雖大而一國，群庶億兆之衆，靡不稱之。如是，乃可無愧於爲人子；如是，乃可謂明於父子之親，而喆者所當務者莫先焉。先所當喆，而充其類，其馴至於通也，孰禦？不然，昧其所先，匪喆也，惡乎通？

是爲游通哲仲字説。

崇仁縣元侯木撒飛仁甫字説

昔我世祖皇帝建國，號曰元。元者，衆善之長，天地生物之仁也。皇元之仁如天地，唯仁足以長人，故能臣妾萬方，混一四海，而爲天下之君也。郡縣設官，實分天子所仁之民，而牧養之者。一郡一縣，各有官長一員統治于守令之上，以令官制參合古訓，今之長官，古之所謂元侯也。豈非期之以長人之仁，而命之爲民官之長乎？

崇仁夙稱壯邑，生齒之繁，習俗之美，他縣莫及。木撒飛承務郎自州倅陞縣長，承天子之命，統治崇仁。前時足跡不到江南，而民情靡不通達，事體靡不諳究。涖政以來，凡所施設，無一不當人心，而使民悦服，咸曰：「仁哉元侯！二三十年所未嘗有也。」

侯慕效華風，欲立字以副其名。夫字者，匪但副其名而已，蓋將表其德也。以予嘗位于朝，忝文史之職，則討論命字之義，所不容辭。於是表其可表之德，而字之曰仁甫。亦因聖朝之重長官，而喜崇仁縣之得此仁侯也。

吴成三子字説

周氏甥歸吴成山則，子三人，肯務學。其名俱以年，其字俱以久而代伯仲，請予爲之字。

長子名芳年，騷人之辭以衆芳比君子之德，芳年者，久其德也，字之曰久德。中子名彭年，養生之家謂彭祖享八百之壽，彭年者，久其生也，字之曰久生。少子名當年，用世之士，當年壯盛，汲汲仕進，唯恐後時者，意在久其用也，字之曰久用。

久德也，久生也，久用也，一者兼該其三，三者總貫于一，何也？静能保其生，動能顯其用，唯久於德而後能；内可常其德，外可永其用，唯久於其生而後可。此心之德既久，此身之生又久，其久於用世必矣。三久同而異，異而同，一而三，三而一也。雖然，三久其效也，有本焉，學是已。爲學譬諸爲山，始一簣，終九仞，是爲山之成也。陸子曰：「拳石崇成泰華岑」。三子之於學，進進如父之成其山，則德之能久，生之可久，用之必久，蓋不期然而然。

柴溥伯淵字説

豫章柴溥以淵爲字，數造吾廬，請問其説。予曰：子之名與字，蓋取中庸「溥博如天，淵泉如淵」之語也，此言聖人至德之極。溥也者，如天之大而不可窮；淵也者，如海之深而不可測，豈初學可與議哉？雖然，人皆可以爲聖人，特患不爲爾。學世俗之學，而外聖賢之學；心利欲之心，而喪義理之心，則将淪於非人。爲常人且不可，况賢人乎？又况高出賢人之上，而爲聖人乎？至聖之德，雖如天如海，然亦有從入之門也。子思子於中庸末章承溥博淵泉之後，反本而言，示人以入聖之門甚明且切，首引「衣錦尚絅」之詩，俾學者先立志也。次引「潛伏孔昭」之詩，俾學者急修行也。立志在務内，修行在慎獨。務内者篤實不衒，爲所當爲，而其志不求人知也。慎獨者幽暗不欺，不爲所不當爲，而其行可與人知也。能遵子思子之言，而立其志如此，修其行如此，則其本正矣。

繼此而學問，何患不可以晞賢晞聖？溥其無忽予之言哉！

聶誼字説

宋侍郎聶公之裔孫名誼，字隆道，將如京師，肄行業於國子學，來告行。予勉之曰：聖朝養士之恩爲甚渥，用士之途爲甚捷，士之遭遇斯時者，當懷其恩之渥，而圖有以報稱。不當幸其途之捷，而妄有所希覬也。漢董子云：「正其誼，不謀其利；明其道，不計其功。」朱子取其言，載在小學之書。國學之教，首以小學書爲入門。就學於彼，而志道誼，不志功利，是之謂能遵其教。合人事之宜者，誼也；循天命之性者，道也。誼其用，道其體，二者一而已。思勤行業，人事之宜也，而天命之性存焉，誼不失則道日隆矣。夫志於道誼者，功名利達不足以累其心，然豈無功之道、不利之誼哉！不謀利，不計功，其利其功，實不出乎道誼之外也。故曰：脩其天爵，而人爵從之。既以斯言勉之，因書之爲字説以贈。

吴椿年久聞字説

壽者，五福之最先，人情之所同欲也。莊子所稱上古大椿之壽，寓言而非實也。人孰不知其非實也？而每期長年，必竊比於椿者，于以見其願慕之至也。欒安吴學則名其子曰椿年，而予字之曰久聞。慈父所期於子之壽者，豈徒曰日飫晨晡之飯，日復一日，以至於無盡之日；歲易寒暑之衣，歲復一歲，以至於無盡之歲，而爲久也哉？亦期其有聞於世而已。小而揚名顯親，大而化今傳後，生於世愈久，則其聞於世也與之俱久。夫子極言後生之可畏，又言老而無聞之可戒，欲人於少壯之時而自强，使其學行有聞也，所以勉人、警人者厚矣。夫所謂聞，蓋非過情之虚譽也，在乎有實學、有實行可以取重於世焉爾。

椿年方游洪，以廣交務得，予乃詒之字説，而督其進學脩行云。不然，年之久如椿，而無一善之可聞，雖久，奚益？

李安道字説

縣尹李仲清甫名其季子曰寧，而字之以安道。年既長，欲聞庭訓而不可得，以其父名己、字己之意問於予。予曰：甚哉，慈父之愛子也！其所以期於子者蓋厚矣。無一事撓心之謂寧，然唯安於道者能之。或曰：道豈易言哉？予曰，不然。道者，日用常行之路，非有甚高甚難之事。甚高甚難，則非道也。孔門四子言志，曾點獨見與於聖人。曾點不過安其日用之常而已。日用之常，所謂道也。其常謂何？淨垢於沂水之温泉，散煩於雩壇之凉風，行而歌咏以歸，此點之安於道者，而寧豈不能哉？寧藉先世緒業，室廬足以居，衣食足以給；内而兄弟之聚處，外而賓朋之過從，歡然而可樂，夫孰得以撓其心？彼之不能安於道，而無以自寧者，皆其自取也。窮則夢富貴，達則夢神仙，妄想外慕，雖夢中猶且役役，而况覺之時乎？寧不如是也。俚諺曰：「生事事生，省事事省。」人之於世，事不能以盡絶，省之可也。省之則心不爲事所撓而寧矣。斯其所以爲安於道也夫？

曹璺君與字說

郡士曹璧，字君瑞，數及吾門。其弟璺，字君與，訓授生徒於郡庠，求字說於予。予爲人作字說多矣，然字之有說，非古也。古人之名之字，非有意義。孔鯉字伯魚，因一時之饋物而名之字之也。卜商字子夏，假二代之國號而名之字之也，何義之可說？璺，美玉也。玉從與者，諧與之聲爾，無所取於與之義也。璺名而與字，其可强爲之説邪？雖然，兄璧弟璺，皆用玉而名已者，非以玉爲天下至可貴之寶乎？君子之言行，渾然如玉之温粹而無瑕玷，是亦天下至可貴之人也，豈非人之如玉者哉？倘欲以諧聲爲會意而釋其義，如吾荆國丞相之巧説，則必曰：與者，人所親比許可也。德美如玉，而人與之，斯其爲君與名璵之義也已。

雅德思誠字説

雅德彌實養阿，北庭鉅族。慕華風，請予爲立字。其高祖武都王，開府儀同三司，國朝重臣。予願王孫晨夕念爾祖之忠實。忠實者，誠也。於是以思誠字之。

吴彤文明字説

學子吴彤，年未弱冠，就孫先生受學。彤字文明，問其字學於予。予諗之曰：書有高宗彤日篇，許氏説文云：「彤，祭名也。」訛傳肉傍从彡。戴氏六書故以肉、彡二文之合非會意，又非諧聲，義無所取，遂廢其字，而謂彤曰之「彤」，蓋「彤」字之假借。彤，丹傍，从彡，以丹餙物也，徒冬切，而亦有融音。考之韻書，融與彤通用。注援張平子思玄賦爲證。今按：思玄賦中之「彤彤」本祖左傳「其樂融融」之融，而寫丹傍从彡。尋聲畫，戴氏之言假借不爲無據也。融，鬲傍，諧蟲聲，釋爲炊氣之上出而散。融亦訓明。詩曰：「高明有融。」朱子曰：「融者，明之盛。」南方陽明，其氣融散，是爲文明之地。人之陽明勝則德性用，而天理春融，是爲文明之人也。融、彤二字一義爾。彤之字文明，其以此歟？

黄鍾仲律字説

昔黄帝命伶倫取嶰谷之竹，斷兩節間爲管而吹之，其長九寸。本此九寸之管，遞相損益，各因其長三分之，或損其一，或益其一，而爲十一管，并初管之一，凡十二，以候每年十二月之氣，是之謂律。吹十二管之聲，管最長者聲最下，管以漸而短，則聲以漸而高。於是各如其管聲之高下而鑄十二鍾焉，其聲合於九寸之管者，其鍾名黄鍾，其鍾聲如十一管之以漸而高者，名大吕，名大簇，名夾鍾，名姑洗，名中吕，名蕤賓，名林鍾，名夷則，名南吕，名無射，名應鍾。此十二名，鍾之名也。既定各律之聲，遂以管聲而鑄各律之鍾。既各立鍾之名，就以鍾名而名各管之律。蓋十二鍾之聲由律而起，十二律之名則由鍾而得也。

黄氏子名鍾，而字仲律，予爲推言鍾律之義。十二管之稱爲律，何也？律者，行節也。十二管聲有高有下，爲樂之節，猶行之節也。第一鍾之稱爲黄者，何也？黄者，中也。黄鍾之聲，中聲也。其聲比十二鍾爲尤下，而曰中聲，何也？十一鍾者，樂所有之聲也，但以樂所有之聲而較，則黄鍾之聲最下。通以樂所無之聲而論，則黄鍾之聲正當高下之中也。聲下者濁，聲高者清。樂聲，陽也，貴輕清，賤重濁。惟黄鍾爲中聲，截自中聲以上，輕清者用之；其中聲以下，重濁者不用也。故樂有黄鍾以上之聲，而無黄鍾以下之聲，用其清，不用其濁也。律管之長短，黄鍾之九寸適其中。他律皆短，不及黄鍾之管，則爲清聲，而可以入樂。倘若加長，過於黄鍾之管，則爲濁聲，而不可以入樂矣。黄鍾介乎清濁之間，其聲非清也，亦非濁也，所以謂之中聲歟？君子無過無不及之中德爲衆行之本，其亦猶黄鍾不清不濁之中聲爲衆律之本者哉？

曹貫字説

曹氏子年未弱冠，而勤於學。雖從俗學舉子業，留吾門數月，獲聞道德性命之説，欣然若有領會，蓋可與語上者。貫其名也，奉世父暨父之命，請予字之，而予字之曰伯通。

繩穿錢謂之貫。夫子以貫之一言喻門人，惟子貢、曾子得聞之爾。朱子之釋曰：「貫，通也。」凡學之大端有二：知必致也，行必篤也。子貢之於知，每物而致焉；曾子之於行，每事而篤焉。及其日久而功深也，物物無不致，事事無不篤，夫子乃舉「一以貫之」之語以告，俾其所知所行之十百千萬豁然渾然而通于一，故曰貫。雖然，此未易到也。今之學舉子業者，亦欲其經明行脩，然而經豈易明哉？行豈易脩哉？必也逐字逐句而究諸經，隨明隨處而謹細行。究之究之，而於經益以明；謹之謹之，而於行益以脩，則子貢、曾子之真知實行漸可睎，而夫子「一以貫之」之傳，又豈待借力於人而後可幾也哉？貫乎，其志於通也，亦爲之而已矣！

何自明仲德字説

讀聖經者先四書，讀四書者先大學。大學篇首第一事則明明德也，讀之者幾千萬億人，其能知明德之爲何物，而明之之法宜何如者，果有其人矣乎？予每嘆世之讀書者，大率如梵僧之誦呪，依其字作其聲，而漫不究其所以然。

江州瑞昌之何，世科世儒，自昔多才。子弟若宋景祐進士、御史中丞、宣敏公之十世孫名自明字仲德者，其傑也。始予聞其名，聞其字，固驟然異之。及見其人，方役役郡從事之勞，而超超塵埃外之趣，益有以驗其資質之美。既而以其名、以其字請其説於予，予久病夫大學篇首之三字讀者往往忽視，今以是爲名，以是爲字，而有所請，其殆知此三字之不易能乎？

德者，人人所同得也，而鮮或明之，何哉？有查滓以混淆於未生之先，有邪穢以污壞於既長之後，德之所由不明也。必也銷鎔其查滓，必也杜絶其邪穢，而後可使吾氣血所成之身如無身，使吾耳目所接之物如無物。明之參半，邪穢漸無矣；明之十全，查滓悉無矣。噫，亦在乎明之至於盡而已爾。明之之法不一，讀書爲入門，亦其一也。然讀而不過尋行數墨之讀，縱使精通訓詁，洞了意義，亦外也，而非内也；虚也，而非實也，而況訓詁之不通、意義之不了者乎！

噫！見孺子入井，惻然不忍，是心從何而萌？聞犬馬呼己，艴然不受，是心從何而起？舉世倀倀，如無目之人，坐無燭之室，金玉滿堂，而冥然莫知其有此寶也。倘能感觸前聖之所已言，歸求吾心之所同得，而一旦有覺焉，譬猶目翳頓除，燭光四達，左右前后，至寶畢見，皆吾素有，不可勝用也。此仲德之德，而能自明則如此。凡予所云，願與今世之士共學，而未有肯同者也。仲德将思稱其名、稱其字乎？暇時尚當竟所未竟之説。

張彛字説

益都張志道之子名彛，彛者，常也。予謂字之曰伯常。彛之訓爲常，何也？彛，尊也。常，旂也。尊之属有六，而彝以盛鬱鬯，灌之所酌也。彝在六尊之外，視六尊爲尤貴。旂之别有九，而常則繪日月，王之所建也。常在九旂之中，視九旂爲最重。凡人臣之功，銘之於彝，書之於常，取其常用常存之器物，與宗廟國家同其永久也。是以日月之旗名爲常，鬱鬯之尊名爲彝，而亦訓爲常也。

張彝之父，今良吏。彝勉勉進脩克常所學，異日學成，其事業將如古之銘于宗彝、書于太常者。此予所以字之之意云。

卷十 字説

雍吉剌德新字説

雍吉剌脱脱，貴戚鉅族。司臬事，能發奸擊强，名聲振于天朝，公選爲江南等處行御史臺經歷。德新，其字也。某爲之説曰：凡天下之物，新必敝。有十九年之刀，而刃若新發於硎者，何也？善於用其剛也。不然，一用之而缺，再用之而折，新其可得乎？世有剛者也，山不可拔，拔之；石不可摧，摧之。虎豹豺狼具於前，攘臂而攖，折箠而笞，徒手搏之，而目不瞬，而色不變。一而作，再而盈，此戰士之剛，不能保其不竭也。德之新者不如是。人孰不謂德新之氣之雄，而力之堅與風采之振揚，常如浙東持憲時？斯爲新也已。雖然，雷霆終日而轟轟，冰霜終歲而稜稜，是其可常之道哉？善用其剛者，蓋必有道矣。易云「德日新」，書云「德日新」，盤之銘，大學載之。偉哉，德新之剛德也！吾将見其學之益新，而德之常新也，其可量也哉！

程世京伯崇字説

翰林承旨程公之孫有名世京者，今翰林應奉大夫之嫡長子也。問字于予，予字之曰伯崇。

蓋京者，盈高之山；崇者，言山之高也。然字以表其德，欲其德如山之崇也。德者何？曰仁、曰義、曰禮、曰智、曰信。稽之古訓，智崇效天，崇其智也；敦厚崇禮，崇其禮也。樊遲問崇德，語之以先事後得，崇其仁也。子張問崇德，語之以主忠信徙義，崇其義與信也。五者之德，性所固有。日進於學，日增其高，譬如爲山，始于一簣，至于九仞，以成乎極天之峻，夫是之謂崇。抑古者顔回字淵，人稱顔淵；言偃字遊，人稱言遊，唯一字而已。上加伯仲叔季以別長幼也；下或加甫，以爲美稱也。今曰伯者，表其爲嫡長；而不曰甫，爲其年幼，不敢遽當美稱，示謙讓也。

趙以文兄弟字説

夫子之以文行忠信立教也，四者之施有先後爾，非專於一，偏於一，而不該不遍也。故學其一，而於三者兼通焉，於四者全備焉，斯可謂學之成也已。何也？聖人之道，書所具載，首之以學文而講習之，究索之，則能明其道於心矣。所明之道，我所固有，加之以學行而修踐之，持守之，則能履其道於身矣。所履之道或不誠實，是欺也，是誣也。盡己之誠爲忠，循事之實爲信，繼之以學忠與信，而内外一於誠實，則踐真守篤，無虚僞矣。既能明於心，又必履於身；既能履於身，又必誠於内、實於外，聖人之教人也，始終該遍如此哉！

郡倅趙侯以四教之文行忠信名四子，而請字于予。予字以文曰元明，文也者，所以明此道也；字以行曰元履，行也者，所以履此道也；字以忠曰元誠，忠也者，所以存於己也；字以信曰元實，信也者，實之接於事也。各從其一，以兼全其四。是四者，聖門之爲教，而與世儒之所以教不同。四子欲聖門之教乎？予嘗竊志於是，他日當爲言之。倘能有契於予言，庶其無忝於父之命名也夫！

易原以清名字説

天下之清莫如水，先儒以水之清喻世之善。人無有不善之性，則世無有不清之水也。然黄河之水渾渾而流，以至于海，竟莫能清者，何也？請循其初。原者，水之初也。水原於天，而附於地。原之初出，曷嘗不清也哉？出於岩石之地者，瑩然湛然，得以全其本然之清；出於泥塵之地者，自其初出，而混於其滓，則原雖清，而流不能不濁矣。非水之濁也，地則然也。人之性亦猶是。性原於天，而附於人，局於氣質之中。人之氣質不同，猶地之岩石、泥塵有不同也。氣質之明粹者，其性自如岩石之水也；氣質之昏駁者，性從而變泥塵之水也。水之濁於泥塵者由其地，而原之所自則清也。故流雖濁，而有清之之道。河之水甚濁，貯之以器，拔之以膠，則泥沉於底，而其水可食。其濁固可使之清也，况其濁不如河之甚者乎？世之治性者，非惟無以清之，而又有以濁之，性之污壞，豈專係乎有生之初哉！有生之後，日隨所接而增其滋穢，外物之淈多于氣質之滓者，奚翅千萬！不復其原之清，而反益其流之濁，情其性之罪也。雖然，原之清，天也；清之濁，人也。人者克則天者復，亦在乎用力以清之者何如爾。

廬陵學者易原，字以清，問其名與字之説，遂書此以遺。

余浚字説

浚，説文曰「抒也」，徐鉉曰「抒取出之也」。浚井者，抒而取出其土，以深其井，故易有「浚恒」之辭，而夫子之傳以爲「始求深」也。由是觀之，夫子固以求深釋浚之義矣。學者之爲學，亦如浚井之求深，然必以敬爲之本。朱子注論語之首章，引程子之言者再，一則曰「思而時繹，則所思浹洽」，此浚於知，以求深也。一則曰「行而時習，則所行在我」，此洽於行，以求深也。而又以謝氏「坐如尸，立如齋」之説繼其後，非欲人以敬爲知、行之本與？子思子揚尊德性於道問學之先者，其意蓋若此。

臨川余浚之父，以丞相張魏公之名名其子，而以南軒先生之字字之，所期於其子者，豈淺淺哉？浚將何以副其父之所期乎？求其學之深，亦惟實用其力於敬而已。持敬之方，朱子之箴備焉。予以口述，不復筆傳也。浚其勿以虛言視吾言。於此而不實用其力，是不爲也，非不能也。

畢光祖宗遠字説

今户部畢侯敬甫名其冢子曰光祖，而字之曰宗遠。比其壯也，問學於予，因得悉其父所以名子字子之意。

夫遠而自他有耀者謂之光，春秋傳所載筮史之言也。彼以陳公子生於陳，顯於齊，爲應筮史光遠之占。然其所謂光者得仕於齊，烜赫其名位、焜煌其寵禄焉爾。侯之期其子，殆不止是。何也？名位寵禄，未足爲光；而自陳適齊，未足爲遠也。外之光必由乎中之實，故曰充實而有光輝。實充於其中，則光發于其外。大而道德之光，次而功業之光，爲法於天下，可傳於後世者，其遠也。

昔司馬文正公之父名子曰光，而以君實字，蓋取實則有光之義。文正公能稱其父之所名，是以道德可法，而功業可傳；名位寵禄，則天下之相，非但如陳公子一國之卿而已。光之遠，孰有加焉？

光祖習儒書，達時務，起家而仕，煒然有能聲。充而至光哲之道德、賢臣之功業，其不在己乎？所學所行，一以文正公之篤學力行爲矩範可也，斯其無忝於嚴父之所以名、所以字者哉！

鄔畇兄弟字説

吾長孫當之婚，兄弟四，就田之一類立名，各以其傍之諧聲字焉。伯名畇，字匀；仲名畹，字宛；叔名畸，字奇；季名疇，字壽。畇者，農功之均也；畹者，畝數之號也；畸者，懇闢之餘也；疇者，界畫之分也。

所建之類同，而所諧之聲異。其爲聲雖四，而其爲田則一也。有一家之田，有一身之田。一家之田，土地是也；一身之田，性情是也。地之爲田也，起土曰耕，播穀曰種，去草曰耨，納稼曰穫；情之爲田也，耕之以禮，種之以義，耨之以學，穫之以仁。夫禮耕、義種、學耨、仁穫者，古之聖王所以治人也。學者用聖王之所以治人者而治己，則於其耕種耨穫之務，可不循次而致其力哉！耕之以禮，習其節文也；種之以義者，達其事理也；耨之以學者，精其智識也；穫之以仁者，全其心德也。約愛、惡、哀、樂、喜、怒、憂、懼、悲、欲十者之情，而歸之於禮、義、智、仁四端之性，所以性其情，而不使情其性也。耕也、種也、耨也、穫也，皆由治田之務也，而自耕始。禮也、義也、智也、仁也，皆治情之具也，而自禮始。

鄔之伯、仲、叔、季，將治一身之田，其必先學禮乎？學禮之條目，枚舉未易盡。儻其學之也，繼自今一一言之。

解觀伯中字説

鄉貢進士解觀，天曆己巳暨其弟蒙聯貢禮部。至順壬申春，造予山間。留數日，曰：「觀於名之下增一言而爲字，或不吾可。請於内外之尊者，更字伯中，僉謂之允。何如？」予曰：字者，名之表也。大哉，予之所以表其名者乎！

易坤下巽上之卦名觀。觀者，觀九五也。九五在上，德稱其位，在下觀之爲法式。夫人之聚觀於五，五之爲人所觀，以其中故爾。聖之盛，莫盛於堯、舜，而堯之傳舜，惟「允執厥中」一語。舜復以是傳禹。湯之去堯、舜遠矣，而孟子亦曰「湯執中」，然則堯、舜之中，禹見之，湯聞之。四聖所執，同一中也。及文王、周公，繫易之彖，繫易之爻，每於卦之二五、爻之二五若獨貴重然，而含蓄不露也。孔子始發其藴，曰「得中」，曰「以中」，而後文王、周公之意粲然可見。文王、周、孔之中，堯、舜、禹、湯之中也。孔子既没，其孫惟恐其傳之泯絶，特著一書，以中庸名。

孟子而下，知者殆鮮。千數百年之久，周子作易通，統論易之大旨，以剛、柔、善、惡、中五者别氣禀之殊。予嘗合之於易，易以剛柔得位爲正，上五下二爲中。剛而正者，剛之善；其不正者，剛之惡也。柔而正者，柔之善；其不正者，柔之惡也。剛柔之正者雖善，而猶不無或過或不及之偏。善至中而止，斯其爲善之善也已。觀卦九五之剛正而中，下之觀而化者甚神速也，而今之所觀與古異。古所觀者，當代之君師，今所觀者，前代之聖哲。内而反觀，外而汎觀，人倫之大，日用之微，於其當。然之則觀之而善歟？未也。一毫之過，不可也；一毫之不及，不可也。蓋善有不中也，而中無不善也。必曲當，必具宜，必無少乖戾。子思所謂中節之和，是乃無過無不及之中也。雖然，其觀之也必有所事。觀之於物，而知其性，盡其心，所以明此中也。觀之於我，而養其性，存其心，所以誠此中也。觀而若是，其幾乎！因筆之爲字説，以遺伯中焉。

陳幼德思敬字説〔一〕

仁、義、禮、智之得於天者謂之德，是德也，雖同得於有生之初，而或失於有生之后。能得其所得而不失也，君子也。蓋德，具於心者也，欲不失其心，豈有他術哉？敬以待之而已矣。昔子路問君子，夫子以修己之敬爲答。敬也者，所以成君子之德也。堯、舜、禹之欽即敬也，傳之於湯，爲日躋之敬；傳之於文王，爲緝熙之敬。夫子修己以敬之言傳自堯、舜、禹、湯、文王，而傳之於顔、曾、子思、孟子者也。至于程子，遂以「敬」字該聖功之始終。

敬之法，主一無適也。學者遽聞主一無適之説，倘未之能，且當由敬畏入。事事知所謹，而於有不當爲者有不肯爲，念念知所畏，而於所不當爲者有不敢爲。充不肯爲、不敢爲之心而進進焉。凡事主於一，而不二乎彼；凡念無所適，而專在乎此。程子「敬」字

〔一〕四庫本脱一「説」字，據成化本補。

之法，不過如是。敬則心存，心存而一静一動皆出於正。仁、義、禮、智之得于天者，庶幾得於心而不失矣乎！

里中陳幼德，有志務學。予嘗字之曰思敬，於是復作字説以貽之。

陳毅誼可更名更字説

陳於予，婚媾之家也，數數謂予曰：「某以聖爲字，非所安也。」既而出其族譜以示曰：「某高祖之從昆弟名炳，吾其敢以所謂名乎？請更名曰毅，先生其字之。」予曰：「已孤不更名，禮之常也。已名不可犯族高祖之諱，誼之宜也。字曰誼可。」凡發强剛毅，誼之用也。夫毅也者，力氣精神之徤，强立而能耐久，堅忍而能致遠者也。夫子六十四卦之象，自强不息冠其首。自强不息，其毅之謂歟？皋陶之謨，以毅濟擾；曾子之言，以毅配弘。蓋馴擾之善，必有果毅之剛，以濟其柔；寬弘之器，必有勇毅之力，以配其量。毅之爲用大矣哉！而毅之德則根於誼之性，字曰誼可。世俗通行之字，從羊從我爲義，此假借字爾。當以從言從宜爲誼字，字誼之正，故曰誼可云。

闞和鈞可權字説

江南憲府闞可權，和鈞其名也。古昔聖人制器以稱物之輕重，於是乎有權。權之數五，而鈞其一也。鈞在石與斤之間，以兩計之則四百有八十，以銖積之則萬有一千二百五十也。鈞之體一定，而權之用不一定。鈞之所以和也，輕重適其平之謂和。蓋六十分其鈞，而益以百有八十則爲石，石，重於鈞者也。六十分其鈞，而損其五十有八則爲斤，輕於鈞者也。以石之重而減輕之，非權之入而向内不可也；以斤之輕而加重之，非權之出而向外不可也。輕之重之，石者減，斤者加，及鈞而平焉，斯其爲和也歟？

鈞者，體之定，權者，用之應。鈞之和由於權之可，此物之則也。人之道亦然。嘗稽諸論語之言，自「可與共學」至「可與立」凡三，必至于「可與權」而始備。又嘗稽易大傳之則，自履以和行至井以辨義凡八，至于巽以行權而後止，是知權也者，學而修己之大成，仕而處事之極致也。

闕掾昔焉而學，今焉而仕，可於權而不凝滯於執一。吾見其和於鈞，而所稱之物無有不平也，勉之哉！

鄧衍字説

友人鄧善之子衍字慶長，請字辭於予。予曰：「古者冠禮，始加，再加，三加，醴若醮，以至于字，俱有辭，蓋悉備于周公之禮矣。亦有自脩其辭者，若戴記公冠篇所載是也。而近世能言之士多有稽諸禮經，則冠者之字也，賓爲之字；字者之辭也，賓爲之辭。往年虞子及之子集冠，予辱爲賓，嘗辭而字之。衍也今既冠且字矣，而予瀆爲之辭，得無非所宜乎？」善之曰：「子其毋讓。予思之，君子不自教子，而易子以教。」予也因善之請，而寓勸戒於辭以廸其子，是或教之一道也。乃爲之説曰：

慶也者，人之所願慕也。惟其願慕也，是以期於長。易之前民用也期於亨，期於利，期於吉；洪範之所嚮用者期於壽，期於富，期於康寧。亨也，利也，吉也，壽也，富也，康寧也，慶之屬也。冠禮之辭曰祺，曰福，曰祥，曰休，曰慶，大率人之所期不過是。字辭云「宜之於假」，釋者以假爲大，朱子曰：「非也。假、嘏通，福也。」然則古之字者期之以嘏，今之字者字之以慶，豈有異於古哉？雖然，慶也者，其獲也，其報也，不先其難，于何而獲？不有其施，于何而報？其難、其施也，慶之本也。其本維何？易曰「積善之家必有餘慶」，善其慶之本與？善者天所與我，而根於心。封而茂之，彍而彀之，韞之內而有美，章於外而有輝，可以儀天下、軌後世，慶之長也孰加焉？世俗所謂福祥休祺，又奚足算哉？

故嘗謂慶之長有三：上焉者德立，次焉者功立，下焉者言立。其長，叔孫穆叔所謂不朽也，保族宜家、令聞長世，餘事爾。夫德立者，顏、曾其人；功立者，葛、狄其人；言立者，董、韓其人也，而周公、孔子兼之。

吾善之行粹才優而文古，固有立德、立功、立言之具矣。衎歸求於家，而得師朂之，朂之進進不已，雖董、韓、葛、狄、顏、曾、周、孔，孰云不可馴至哉？抑予譬之於水，衍者，流之盛也。流必有源。源者，水之初也。源源者流長。善之名原，其所積者深而未發，將至其子而大，予是以云然。

劉又新字説

新者，對舊之稱也。不仍其舊之謂新。凡天下之務，久則必弊，弊則必新之而后可。有數歲而一新之者，有一歲而一新之者，有數月而一新之者，有一月而一新之者，有一日而一新之者焉。起坐之室，一日不灑掃，則塵坌而不可居；飲食之器，一日不滌濯，則污穢而不可用。日日而灑掃，日日而滌濯，此一日而一新者也。其在身也亦然乎？經宿而不盥洗，則亦塵坌污穢矣，是故無貴賤、無長少，晨興必盥洗也。

盤者，所以盛盥洗之餘水也，湯以「苟日新，日日新，又日新」九字銘之於盤者，此也。然湯之銘不但爲盥洗其手者言也，蓋以喻德也。手不可一日而不新，德尤不可一日而不新也。手有形，可見也，欲新之，可能也；德無形，不可見也，欲新之，豈易能哉！

德雖人人所固有，而人不知何者之爲德也。既不知何者之爲德，則又何從而致其新之之功也哉？

昇人名德新字又新者，求又新之説於予，予不敢以虚言應之也。

昔趙忠憲公日中所爲，夜必告天，司馬文正公平生所爲，皆可語人。如欲自新乎？每日省之。事之可以告天、可以語人者爲是，其不可告天、不可語人者爲非。非則速改，昨日之非今日不復爲也。日日而省之，日日而改之，一年十二月，爲日三百五十有四，改其非者亦三百五十有四，是之謂日日新、又日新。倘或不然，非而不知省，省而不知改，今日猶夫人也，明日猶夫人也，一月復一月，一歲復一歲，不過人其初，則終身猶夫人爾。猶夫人者，陳人也。陳而不新，新則不陳，名新字新，而實不新，雖得予之説，奚益？有志於自新者其勉諸。

又新，劉氏。爲之求予説者，方外士也。

彭訓永年字説

臨川彭訓，字永年，治書經，應進士舉。父之命其名與字用古文書畢命篇中語，蓋尊其所治之經也。予觀古文書雖晚出，而其間多格言，以能訓爲永年之基，以德義爲大訓之實，淵哉乎其言也！

九疇之五福，一曰壽。年之永者，人之至願也。人之永年，不過幸其取數於天者多爾，而孰知其有所基也哉？不以喜怒情欲傷其神，不以鬬狠刑辟傷其形；保其身，全其身，此永年之基也，而唯有德有義者能然。德也者，天命之性得於心而靡有失也；義也者，率性之道行於事而各有宜也。得之靡有失，義之各有宜，自修道之教始。書經之能訓，其中庸修道之教與？

訓也因父之名己而於其訓以修其德義，則年之永在己而不在天也。劉子謂養之而以福，夫子謂培之而必得壽，聖賢之言豈欺我哉？訓留吾門三閱月，氣質之謹慤，識趨之敷暢，不負其父之經訓可期也。於其歸省也，以其父之名之字之者爲説以貽焉。

宋誠字説

古之冠者，賓字之，有辭以致祝頌，載在儀禮。後世因此，或別作字説以寓規戒焉，然必出於所師尊之人而後可。非冠之賓而祝頌，諂也；非教之師而規戒，瀆也。

予客江州，一二學者以其名字求規戒語，姜道原援例而爲宋文卿請。韓子有云：「非師而教，云乎不欺？」予將誦斯語以謝。道原曰：「宋，官派也，儒流也，某所與遊之友，能受教者也。先生其勿拒。」

予觀文卿，名誠而字文。誠者，中之實也；文者，外之華也。中有其實，外有其華，所謂誠於中、形於外也。然實與妄對，華與澆對。純乎天理之實爲誠，狥乎人欲之妄爲不誠。名誠而實不稱，則文之華者流而澆。應對之便捷，鸚舌爾；丰儀之秀整，翠羽爾，豈誠中形外之文哉？惟能以天理勝人欲，一念不妄思，一事不妄行，仰無所愧，俯無所怍，庶幾其誠乎？習之熟，藴之久，充實積中，英華發外，小而華身，大而華國，此文之至也，而誠其本也。倘或不誠，雖有規戒之言置座右，亦猶誦慈懺於屠門，講客經於倡館，適以資識者之笑。文卿殆不其然，勉之哉！

吴琢玉成字説

學記以玉之琢而後成器，譬人之學而後知道，其言善矣，而或有未盡，何也？玉者，質之粹美者也，一琢可成良器，未琢之先，亦不失爲良璞也。若人之氣質，則有粹駁美惡之殊。上智大賢以下，豈能人人而如玉哉！苟不能以如玉，則必變化其質，乃可求至於道，學者詎可自比於玉而期其成乎！

昔在聖門，惟顔子之資深潛純粹，渾然無疵。雖曾參之賢，其魯亦與，柴之愚，師之僻，由之喭，均之爲一偏。其他如賜之辯察，商之廹隘，求之退懦，予之昏惰，須之麄鄙，棖之悻狠，皆不可無矯揉變化之功。故曰學者以變化氣質爲先。

盱江吴琢，字玉成，客遊江州。比予之至，請受學焉。予既嘉其志，奇其才，因其名與字之有取於學記也，是以發明其未盡之意，俾之自省自勵，而爲進道之基，久而如粹美之玉，則琢之而成至良之器也何難？程子教人克己之偏而難克者，藍田吕先生謂變化氣質則愚可明，柔可疆，皆至言也。若夫變化之所當先，則平居講論之際，蓋已嘗隨事言之。琢也嘗繹予言，而實用其力哉！

丁儼字説

前太學進士、豫章丁君之孫儼，從其父遊宦溢江，數數抵予寓聽言議。予曩識其大父，峭直不苟徇。今見其父，長厚有幹略，而儼端謹肯問學。三世俱吉人，可尚已。其父請余爲儼命字，予觀戴記援引古禮經之辭「儼若思之上，先之以毋不敬」，釋之者曰：「禮主於敬。」蓋儼者，敬之形於外；敬者，敬之立於中。中有所主，而后外有所形，乃字之曰「主敬」。夫「敬」之一字，自書、詩、易以來，談者熟矣。曰「欽」，曰「寅」，曰「祗肅」，曰「恭恪」，曰「齋莊」，皆「敬」也。

朱門黄直卿先生謂近於「儆畏」者，其意尤切實。若程夫子之云「主一無適」，謝先生之云「常惺惺」，尹先生之云「其心收斂，不容一物」，則推而極之，以爲聖學之基也。初學雖未易語此，然姑就欽寅以下八字之義究竟持循，念念若是，事事若是，常如黄先生之所謂「儆畏」，庶其可以藥放肆慢忽、怠惰狎侮之病。養之久，行之習，聖學之基亦由是而積，豈俟於他求哉！中心無時而不敬，則外貌無時而不儼，然敬之功不亦大乎！

敬勝怠者，古〔一〕太師尚父得之于丹書之訓。太師固丁氏之所自出。倘能不忘遠祖之心傳，以不忝近祖之家聞，則賢子也。儼其懋敬之哉！

〔一〕古，四庫本誤作「吉」，據成化本改。

卷十一　書

與程待御書

去夏望湖亭下日短風帆，悠悠别後之思，繼得維揚所賜翰墨。下邑僻處一隅，無便使可致興居、問邇辰。兩間陽長，衆正道亨，敢共爲天下賀。忠賢得路，自古所難。畏天命，悲人窮，君子大公至正之心焉。事業不必出於己，名聲不必歸於己，竭吾誠，輸吾所學，有能用之，天下被其福，則君子之志願得矣，此外何求哉？此不可爲鄙夫道，惟閣下則可。天下顒顒望治如飢渴，事半古，功必倍。得賢守令數百，布滿郡縣；公廉之人十數，典持風憲，俾貪濁者不敢肆，則治平指日可冀，機括轉移易易耳。諸君子同堂合席，一心一德，嘗致思及此否乎？往年當宁，赫然發憤，去邪任賢。旬月間天下改觀，如久陰乍晴，久疾得瘳，此閤下所親見。機括轉移之易，豈不信哉！孔子曰三年有成，諸君子用事日久，而天下之望猶缺，草茅書生所以不能不深疑也。閤下入覲清光，日與諸君子處，豈相爲賜哉？陸宣公上下不負之心，要必於此時見之嫠婦之於周，漆室之於魯，皆出其位而有憂。草茅書生何預天下事？心慮豈出一女子哉？然則出位而言，不爲僭越也。閤下采其意而深思之，斯世幸甚。

答孫教諭詵書

博文約禮者，聖賢相傳爲學之方也。自周以來千五百餘季，而後其傳續。又自周、程、張子以來至朱子殁，而其學失。近世家藏朱子之書，人誦朱子之説，而曰其學失，何也？非復聖賢博文約禮之學也。夫以約禮爲事者，誠不多見；以博文爲事者，未嘗無也。而曰非復聖賢之學，何也？窮物理者多不切於人倫日用，析經義者亦無關於身心性情。如此而博文，非復如夫子之所以教、顔子之所以學者矣。而真能窮物理、析經義者，抑又幾何人哉？

澄取交於四方有年矣，今茲來閩，獲見足下，亦半世一奇遇。解后之初，不及從容，別後無日不往來于懷也。遠塵手書，益佩繾綣。且承惠教講義三篇，俾之評論。非德盛禮恭、忘年折行以下交於晚學，其何能至是！顧淺陋何足以知之？然不敢不答厚意也。

第二篇所講七月詩，發明朱子集傳之説透徹，最爲平實穩審。第三篇中一節猶合商量。蓋風、雅、頌乃樂章之名，其音節各異，如今慢詞、小令之分。雖欲以彼爲此、以此爲彼，而不可得，非編詩者可以己意移易。今若曰七月本可列於雅，然雅有「篤公劉」矣，故寘之豳風；生民本可以列於頌，然頌有「思文后稷」矣，故寘之於雅。如此，則是風、雅、頌初無一定，由人以意安排也。七月乃夏時之詩、豳國民俗所作，自當爲風。其後周公取其詩以教成王，俾知先公風化之由、周家王業之始，非周公追想當時民俗於千載之後而擬作也。生民乃祭姜嫄之後飲酒受釐時所歌，施於人而非施於鬼神者，自當爲雅。蓋祭祀之時，歌之於鬼神者，頌詩也；受釐之時，歌之於生人者，雅詩也，况頌詩與雅詩之體製亦自判然有不同也哉？云云。

與憲僉趙弘道書

半生悚慕之至，來洪僅及一見。驅馳公務，獨賢獨勞，從古以然。然畏天命、悲人窮者，豈敢自求安逸哉？天之生是人也，此爲智爲賢且貴，而爲公卿大夫也；彼爲愚爲不肖且賤，而爲庶人也。固將使賢智而貴者治其愚不肖而賤者，此行其道而彼被其福也。故禹、稷居位，視天下之飢溺猶己實飢溺之；伊尹雖耕於野而未仕，見匹夫匹婦有不得其所者，若己推而納之溝中焉。孔門弟子問夫子所志，亦曰安懷老少而信朋友。夫老者，年高於己者也；朋友，年齊於己者也；少者，年卑於己者也。舉天下之人，凡年高於己、齊於己、卑於己者，吾則安之、信之、懷之，是使之一皆得其所也。三者之人欲其無一之不得其所，故曰聖人之心猶天也。若夫自處其身於無過之地，而視人之得其所、不得其所若無與吾事然，是則楊、朱爲我之學，而聖賢之所深闢也。若曰時不可爲，不若全身避害之爲得，又曰今與古昔聖賢所遇之時不同也，所居之位不同也，切謂不然。夫時不同，爲其時之所可爲者而已；位不同，爲其位之所當爲者而已。若復瞻前顧後、趨利避害之私，則是於義命未能灼然無所惑也。夫賢人君子於衆人之中，千百不一覯焉。幸有其人矣，而所爲有未合於聖人之道，此固有識者之所惜也。是以不得以交淺言深爲辭，而敢布其愚如此，惟高明擇焉。

復董中丞書

正月十一日臨川儒生吴澄頓首再拜中丞相公閤下：

澄聞學者非以求知於人也，欲其德業有於身而已矣；仕者非以自榮其身也，欲其惠澤及於人而已矣。澄，江南鄙人也，自幼讀聖賢之書，觀其迹、探其心，知聖賢之學，得之於心爲實德，行之於身爲實行，見之日用、施之家國爲實事。業資之不敏、力之不勤，學之四十年矣，而未有成。是以日夜孜孜矻矻，惟恐無以自立於己，而不敢求用於時也。閑居方册中，以古之聖人爲師，以古之賢人爲友，而於今之世，位尊而有德、位卑而有學者，皆所願事，皆所願交也。

往年閣下分正江右，側聞閣下之風剛正公廉，卓然不倚，皎然不滓，特立獨行於衆醉群沔之中，心切慕焉。二年之後，始得與同遊之友嘗出入門下者，一望道德之光。以一朝之所見，而益信二年之所聞。未幾，澄居山中持喪，而閣下自南臺入覲，足跡無復再至閣下之庭。勢位之相縣、道里之相隔，如九地之視九天，無一言可以達閣下之耳，無一字可以達閣下之目。疏賤姓名，何翅一草之微，意閣下且忘之矣。不謂克勤小物，過取其所不足取，而以聞于朝。聖上聽言如流，賢相急才如渴，繇布衣授七品官。成命既頒，而閣下又先之以翰墨，敦請諄諭，如前代起處士之禮。

澄何人斯，而足以當之？夫朝廷用人之不次，公卿薦人之不私，布衣之受特知、蒙特恩如此，近世以來所希有也。雖木石猶當思所以報稱，而況於人乎？然夫子勸漆雕開仕，對以「吾斯之未能信」，而夫子説之，何哉？説其不自欺也。然則開之可仕不可仕，雖夫子不能知，惟開自知之耳。閣下之舉，古大臣宰相之所爲也，澄敢不以古賢人君子之所以自處者自勉而事閣下哉？

邇年習俗日頽，儒者不免苟求苟得，鑽刺百端，媚竈乞墦，不以爲羞，舐痔嘗糞，何所不至？今之大臣宰相，當有以微斡其機而丕變其俗，若俾疏賤之人驟得美仕，非所以遏其徼倖冒進之萌也。澄以古人賢人君子自期，則其出處進退必有道矣，不然，貪榮嗜進，亦若而人也，閤下奚取焉？愛人以德，成人之美，是所望於今之大臣宰相能如古人者。愛之以德，而成其美，豈必其仕哉？康節邵先生詩云：「幸逢堯、舜爲真主，且教巢、由作外臣。」澄雖不肖，願自附於前修。成之者在閤下，澄感恩報知，匪言可殫。未繇庭參，敢冀爲家國天下保重。臨筆不勝拳拳，不宣。

答鄧以修書

曩歲於喬木林中覩玉樹笋立，心固洒然異之。第倏聚忽散，未獲欵密叩底裏，望望有俟於再會，既而遠客三載不相聞。去冬歸視蕪園，得之東西行者，知尊仲父梓材公已高謝人間，超脱塵外。未能炙雞絮酒，一酹宿草，雲黯玉笥，愴然西悲。

足下英英賢胄，挺然自拔於流俗，能以玩繹前言、究竟精理爲務，使古之聖賢復生於今，且將引與共學，况淺識謏聞者乎？苟有寸知片，能何敢有愛於左右哉？邵子著書，本祖於易，直可上接伏羲、文王、周公、孔子之傳，而非管輅、郭璞、袁天綱、李淳風輩小小術數者之比也。祝泌乃一風角鳥占、壬課遁甲之流，起卦推占，小事不無小驗，其視管、郭、袁、李尚如九地之視九天，而於邵子又何知焉？但邵子之書舉世無能通曉，止有祝泌稍以小術見知於當路，附託其說，鏤版以行，世無有識，莫不受瞞，萬人一律，同聲附和，曰此經世書解也。澄屢爲人道，哲者頗領吾言，惑者終莫能悟。

近年，豐城徐覺則仁以祝泌之學自名，澄弱冠時，見其在人家望氣聽聲，往往奇中，而陰察其不中者亦多。澄嘗詰之，云：「祝氏不明經世書也。」與處數日，既狎習，徐自首曰：「某術蓋有秘訣，實於經世無干。」慨然欲以相授，而澄家貧無貲，不能學也。其言率是推測揣摩，衆莫不神之，而澄竊不以爲然。足下欲通邵學，姑就其書熟觀，久久自得端緒。若祝泌所附託，即非邵子本旨。它日指摘一二，當自灼見其謬。大抵不可錯認邵子爲豫知筭數之徒，其能前知，在人不在書也，在心不在數也，故其言曰：「若欲學，須相從山間林下數年，令心中無一事方可。」又況人之爲學，宜又先後次第！足下有資有志，政當於四書用功，字通而句悟，心體而身驗之。於此洞然無疑，則它書有如破竹之勢。倘忽此以爲俾近，而曰人人能讀，初無深微，則是粗心大眼。入頭處草草放過，本之不立，詎可躐等而通它書也哉？苟不鄙夷，誠懼虚辱厚意，一得之愚，輙敢直布，明敏其審察焉。後便過貴州，又得簪蓋以悉。

與鄭提舉書

昔夫子學夏、殷之禮，必欲徵杞、宋之文獻。文也，獻也，二者不可得兼，則如之何？詩曰：「雖無老成人，尚有典刑。」記曰：「文武之政，布在方册」，人存則舉。二説不同也。

夫典刑方册，是之謂文；老成人存，是之謂獻。詩人所歎，蓋不得已而云。澄謂與其有文而無獻，不若有獻而無文也。夫所貴乎獻也者，非以其幼壯官學之所歷、父兄師友之所漸，無往而非前代憲章、故家軌物與？然則獻在是，文即在是矣。澄生二十有七年，而爲太平新民，及今三十年，眼中先進落落衰謝。前之歲，因緣幸會，識閣下於京師。明憲章，習軌物，所謂杞、宋之獻不在兹乎？是固夫子之所欲徵者，而况於愚不肖也哉？文乎文乎，不能以遍考矣。得見如是之獻，臣斯可矣，夫何留處止數月，合并僅三四？每見又輒卒卒無從容之暇，而澄南還。閣下既膺江廣儒司之命，未幾，銓衡者又進末學爲閣下副。若曰同寮，則澄豈敢？庶幾繇是相與朝夕見見聞聞，以償所願焉耳。天速閣下之來，两道士子之幸也。而澄也抱微痾，方將遊喬岳名山，嘗草木之味，冀遇善藥已吾疾。深恐期會遥只，墮闊疏懈慢之愆，是以一訊起居而後行。未遑覿間，伏惟以道自重。不宣。

與祝静得書

共惟赫赫盛名，疇昔聞之熟矣。比至京師，所聞有加焉。繼留東淮，所聞又有加焉。夫京師，名利之都府；東淮，南北之通道也。人之好惡不同，從古以然，况或出於怠忌之私者乎？今也不問戚疏賢否，衆口同聲，稱贊德美，是豈聲音笑貌之末所能得此於人哉？大才辱臨江右，氣類津津有生意。澄也旅而未家，去年十月來歸，養痾衡茅，往來言及閤下如冬之日、秋之月、夏之風、春之雨，靡不愛悦快慶，獨區區猶遲於一識。晨夕慊慊不自安，眷眷不能已，不以此與？顧惟索居五十年，於世不數數，而垂老一出，誰其汰之？又俾沙礫在精鑿之後，祇自愧耳。雖然，簡静謙和，人人佩服盛德，匪規曷隨、波及方來者，閤下之餘也。澄將往觀衡霍，繇南而西，西而東。還期不邇，會晤未可幾也，而姓名不以聞于左右，不可，故亟亟奉此。有古之意，無今之文，惟閤下亮之。

與段郁文書

近於盱江覩所惠雪樓書，陳誼甚高，愛悦罔已，欲一見，蘧使問夫子何爲，則追之不及矣。曩在豫章，雖相會不數，而相知最深。蓋以剛正公廉，有志立身立事以自見於世者，足下其人也。直道難容，於己何慊？仕途嶇嶇，是固有命，所謂「博懸於投不在德」。願益自勉自勵，爲天地間好人，勿以州縣之勞自沮，幸甚。

與鄭提舉書

去冬上問之後，今春謀爲衡、霍之遊。初以冰雪阻，繼以水潦阻，夏且半矣。黽俛出門，則饑莩塞道，炎熾如火。每日同間道進數里，遇可休息之所即止。稍適意，或宿或信，或數日留。陸而舟，舟而陸，如是再閲月，猶未越西江之竟。沿途往往避人，不與吾徒接。所值非緇褐之流，則樵牧之伍也，坐是，不能詳通都會府事。臨、袁之間，聞静得變，故疑不敢前，而不敢詢，亦不欲詢、不忍詢也。家童疾趨而至，詢之果然。尊謙惠愛末屬，招之速前，甚以早獲親炙老成爲喜。第於舊政不及一聆，告新之令猷，而遽隔今古，良亦可悲。承命之日，遄束其韇。殘暑猶劇，夜興晝伏，未免遲遲。而顔色如赭，到家又須澣沐齋祓而行，俟華祝嵩呼禮畢，乃能一舸東下。先期不煩再遣卒隸，蓋處士門閭無用此輩爲也。於新塗已耳公牘，囑州學專遠塗之東鄙。又得再移，感悚愈深，亟走一介報命。所賜教墨，又稽回答，大懼不敏，亦就旅次拜先施之辱。擾擾匆匆，辭不贍蔚，維是前託交承之好，兹聯長貳之署。宿緣宿契，依倚正殷，欲謝欲言，究悉未易，并需覿侍以清。澄不酒不肉，二力携簞瓢從所至，如全真道、行脚僧，斗室自可安，單至日，徐圖之，不宣。

伏蒙賜書，重以禮幣。然禮尚往來，施而不報，非禮也。家無青玉案，難酬美人錦段之贈，况在旅中，尤不能辦。曲禮有云：「貧者不以貨財爲禮。」閤下與澄俱不可謂富，請遵用曲禮所云，可乎？來幣二兩卷還，九書留下，是亦領厚意矣。邵先生集，澄所訂定，視番陽舊刻舛誤錯脱者大不侔。其文字之提挈高低，章節之離合次第，考校詳審，布置精密，并有意義可備觀覽。行橐偶存一部，庸敢以伴回字，管城子二十輩與偕。此非貨財之比，勿訝，幸甚。

答姜教授書

辱書，知前在京師時，嘗蒙惠顧，失於承接，負愧負愧。高兒年雖少而擇交嚴，視所與遊，相悉不待相識也。人來自洪，多談盛美，聚會必在歲晚。方觸暑西行，將追躡昌黎公「祝融」、「石廪」之遺迹，中道忽得公牘，趲近赴官程期。司長有命，而足下申之，藻句葩辭，照耀客舍，此意勤甚。

澄，迂避人也，於仕素非所欲，亦非所諱，散職何庸冒處林林時俊之右？它無能焉，唯曰一豪有所希覬、浸漁於學校以益其私，則決不爲耳。近年貪濁成風，在在而然。行之不以爲非，言之不以爲恥。陷溺至此，蓋有爲也。何爲？爲飲食之費、妻妾之奉、子孫之遺而已。

澄酒肉俱絶，而無所於費也；中饋久虛，而無所於奉也；二三兒軀幹壯健，寫字讀書之餘，各務耕桑，自營衣食，於家可以不饑不寒，而無俟於其父之遺也。蕭然一身，二豎給使令，紙帳布衾，如道寮禪榻，隨所寓而安。案上古易一卷、香一炷，冬一褐，夏一絺，朝夕飯一盂、蔬一盤，所至，有學徒給之，無求也，而無不足，身外皆長物，又焉用喪所守以取贏爲哉？

此區區自樂之實，而無所資於人。若夫不能不資於諸賢者有矣，教養重事也。詔旨每諄諄焉，思之能無曠缺乎？協力齊心，整治而扶樹之，俾實交底于成，而毋徇虚文以爲欺。夫如是，上可以不負，下可以不負。敬輿此志，澄與諸賢所同也，足下能爲數十郡之倡乎？澄所深願。及是閑暇，其率佐屬熟講詳究，有可開諭者，勿吝。旅次草草復來施，非久至洪，又得面布。

答趙儀可書

澄方業舉子時，連歲覩薦書策名，若拔頷下髭然，固已竦異。其後潛深伏隩，讀書人以青山初藁售，乃知嚮之逐時好者，又轉而追古作矣。繼又有見焉，而又有加於初，而又知進進之未已也，然兹事大難，大難未嘗實用。力者忽之以爲易，而孰知良工之心苦哉？建、紹以後，可名一家者誰與？昌國正則之上，亦有其人與？邇來舉子業廢，稍能弄筆遺辭者，英華無所發泄，拈掇小詩之外，間或以此爲務。合東西數道，可僂指者不三四，而足下其一焉。當路屈耆年碩學，主湖山講席，而澄以鄉里後進，亦將至洪，喜有合并之期。遠辱貽書，齒尊而禮卑，不敢當，不敢當。今之學院目爲師儒如鄉先生足下者有幾？此在上所當敬禮、在下所當嚴事也，而憂於迫，而病於鎮服之難，何哉？古之君子有所得於中，充然不渝其樂，外境之變于前，或順或逆，殆如浮雲空華之過目。終身順適而自樂者未足多，滿前拂逆而處之泰然者，深可貴也。足下蓋嘗以此意論顔子，以論顔子則未當，獨不可自受用斯言乎？吾徒以心同、以義合，尚直道而不苟爲悦，故雖未見顔色，而不敢隱。不自知其爲躁且訐也，足以亮之。它俟面白。

與馮廉使書

澄昨歲因蕭令行附致數字，違離之久，合并未期，晨夕爲之惓惓。閤下博古通今，明理習法，既往方來之世故，瞭然如燭照龜卜。時無不可爲之時，事無不可處之事，豈弟君子，神所扶持，亦惟謹其在我者、安其在彼者而已。智欲圓，行欲方，有定見，有定力，豈不綽綽然有餘裕哉？稽諸易大畜之故曰「有厲利已」；大畜之泰曰「何天之衢，亨」。夫大畜之初則厲，畜之極則亨，固理勢之自然。聖人之辭，示人變變之道也。澄相望數百里，不獲奉命承教，便風訊起居，殊愧厓略。惟爲國爲民自愛，幸甚。

答何友道書

朋友中能文辭、可與商略古今者，舍足下其誰？兹蒙惠書累數百言，言皆有用之實，而非無益之談。雖古人相勉相成之道，何以逾此！三復之餘，什襲而藏之矣。昔時子道齊王之意，俾孟子爲諸大夫國人矜式，其意甚厚。而孟子亦豈不欲爲此者哉？又豈不能爲此者哉？而曰「夫時子惡知其不可也」？孟子言其不可，而不言其所以不可，何與？事固有未易言者，而非可以言相授受也。抑韓子有云：「知言之人，不言而其意已傳。」庸詎知夫不言者之非深言之也邪？足下言者也，豈待言而後知。故於答足下之意不以言，而以不言，惟高明諒之。不宣。

答吴宗師書

曩玄卿過顧，又荷養浩令姪惠書，索及觀記詩序。年耄才荒，聊爾塞命，乃蒙勒之堅珉，壽以文梓。今見刻本，惟有慙怍。二月下弦，盤中使到，持示臘月十二日教墨，督岳廟、玄宇二文。久病之餘，精神遐漂。然盛意不敢虛辱，謹選東岳碑，付盤中使回轉達，應不遲緩。但此文關繫古今大典禮，倘不鄙棄，於内不可有所改換。蓋一字失當，恐貽將來識者之嗤誚，而其文不可以傳。仁靜觀中先開府之祠以「玄宇」爲扁，所該甚廣。今崇真宫所建，上復加「仁靖」二字，則「玄宇」但是代祠堂二字之名，四字聯屬，義不通貫，竊疑未安。大概此等名稱垂示久遠，惟當正大平常，不可如近時人家花圃亭榭館舍，取其名之新巧奇異也。或曰「仁靖真君祠」，可乎？更望審定其名，以喻小孫，當俾於家問中附來。文成之後，亦附便俾小孫奉呈也。

玄元之道，所忌者盈，所惡者夸，故曰：「保此道者不欲盈。夫惟不盈，故能敝，不新成。」言不欲盈滿，使之常如舊物之敝壞，不使之如新物之成完也。又曰：「行於大道，惟施是畏。朝甚除，服文采，帶利劍，飲食資財有餘，是謂道夸，非道哉。」施者，夸張也，與論語「無施勞」之「施」同，言以宫庭之美、服飾之盛、飲食之豐、貨財之多夸張於人者，違悖之道也。又曰：「去甚，去奢，去泰。」言不欲其甚，而常處於微；不欲其奢，而常處於儉；不欲其泰，而常處於約。又曰：「大小多少，終不爲大。」言雖大而常自處於小，雖多而常自處於少。始焉未大，固不敢以爲大；終焉既大，亦不敢自以爲大也。凡此皆是不盈不夸之意，所謂良賈深藏若虚。

先開府之盛德，真能若是。近日月如在山林，接微賤不異貴顯，冲慈儉不自高大，默契玄凡之道。後之人崇其祀，亦當以榮夸爲戒，庶其與開府之盛德相稱也。蓋禮有以多爲貴者，有以少爲貴者。苟貴其多，則少者固若簡略；苟貴其少，則多者亦似褻瀆。古者萬乘之尊與世之賢士大夫追孝其親之心何有窮已？然立廟皆止一處，豈是簡略於其親哉？漢代祖廟之外，郡國有原廟；近世俗人之家，祠堂之外，墓所菴堂及寺觀，又立祠以奉祀。夫其廟祀之多，似若加厚於其親矣。然知禮者不以漢世郡國原廟爲隆於三代，不以俗人菴堂等祠爲優於賢士大夫，何也？以此推之，報本之禮，與其多而爲褻瀆，不若專於一者之爲嚴敬也。且唐開元以前，孔聖惟有非時之特祀，而無每歲之常祀。如今每歲春秋釋奠，可謂尊崇孔道之至。而南豐曾氏獨以爲非禮，非其見識超卓，何以敢如是立言？開元以前，祀禮之簡也。孔道不爲之而輕損；開元以後，祀禮之數也，孔道不爲之而增重。南豐之言，雖乾道、淳熙間之大儒，亦不非之。近年張夢符作揚州學記，乃詆南豐之非，以爲設使後世有不令之主，因其言而遂廢孔祀，豈不爲大害？是不過以事之利害言，而不以禮之得失言，豈足以服知道、知禮者之心乎？因筆泛及，不覺覼縷。未繇覿面，惟冀茂毓天和，以凝道中之福。

卷十二　書

回劉參政書

恭惟國家興賢興能，將與共治，此誠重事。閤下以中朝名臣，出膺保釐分正之寄，欽承明詔唯謹，謂考言校藝，不可輕卑其人，而當慎擇。誤於聽聞，下逮老拙，治書奉幣，輝賁林藪，非所宜蒙者。澄雖散材，靡用於世，然苟有寸長可以自獻，則必持以報上，不敢靳愛。延祐初科、再科，省府以閱卷之責見諉，當時聞命就道，略無辭避。今相去十有餘年，年齒加多，耳目心思，種種不及於昔。而又自六月中旬，一病殊劇，踰月猶不脱體，是以願趨侍相公而不能也。事與心違，自增慨嘆而已。讋言不足以報先施，同堂諸相公聚會間，爲白區區之忱，幸甚。北望泰階，晨夕色齊，不勝耿耿仰瞻之至。不宣備。

與曹伯明書

别教三年，無問訊便。中間於盱江會仲堅主簿，得聞動履之適，私以爲喜。數千里相望，何由面覿，罄竭所懷，諸郎爲學，想日有進益。兹因親友袁主一行，附此，以敘眷眷之衷。善之學士不果别紙，會次幸及澄名。言不盡意，惟祈保重。不宣。

復谷總管書

澄家在撫之支邑，去盱境密邇，前後賢侯善政接于耳目見聞者非一。相公下車以來，聲譽旁達，恨未識面。忽辱貽書，展誦驚喜。治績之暇，留意憲章文物，此豈俗吏所能！通典一書，歷代禮樂刑政之大概備具。改鋟善本，甚幸。但更須妙選通儒，詳定校正，庶與他處所有不同。承索序引，老拙荒蕪，立言奚足爲重。盛意不敢虚，如命撰至，託直學轉徹左右。竊惟相公刊書，老夫作序，皆職分所宜，豈當受禮篚幣之貺？謹用卷還，就以爲賞賚工人之助，與已拜賜均也。病中答書，草略多愧。良覿未期，冀保愛以迓天渥。不具。

復趙廉使書

澄自京還家，荏苒八年矣。老病浸加，臥不離床、坐不出户者連月。去秋去冬，長子一房洊罹喪婦、喪孫之禍，而同居各房又喪一孫婦，異居至親又喪一妹一弟。半載之間凡五喪，朝暮戚戚。今歲五月以後，就養於少子，客寓郡城。炎暑中得所惠翰教，悠然動久別之悲。先府君潛德弗耀，有子顯聞于時，固應不朽。過蒙不鄙，欲取蕪陋之文以示永遠，無乃左計乎？不敢逆孝子追慕之情，黽勉奉命，其何足以稱塞？憂患之餘，筆硯荒廢，報先施不謹。三藥之珍、二墨之寶承貺，就此聲謝。合并末由，遥祝厚加保愛，前膺大用。不具備。

復王總管書

往歲，相公任江西理問時，竊聞大名，愧不及識。陳山長至，特辱惠翰，錦繡駢儷之辭、筐篚表裏之贄璀璨于前，自揆何以當此哉！相公民政之餘，扶植儒教。學院之營造，俗吏視爲不急者，公汲汲焉惟恐後，見趣之過人遠矣。有是偉績，固宜有雄文記其實。但老病昏耗，不足以承隆委，强顔爲之，聊以塞命焉爾。先相公盛德，尤未易以形容，力辭則拂孝子慈孫之意，故亦不掩其蕪陋，而具藁以達，垂覽幸甚。相望三千里外，末由晤對，惟相冀保重，進迓殊渥。不具。

與子昂書

自離金陵後，相去隔遠，問訊浸疎。緬惟水晶照徹，心跡雙清，履候多福。廬陵二劉兄，白屋好脩，篤志文學，與劉须溪諸子遊處，求鄙文碣其父之墓。然吾文豈可傳者？當藉羲、獻之字以傳，爲是有請。尚冀憐孝子慈孫之心，特賜揮洒，幸甚。未期會晤，願安眠食，以答昭代特異之眷，不備。

與李伯瞻學士書

澄日與深山之木石俱，而病魔相尋。坐卧之時多，行立之時少。遥睇舊知於數百里外，欲一見而無由。恭惟西雨南雲，晨夕佳趨，何時得分半席乎？里中士吴尚伯達，有行有文，數歲留敝舍教諸孫穉。兹造洪府，慕望玉堂耆彦，願覿丰儀。不敢冒昧而前，求羽言爲之介，蒙與其進，幸甚。未合并間，冀保愛以迓殊渥。病中不能秉筆，命兒曹代書，上千照亮。不具。

答胡主簿書

澄異時道經南劍，訪延平李先生遺事，往往得文字所不載、世人所未聞者，至于今欣欣焉不忘。新安，朱子父母邦也，百餘年間，君子之澤未斬。或識其大，或志其小，應有足徵之文獻。嘗欲一至，省想流風，以起予高山景行之思，而未能也。足下顯揚世美，創建家塾，遠惠書札，陳誼甚高，此區區之所樂聞。然近年所在增置書院不一，初若可嘉，要其成績，卒無可紀，虚設其名而已。足下其與敬教授詳慮審處，延禮名儒，招集俊士，精勤修習，于其中真實用功。俾數年之後，果有明經者出，踐今所言，償今所志，是乃無忝於先師，有光於先世，而亦區區之所願見也。記文就附汪簿遺達，謹此謝來施之辱。所期於後，非止如今，足下其留意。不具。

復崇仁申縣尹書

澄跧伏山中，未能再造琴堂下。忽承教墨，備見愛民憂旱之誠心。然縣宰爲百里諸侯，諸侯所當祭者境内山川。先儒嘗論禱雨之事，其言曰：名山大川能興雲致雨。今都不理會，却去土木人身上討雨。土木人身上果有雨乎？世俗之敝政在乎此。至若道流建醮，此乃前代亡國君臣作此兒戲之舉，褻瀆甚矣。循習至今不改，良可歎恨。青詞之類，皆矯巫僭亂之辭，適足以獲罪於天耳，豈足以感格哉？若欲致禱，當用祭文禱于山川之神，罪己哀籲，庶乎其可。今録去韓昌黎袁州禱雨、謝雨文三篇爲格式。宰公所惠書辭甚佳，祭文亦不過如此而已。張令史能言宰公所見，與鄙見略同。謹此以復來施，伏惟照察。

答解推官書

澄去冬舟過西津，卧病不能入城造謁，良用慊慊。日來舊病稍减，强勉到邑，引領東望百里，殊劇懷仰。忽承貽問，矜憐老拙，特有嘉果之貺，受之銘感，謹先此申謝。即辰四郊時雨，三市春風，諒惟公務從容，履候安適。末由面對，尚祈葆衛，前膺不次之擢。不具。

與元復初書

自去年九月離儀真後，問訊三四，而未知達與否。雪樓之趨京也，亦有數字託其客轉致。即辰冬日可愛，恭惟政事之暇，文章之娱，義理之樂，悠然自得，誰與共之？澄自素如昨，來春將爲名山之遊，不知何時可以胥會。袁主一，異姓兄弟也，偕其友觀國之光，因之調起居。相望遼隔，敢祈保重，以迓殊渥，不具。

與崔縣尹書

學者吴景尹，淳謹畏法，勤學能文，館寓遠方。於其來歸，久仰名德，介造庭下，予進是幸。

答吴淩雲書

未獲識面，倐塵惠書。辭甚高而問甚恭，展玩起敬，知爲當今英才。詩賦雜著等作，穎然出群。文不患不工，機不患不熟。雖然，進未已也。本之經，證之史，參之諸子，充其識，充其學，廬陵又一歐陽子矣。年少力强，爲之不難，後生可畏，勉之勉之。不宣。

復顔可遠書

澄雖未獲識面，康兄來，叩其底裏，一則曰顔先生之教，二則曰顔先生之教，於是因其徒而知其師。耆承貽翰，辭義高遠，益信所聞。士之自脩者，爲己之外，任其自然而已。君用之，則安富尊榮；子弟從之，則孝弟忠信，士之用功於人在此。然其一可期，其一不可期。吾惟勉盡於其所可期，而不希覬於其所不可期，吾之心所以泰然無事而常樂也，世俗之榮辱曾何足爲吾之輕重哉！足下之文暢達，可窺大郡歐陽子之門。末由聚會相與細論，且此復先施之辱。病餘弗克自書，諒察幸甚。不具。

答曾巽初書

夏間辱枉顧，山中草木，至今衣被餘光。窮鄉寂寞，弗克少淹騶從，別去黯然。繼塵旣禮，非所宜蒙，感愧何極！即辰秋暑尚熾，諒維凝神定慮，一静可以敵炎敲，清風穆如也。承不鄙斥，令撰記序。今録去，呈以過目是幸。外一二未下筆者，輒陳卑見，言其所以，非怠於報命，君其鑒裁之。擬一觀書院規制，私務縈絆，欲出未能，俟稍暇即當至彼。來期以前，不煩伺候。未會晤間，祈保重以迓殊渥。不具。

與夏紫清真人書

澄留京師三年，相與真若符契。每恨俗塵障隔，弗少得從容劇論，别去各天一方，晨夕延佇遠想，砥表玉中道體安適。自謙使還，謾寄字以調何似，甚時會晤，既所欲言。不具。

與虞邵菴書

澄頓首再拜學士相公伯生足下：

澄老病侵加，匪藥可治，惟習忘以勝之耳，過客多不及見。宜春夏判官再舉登科，考滿赴部，欲造庭下。懼姓名不能自通，是以輒爲之請。人才難得，舉子中有如斯人，表表穎出者也。儻被容接，遠方下士之榮何如哉！病體作字疏率，照察幸甚。

復柳道傳提舉書

客歲七月後，一病數月，冬仲始漸輕減。歲晚微進，今春人日又作。熊太古來，適遇病中，不能出見。至床前奉示教帖，披翫一再，沉痾頓覺減半。文星照耀吾野，斗牛爲之增輝。朝家促還伊邇，雖欲更借以私江右之士而不可，惟劇慕戀。力疾拈筆復先施，殊愧厓略。惟茂對禯郁之景，滿懷皆春，以迓天渥。不具。

回忽都篤魯彌實承旨書

澄頓首再拜承旨相公執事：

澄三歲得託末僚，席庇不淺。别來末由申調起居，先辱惠翰，仰見篤愛不忘之盛心。澄去臘抵家閒居，幸無他苦。公朝厚恩，賜以禮幣。但老病非才，愧無寸勞，曾不能略効忠力於國，而受錫賚，於義不當也。謹已奉表闕庭、呈覆省府懇辭。倘會當朝諸公，望助一語，俾得從請爲幸。且承寄貺紋綾，領外榮感無以爲報，衷懷慊然。弗克周悉，尚容嗣狀。惟冀保嗇以膺大用。不具。

回散散學士書

澄聯車二年餘，如日近良玉，見其爲貴。老病侵加，不能久作京華之客。遠餞于郊，情誼厚甚，别來倏改廣矣。劉自謙來，辱語教字，披讀有如晤對，喜懌何極！學士質美而學不倦，僕雖衰耗，亦賴以自勵焉。諸書雖間有鄙見，未有學徒抄出，俟有録本，續當寄呈。未期合并，願保重以迓殊渥。不具。

回王儀伯學士書

澄自别後，病體甚不安帖，以此闕於問訊。蒙索齋記，亦不果作。去臘抵家，始得驗方合藥，略加調攝。自謙春季來至山間，袖出翰教，得之喜懌。齋記就便附納。諒惟侍養優游，尚友聖賢於千載之上。此至樂也，但未易與人言爾。末由合并，惟冀以久大德業自任，幸甚。不具。

回曹子貞尚書書

澄於别後嘗一附書，已達未達，不可知也。自謙來辱惠教字，把翫喜如面覿。澄老病無用於時，尸位竊禄，内省已劇羞愧，退後又荷朝廷厚恩。此雖聖君賢相之大德，然揆之分義，非所敢當。是以拜表闕庭，具呈政府，致懇辭之誠。子貞相知之深，望於當路一語。儻得勉從區區所請，則此心安矣。表藁及呈省公文抄録見至，幸一過目，爲澄審處之。自謙行急，奉答先施不詳，必蒙鏡燭，不待覼縷也。願言保重，以稱大用。

與許左丞書

恭惟先文正，吾道之宗，家學淵源，今獲展布，遠方賤士，亦復竊被餘光，至幸至幸！澄尸位三年，多塵鉅公過愛。惜年齒逾邁，疾病侵加，雖欲久客京華而莫可。還家治藥，扶護衰齡，庶或緩死，以觀太平。未去之先，荷政府勉留；已去之後，荷公朝錫予，此聖天子、賢宰相、衆大臣優老禮賢之大德。施非其人，豈所敢當！澄既非勳舊，又無勞績，一旦濫叨重賜，爲之慙怍驚悸，是用攄誠懇辭。伏惟寅恭同協，肯爲轉旋，使澄於心得安，致免踰分愆義，榮莫大焉。相公以先文正之心爲心，而澄亦願以先文正之學爲學。辭受貴乎得其宜，庸敢奉白，區區之私，切冀垂察。相望遙遠，惟爲國愛重是祈。不兑。

與高堯臣侍御史書

澄去歲秋歸，舟及廣陵，已聞美除，王陽得位，貢禹能不喜乎？士患不見用，用則必行所學，因時度宜。稍異於衆，乃同志相望。澄服藥扶衰，幸免他苦。忽蒙公朝賜賚，非遠臣賤士所宜得，是以懇辭。當路諸公儻或胥重，旁助一言，俾遂吾意爲佳。便風草草附字，不能詳也。愛重幸甚。

回吴宗師書

去秋都門之外，辱早出遠餞，極感盛心。而爲政府諸公所留滯，緣此遲遲，深以不得面别爲慊。自謙南來，辱惠教墨，讀之儼如親覿。老病席庇，晨夕粗遣，公朝厚禮，賁于丘園。然既非勛舊、又無勞績，受之於義未安，是用懇辭。宗師知我者，諸公會次，傍助一言，得如吾意則幸矣。未期盍簪，祈爲道保重。不具。

與王參議繼學書

澄老病不堪久客，去秋将歸，辱在廷諸公枉問，且勉其留，此意甚厚。歸舟幸得善達，山中尋藥裹以扶衰憊。天使忽臨，頒下公朝錫賚之禮，此施之於勛閥世家者，豈疏遠賤臣所宜得！驚悸不寧再三，揆分度義，非所敢受，是用懇辭。切惟疇昔先承旨相公愛念不薄，於今參議忝爲世契，必能諒區區之衷而斡旋之。所貴乎士者，辭受得宜也，幸鑒裁焉。丘參議相公同協之際，千道澄名。朔南遼隔，敢冀保重，以承殊渥。不具。

卷十三　書

回全平章書

某自聞閣下保釐大江之西，深爲兩道士民幸。惟是老病之軀，筆硯荒廢，不敢容易奉興居狀以瀆崇嚴。忽辱先施，存問備悉，且致香供於深山之野人。似此厚意，非所宜蒙，感謝感謝。又承付下彦祥廉使之書，尤見盛心。第耋耄之年，言不足采，何以發逸民之潛德、稱人子之孝思乎？炎暑中低垂昏倦，報字殊愧簡率。未期參覿，敢冀爲明時厚加保愛，不具。某再拜。

與張淡菴承旨書

某自幼玩閱史册，每見其間所載正人君子之事，忻忻慕之，恨不與之同時。老年一出，竊禄三年，雖可慚怍，然得屢遊正人君子之門，承下風，望餘光，亦此生莫大之幸。澄去秋後公一月而出，歲晚至家，日尋藥裹以扶憊，庶幾緩死以觀太平。今春聞公賜環，禁林增重，私切喜懌。相去遼邈，無由親炙；偶承便風，敢冀頤神復命，爲時自愛。不宣。

與王伯宏中丞書

澄老病不能久客京華，去秋南歸，在途得聞相公還朝，私竊慶抃。即辰槐夏清凉，恭惟柏府嚴邃，神明多福。偶承便風，附訊起居。澄客臘至家，日尋藥裹，幸免他苦。暇則相對聖賢，自尋樂處。相望遼邈，伏願體道怡神，爲時保愛。不具。

與烏伯都剌平章書

某竊禄三年，足跡未嘗一至庭廡。相公不責其簡，每加愛念，自惟遠方賤士，誤忝明時録用。老病日侵，靡有寸長可效報補。去職之後，公朝復遣禮幣，此聖天子、賢宰相、諸大臣優老育才之盛德。但澄虚老而已，無才可稱，國家恩貺過於隆厚。既非勛舊，又無勞績，豈所敢當？是用攄誠懇辭，乞相公密贊上宰，特爲奏聞，收還所賜，庶幾於義得安。不揆微賤，輒具書控告，伏惟鈞慈鑒之。澄蒙惠藥物，領外榮感。瞻望相垣，晨夕睠睠。式冀善調元化，以福四海。不具。

回饒睿翁書

澄歲首嘗留金谿，密邇珂里，甚恨不獲一造西園覽觀勝景爲欠事。惟澤火既革之後，地天重泰之初，文獻故家能如經冬之木榮於春、經宿之火然於旦，非其先世福澤之深厚、後嗣才能之優異，其曷能然？東西行者往往道名門盛事。伏承尺書，示以諸公記詠。數字遠寄，聊訂後會之約，政恐林慚澗愧爾。秋暑猶熾，治復不能詳謹，未究衷懷，尚儲嗣訊以既。不具。

與馬伯庸尚書書

澄近睹除目，恭審涣頒綸渥，晉長春官。叨名世之才，充盛世之用，敢爲公朝得人、君子得路賀。鄉中涂雯種學績文有年矣，懷玉絅錦，知之者希。兹觀上國之光，介之造庭下，進之教之，使得以數於一士之列，則感恩知己，終身勿諼也。澄相望數千里外，未由合簪，切冀爲時愛重。不宣。澄再拜。

與龔國祥書

澄往歲一解后間，竦然起敬，知爲昭代有用之器，别去每以嗣會無緣爲欠。區區客京華三載，移疾南歸，得聞小淹長材，試仕敝郡。養疴衡茆之下，未能振衣相從，以話契濶。一雁南翔，倏枉嘉問，五雲絢爛，老眼爲之增明。司丞項氏之譽洋洋盈耳，其子同知在都下亦相聞，所需銘文敢不如戒，第恐筆墨枯淡，不足慰孝子慈孫之心爾。上介告旋，且此酬先施之辱。合簪未卜，快覩優擢，尚規後便以賀以謝。不具。

與胡石塘書

澄去秋豫章貢院晨夕親炙，此樂何極！别去數月，始得所惠翰墨，乃知尚留盱江。尊體服藥想已安愈，相望二百里間，苦無承接之由，懷人奈何？三規圖新本未得到手，舊有背成二軸，附便申納。區區衰老，又不免再北行一次，不知何時可復屠羊之肆。未期合簪，伏惟保愛，前迓殊擢。不具。

與董慎齋書

澄茲審三陽泰長，衆正咸和，溥此春熙，施及四海。凡在一草一木之列，莫不欣欣向榮。惟是去天萬里，無由致履端慶。遠惟府中賓從，同納維新之祉，可喜可幸。謙齋節使游志希夷，俾其晚景囿清静自然城中，亦公之德也。袁主一偕其友上國觀光，因得問起居。未參覿問，敢冀爲時保重。不具。

復孟中書

澄壯歲客肖田〔二〕，稔知名族爲喬木故家。時有往來蕭門者，間嘗交談，其後又於永豐得會橫舟主簿，然族之俊秀未能遍識也。往歲令嗣惠顧，適值遠役，匆及從容，忽忽而別。今歲重來，不厭飯疏飲水之寠，同處甚安。淳謹重厚，志學勤敏，此固令嗣天稟之異，亦必庭訓素嚴而然。專伻及門，辱賜華翰，重以貺禮，誼不容卻，受之殊增惶感。蒲節日感冒不能出，盛伻告旋，病中草草布復，深愧厓略。不宣。

〔二〕肖田，原文作「小田」。下句「蕭門」，乃指蕭士贇（見本書卷十五蕭粹可庸言序），江西寧都肖田鄉人，故「小田」乃爲肖田之誤，逕改。下篇復蕭次張書同。

復蕭次張書

澄於先大夫判簿在肖田承教數數，今有名家子克紹世美，深以爲喜。令甥處此，屢嘗問及動履。兹辱貽書，且有華牋之貺，深感故家遺友不忘舊交之意。佳篇且留，俟詳玩，却當附數字求教也。奉酬先施，愧不周悉，惠徼台照。不具。

答黄浮山賀生日書

澄自去秋别後，雖屢交訊，而竟無承顔之便，惟晨夕延佇而已。今歲始生之期，值雨水連日，泥潦妨途，恐勞賓友之沾體塗足也，遂出至隣邑之近鄉。二十日昏黑始還家，乃見專使在門。啓書受禮，備悉眷愛之厚，忻感罔懌。區區忙遽，酬先施不謹。旦夕到邑，却得面既謝私。不備。

與于五雲書

澄比歲郡庠胥會，於久别之餘，得重論之喜。其時方有遠役，應接紛紜，不暇從容話舊，殊覺悵怏。澄一去三年，客臘至家。今春郡間二三少俊來訪問之，俱嘗及門，竊知齒德俱尊，教誨不倦，能以餘力淑後進，晨夕延佇思，未有良晤之期。令子遠臨，蒙惠教墨，驚誦如在左右，欣懌倍常。令子家學淵源，躬履篤實，同來二士俱有騤騤騰上之勢，可望其成。不肯久留，遽至告去。於其還侍，謹此謝先施之辱。炎暑困人，伸紙不能周悉，謀欲就近城擇寛閑之所，相約一見，以罄底裏。未償此願以前，且蘄善調眠食，以壽斯文。

答吴養浩書

春末有倪秀才携至台翰，知蒙示下令叔宗師近稿，日以俟之。今秋孟已踰旬，而始得肅觀，何其遲也。凉風漸新，諒惟文候清佳，侍奉多慶。澄老病侵加，日來感冷，泄瀉不能出户。適值專使之來，亦不及迎見。宗師詩律自足孤行於世，誰不愛悦？序語祇增塵穢爾。力疾數語，聊以塞命，可用與不可用，唯養浩與盤中裁焉。體倦奉復疏略，照亮是蘄。長子長孫俱出辱問，甚感，并此聲謝。未期會晤，願自珍以迓殊渥。不具。

答袁修德書

澄向者雨澤淋漓、溪流浩渺之時，徑詣屏墻於震凌，而藉厦屋之帡幪於造次，以奉尊俎之談笑，欣感何極！别來無因嗣見，轉眼數月。即辰秋水一洗炎毒，東籬又見花矣，悠然真意，應不減淵明。莫能共話，南望曷勝繾綣。先閫相銘文昨承面命，何敢懈怠！惟是衰耗荒疏，未必能發盛美爾。忽沐專翰，貺以厚禮，揆分非所宜蒙。然不敢卻也，祇受增愧。數日疾作，不能出，强起以承來施之勤。匪謹匪虔，諒不我尤，統干台照。不一。

復曾所性書

澄於英嗣、於難弟俱獲識面，而獨以未識其賢父兄爲欠。忽沐貽書，展誦再四，雖未識，猶識也。玆審仕途發軔，行槖載書，前問通津，往涖邑校。賓朋祖餞，鄉里榮觀。惜老病之軀，勿得與此盛事中。昨先府君墓石承索鄙文，黽勉供去，惟恐不足以稱孝子之心，何以謝爲？篚幣之貺，領外知感。力疾報先施之勤，殊愧厓略，尚祈照諒。

復董容窓書

澄衰老之軀，無所用於世。前歲一出，至中途而病劇，滯留江淮間治疾，将及三載。今秋始得還家。征塵滿襟，思一游名利勝地，挹幽邃以清俗抱，而未能也。乃蒙眷念，貽問勤劬，重之以貺禮。緑蟻春盎，黄雞秋肥，酌之烹之，殆不減謫仙人。山中初歸之樂，繄容窓之賜也，其何以當此盛意哉？祗受惟增慚感而已。泚毫拂楮，聊復先施之辱，愚叟以次不及枚謝，晨燈暮鐘之暇，一一道及澄名爲幸。欲言莫既，尚儲面敘。

答康思濟書

澄衰疾纏綿，近方小愈。倏英嗣過顧，辱貽嘉問，展視欣懌。堂構一新，先大夫有靈，必曰「予有後矣」。無任贊慶，名篇煒煌。允哉切實，康氏之占。於焉而占數語，效勉進之忠，殊愧荒陋。言者雖耄，聽者勿藐。行之惟艱，名父子尚留意焉。

答樂諒齊書

去冬甫及回去春之書，甚愧遲緩。新年政切，懷仰朱兄遠來相就於荒僻之境；，又辱惠翰，展誦備見成人之厚德、爱人之盛心。朱兄立志堅强，用功謹密，真可進於學。惜相處未久，區區又有行役，不能不孤其意。來教稱李宰之賢，令人嘉嘆。拙逸之記，甚恨不到仙邑，又不接其人，漠乎不相及，無因由可以措辭。黽勉爲之，便中附至，他日必經月眼是正之可也。

答和卿書

澄舊歲客江州，聞公來貳郡政，深以爲喜，意謂可有參承之期。旅次養病不便，秋風吹動歸興，遂尋山中采茹之樂。遠想廬阜、溢水，光風霽月之景與清白之操、循良之治兩相宜稱，碧雲千里，企予望之。濂溪舊山長黄次思與澄同里，名家美彦，與碌碌爲學官者不同。昨以母疾請假歸養，侍湯藥半年之上，竟爾遭喪，以易練服矣，當可給由，惟公其造就之。喪滿赴都，必拜庭下而後往也。澄席庇，晨夕粗安，微疾時復發，動惟賴先聖格言日接乎目，可以忘憂忘老。末由會晤，惟冀順時保愛，進膺大用。不具。

與希元書

昨留溢城，晨夕藉庇，别去未嘗忘也。遠思郡政優游，福履駢集，惟以末由重會爲欠。濂溪黄山長在任之時多感提獎，不幸遭喪，今已期年之上，當可給由。相公以舊日參趍之故，特成全之，此盛德事也。

與可立書

澄在溢城日，深感眷與之厚。別去年餘，未由問訊，晨夕馳仰。濂溪黄山長舊來多荷提撕，母喪之後，給由凡百，望郎中早與成全，幸甚。經歷郎中未及會面，不敢具記事以瀆。協恭之際，得蒙道及區區意，尤拜盛德也。

與皆山書

相望不百里間，常思一見以敘兄弟之情。而衰病侵加，舉動良難，是以有願而莫遂。即辰秋月十分，諒惟對此清景，履候多適。延佇南雲，曷勝繾綣。永豐陳立仁留敝舍數日，慕名德甚至，欲造庭下。自謂見長者之禮，莫或爲之先則不可，而以見告。予以其名家之子，純善之士，非干謁者比，用敢令其前，因得通問訊字，進而教之，幸甚。不具。

與總管書

澄往歲客溢城數月，屢造寓府，得與令親談話。於時公留官所，不獲胥會，别久懷深，晨夕睠睠。兹審貳郡政最，解組錦還，諒惟燕適優游，清風滿坐，人間炎暑所不到，台候起處多福。

澄之鄉人潘叔瑀，老成諳練，係出儒家，素優吏才，善辦公事，公所知也。今爲運使末屬，都運以下諸公皆無舊識，敢干重言，於其在上官長處道其爲人，庶幾見知，得以安心展其才具，惟公留意焉。

與人書

澄卧病山中，濶焉興居之問。因陳教諭人來，得知文星移照百粤分野。霜晨炯炯，芒寒色正，羅浮梅花待公之至久矣。贛信豐縣教曾仁向嘗受學在彼岑家，願從公游，一紙春風，幸勿靳也。陳教諭能道其詳，不復覼縷。傎伺還佩，又當嗣問。不具。

答劉道存書

澄嘗獲交於令兄主簿君，每愛其文如行雲在天，悠悠揚揚；如流水赴海，汩汩滔滔。有布濩周遍，無凝滯齟齬，讀之必爲三復。其遲回閩嶠也，常切懷思。後聞得代，深以爲喜。適聞治病留江淮間，不相聞問。及至還家，則聞先我而逝矣，豈特如尋常朋友喪亡之悲而已哉！執事之文宛然伯氏丰度，斯文如女有正色，不待效矉穠粧爲美。可與語此，舍昆季其誰！今又弱一个，猶幸有道存在也。遠蒙惠書，細味辭意，皆相厚之道。雖老病衰耗，何敢方命？謹如來狀敘述，附獨清持去，一覽幸甚。次兒京去秋同還，亦苦鼻痔之疾。玆辱念及，敬謝繾綣不忘之盛心。未期合并，願節宣眠食，居易俟命，以遂遠業。相望數百里，泝風無任拳拳。

答譚宣使書

澄老病侵加，所親惟藥物。目尚能視，而耳之聞言已不聰；足尚能步，而手之運筆已不便，用是於朋遊問訊侵侵闊疏。雖欲復如少壯時之交際，不可得已。兀坐一室，政此厭厭。好風東來，吹下雲朵，四壁頓爲之光輝，二豎亦爲之驚郤，困悴之體甦醒者數日。昔人云「痓風驅瘧」，豈不信然！永愚手卷不敢以荒陋而靳於言，第不甚相知，措辭不能的切，聊以塞命爾。疾餘作字艱苦，呼兒代書。不克效先施之贍麗，勿罪幸甚。末由良覿，宵夢飛遶乎高丘。聞龍駒鳳雛騣騣有騰雲冲宵之勢，何當再登君子堂一覩英物乎？崇令德愛景光，諒不欠區區之囑。

與人書

澄往歲客溢城，聞相公至，意謂必獲會面。既而離去，不及候見，至今抱慊。轉眼又八九年，忽辱詒翰，展誦喜劇。相公精神方健，已致懸車之請，勇退可嘉。且審先相公榮被追贈，天恩之厚，家慶之隆，不勝歡抃。老拙疏謬，何足發揮幽光？然盛意不可辭，謹撰碑文一通，畀令嗣舍人回呈。未由合并，惟冀保重。不具。

賀何存心生日書

澄五月望日在鰲溪書院聞尊體小小違和，擬往問候，盛暑中恐勞降接，將進復止，嘗托令侄代致下意。兹審瑞紀初辰，壽登八袠，在前朝爲高科黄甲之貴，在今日爲高年黄髪之老。天相斯文，福禄未艾，不特家庭兒孫所甚喜，抑遠近氣類所同慶也。澄本圖趨侍，舉酒稱壽，適苦河魚之疾，不能如願，書以寫區區之忱。惟冀滿飲壽觴，茂迎新祉，躋於千歲之祝。

答熊貴文書

澄往歲豫章驛中幸甚識面，一向無由嗣見。近長兒歸自鄧林，能言萬安美政，深以爲喜。且蒙惠翰，以先府君碑文見囑。恰七月以後抱疾，至初冬方能稍離卧席，然猶未復常也。力疾撰成墓表一通，就附劉季平處轉達。外承貺禮，難於卻回，領外感愧。

答項菊山書

澄於是疏濶久矣，劉季平至，倏塵惠書，啓誦欣懌。足下生長富家，超出流俗，不爲塵埃所汨，此真卓卓高世之識，常切敬嘆。甃石作橋，追念先大夫未就之志，孝心善事永遠垂譽，乃區區所樂道者。記文已納之季平，囑其轉達，過目幸甚。

答劉季和書

澄足跡不一到大郡，於後來俊彦往往有未識面者。蕭真士來過，遠勤惠翰，展誦一再，備見至情。先府君高才厚德，偉然可稱。思發其幽潛之光，人子之孝也。顧惟老拙荒陋，恐不足以稱所期。雖然，盛意不可孤，謹摭事實，敘而銘之。録本就付獨清持去，以達於左右。末由胥會，冀立身揚名，以盡顯親之道。區區所望於賢伯仲者如此。不具。

與蕭道士

澄於盛伻及郭秀才之來，兩蒙惠翰，俱以不及回答爲愧。諒惟山水佳處，道氣常存，獨清真趣每寄托於吟風弄月之餘，共此樂者其誰乎？某有請。清江舊友彬溪楊信可，壯歲以能詩見知於盧疏齋學士，又精探古今文字之本源，自編鐘鼎古韻刊板，盛行於世。歲晚倦遊，安貧自守，恬淡循理，無纖毫妄求妄作之事。喪母喪妻，二喪在淺土不能葬。劉居士世以好義著聞，今介之進，煩爲引見桂平五昆季，道及區區意。能氈毛助之，俾得終此喪事，則此福德勝於其他功德百倍也。

與元復初書

久別之餘，溢城一會奇甚。然公行有期，某亦少暇，弗獲從容以罄底裏，寧能紓去後眷眷之懷乎？鳳儀於天庭，鴻漸於雲衢，所以瑞盛治而繫群望。時措之宜，何施不可？舍執事將誰屬？宜黄樂順，吾門學者。好讀易，雖未深造，而多能小伎。遊京師，就令問訊起居。進見之士豈能窺公旦之萬一？然杞包瓜、葛纍木，惟從者見之，幸甚。病手作字震掉，願保愛以迓殊渥。不具。

回趙樗堂書

先世久附金蘭氣味之同，近年又忝瓜葛因依之幸，情誼厚矣。雖疏濶之時多，而親密之心罔替也。即辰獻歲發春，欲雪未雪。共惟樂善循理，動止安裕，神相百禄。政以未由訊興居爲欠，乃沐深眷，不忘衰朽。一札之慇勤，六提之恭謹，非所宜蒙者；重之以腆貺，將之以嘉果，朔瓶博碩，舊醳醇醲，益非所敢當。然盛意不容辭卻，肅使祗受，無任榮感。病體龍鍾，勿克效先施，奉報牘，殊愧少文。

卷十四　書

儷語

賀劉熙載承旨八十啓

承旨相公唯齋先生閣下：兹審日臨初度，天益遐齡，憐同丁未之端明，重際丙寅之元祐。恭惟某人，國中碩老，海内耆英；身居鑾坡最長之班，家貯鴻苑長生之訣。璧門金闕，幾看宫井之槐花；禁直玉堂，共汎仙舟之蓮葉。紅桃臉嫩，翠柏命堅。每一添年，如玄經，目一而三，添爲九二；衍八積數，若筭法，既以其十，積至千二。澄舊忝末僚，新知慶事。渺渺隔西江之白浪，拳拳瞻北斗之紫垣。僻在勾吴之區，正勤采藥；遥祝公劉之壽，弗及躋堂。乘風寄辭，流電垂眄。不備。

回何道心啓

鯫生遯野，誤沐異恩；專使臨門，辱貽儷語。褒宇遠踰於繡黻，餘光近照於布韋。三讀以還，十襲惟謹。某學非有用，年已無聞。斯道在耕，頗有樂堯、舜之迹；時人縱許，敢前比管、樂之心。偶然貴公之見知，遂以賤士而獲薦。職親至矣，才薄奈何？爾雅之文章，深厚之訓辭；馳騁乎古今，貫穿乎經傳。豈云易易，政此兢兢。效邵子賦巢由外臣之詩，冀樊生勉宋李虛名之誚。胡乃過情之譽，發於知己之言？兹蓋伏遇某人，早捷桂宮，壯雄蓮幕。望實貞元之士，詞華正始之音。其愛我也甚深，故談之而不置。考評舊典，擬度前修，抑揚反覆之間，獎惜褒嘉之極。如鄒興喜樂先之得政，如貢禹爲王陽而彈冠，非所敢當，何以爲報？小草一出，恐慚遠志之天全；除目休看，敬慕道心之日長。先施意渥，後會面陳。

回溪山賀啓

春間留邑，飽聆清露之談；夏五居家，倏枉彩雲之翰。麥霏雪粉，籠貯霜毛。既珍貺之駢臻，又衮褒之溢美。顧憐晚景，叨遇明時。政祈園公綺季之間，豈覬疏傅桓師之寵。而上恩之過厚，非下走之敢當。乃蒙四六駢儷之辭，特致再三勤拳之賀。秖領盛意，愈增厚顔。絶妙來書，誰不高故人之誼？厚贈知報，何能成織女之章？未究心乎，尚圖面契。

回何太虚賀啓

皓首趨朝，厚顔如甲。痞痳圖還於羊肆，夤緣幸脱於雉樊。早賦歸來，儒於我乎何有？自憐老去，誰與子以争先？政此息肩，懷哉會面。今雨净洗塵埃之袂，好風吹墮綺繡之章。蟬蜕重封，虹彩回壁。伏念澄生處窮僻，學隣怪迂，弗顧人之笑且排，惟恐身之傳不習。丁年垂壯，遽罹革命之屯，已志寖睽，甘作隨時之遯。以日之過河有暈，而雲之出岫無心。竊意商天民可終莘野畎畝之樂，豈料陳公子猶爲齊國羈旅之臣。進用既非所長，退耕未逾其業，又况迫西頹之景，詎堪厠北共之星。至漏盡而不休，惕若涪翁波上之戒；嫌既老兮貪禄，美矣摩詰山中之歌。敢云慕晝錦之榮，聊爾解暮途之誚。葩奇儷牘，藻藉溢情。援昔者伊、傅、程、朱，難當倫儗；訝今之歐、蘇、韓、柳，易縱衮褒。蓋惟某人一代文豪，萬鈞筆力，良由仁弟愛兄之道，相勉大賢希聖之心。甫實憐才，疇能敵三千首之風月；聃期同壽，願共躋五百歲之春秋。誤辱虚擲之黄金，愧乏報贈之青玉。復言猥瑣，臨紙躊躇。

回游和叔賀啓

昔也娶齊，久托維私之好；今焉頌魯，過廑永錫之祈。謂符祁國之八旬，喜殿坡仙之一月。實由雲庇，得衍天年。辱備物之多儀，華孟陬之初度。羊宜稱壽，伴朋酒於豳堂；

鵝既饋生，勝萬鍾之蓋禄。以親親之誼重，而老老之情深，敢不拜嘉！謾有三肅使人之敬，將何報贈？愧無七襄織女之章，莫究心乎。尚儲面巽。

回余半隱賀啓

變玄成皓，已驚霜雪之二毛；對白描黄，快覩雲霞之五彩。文既呈於錦繡，禮宜費於貨財。緑蟻浮香，黄雞侑酌。廑再三之盛意，慶八十之衰年。有其實，有其華，甚隆甚厚；無以酬，無以報，多感多慚。衷悃未殫，斐辭申謝。

回黄建可賀啓

雲鬢霜髯，自憐枯槁；天心月脅，獲覩瑰奇。低佪四六近體之中，超越數千大家之上。費貨財而行盛禮，致滋味以養衰年。若施於寫經問字之人，而備此羞豆酌尊之物。愛我誠厚，豈所宜蒙！蓋非友以面而友以心，用是既其文而既其實。施隆錦贈，闕焉青玉之報何？襲謹篋藏，虚此黄金之擲已。謾裁短語，略寄謝悰。

賀程雪樓生日啓

伏審四月維夏，初度揆予。坐中和堂，藹佳氣葱葱之瑞；飲懽喜酒，融蒲懷拍拍之春。違咫尺之天邊，作神仙之地上。恭惟某官，一元間氣，四朝舊人。早依日月之光，高翥雲霄之翼。立登要路，偏立好官。黼黻王度，潤色皇猷。霧窗晝永，風采朝廷。謀謨帝右，霜簡秋清。薦攬轡於南疆，復錫環於北闕。際龍御九五之位，躋鸞坡第一之班。久顯文儒，超前代五更之貴；若稽爵秩，極上公九命之榮。雖承雨露之深恩，久負烟霞之雅志。昔焉不得已而復起，今也未致仕而先閑。光禄歸田，縉紳嘉歎。大夫知足，鄉里誇傳。式逢麟紱之期，盛舉兕觥之慶。過今年年七十，恥吟學士之未宜休；滿人世世三千，直如活佛之無量壽。某夙託參苓之籠，晚慚松柏之姿。且老且貧，弗克筋力貨財而爲禮；

是緺是頌，益加昌熾耆艾以錫公。仰溷鈞衡，俯祈鏡鑑。不備。

回蕭獨清賀啓

澄爰自違離，嘗思簪盍。鳳臺蕭史，底處吹笙？龍沙吴仙，幾時得道？新年八袠，舊習兩忘。誰憐鬢雪之衰齡，乃辱彩雲之儷牘。華予歲晏，盎若春陽。尚期半死之真人，分授長生之秘訣。養神千二百歲，若何塞有漏之身；皈命三十六天，當共超無色之界。便鴻寄謝，傒鶴飛來。

答鄔君行賀啓

病不造朝，遂起浩然之歸志；情如會面，忽承絶妙之來書。雖云絲羅締好之新，有甚膠漆論文之舊。禮勤意厚，喜極感深。共維鉅族名門，英姿義概。豈婞娶肯處人之下？必卓犖能出世之間。嘗於岷峩諸友之家，識此湖海一時之傑。在吾爲素所敬，恨不可得而親。豈期北山愚公之孫，誤中東床佳壻之選。每自嘆羈旅游行之遠，弗即敘昏姻繾綣之懷。辭彼三旌，幸獲返屠羊之肆；甫茲安宅，遽蒙征鴻之還。輝煌駢四儷六之文，慙悳挂一漏萬之報。三肅使者，什襲藏之。忘官爵宦游於退居之餘，以佚吾老；悦親戚情話於歸來之後，其始自今。未究謝私，尚容嗣問。

疏

趙法師曹女喪求賻疏 并序

楊林法曹，有商孫子。於今爲庶，况復食貧。季女云亡，久未克葬。里中吴澂代爲陳情，諗於仁人，庶有矜而振之者。

娟娟閨中秀，眉目如在於斯；冥冥泉下人，骨肉未復其所。

慈情豈恝，葬具誠難。欲周於身，且周於棺；必得其財，乃得其禮。人父良可愧矣，君子寧不惻然？爰忍恥以有言，冀興哀於無用。倘或急范舟之義，即堪題犁壙之銘。空宇寂寥，試造笙竽之北里；季女婉孌，將依蔚薈之南山。此時載梱而歸，他年結草以報。

胡性初化修造疏

頗嘗見有此客，物外畸人；吾不知其何名，性初胡氏。問汝問汝，誰乎誰乎？貫穿經史，馳騁古今；彌綸天地，出入造化。諸法是同是異，曰將無同；群居或合或離，緊各有合。斯亦奇矣，其遇何如？飛吟北海，蒼梧袖，青蛇袖；浩蕩南山，清渭波，白鷗波。半生未辦蓋頭茅，幾時遂了行脚債？烏鵲繞樹，三匝遑遑；鷦鷯巢林，一枝易易。舉買田買園故事，在好仁好義鉅公。鳩松柏良材，軀花竹佳處。雖乾坤水上，等爲信宿蘧廬；然日月壺中，便可逍遥蓬島。擬占方丈，共話圓機。坐令眼前萬間之安，不過閣下一朝之享。

回楊賢可縣尹賀生啓

伏以桃李春永之時，喜逢茂宰松柏歲寒之誼。篤念衰翁孟陬之度，初貞一瓣之香敬爲麥塵雪色，潔白誰如？蠟炬月光，幽玄畢照。自以比德，推之及人。遂令耄耋之軀，獲領珍重之意。若金華黄仙之化石，皆河南赤尹之俸錢。毫端葩藻之文，駢四儷六；天上蓬萊之曲，倡一歎三。況公侯挺生是雛，俾左右驚見此客。窻裾下顧，苔逕增輝。愧我八十之有餘，幸而未死；擬諸五百之名世，豈所敢當！聊復先施，他須後會。不具。

賀楊賢可縣尹續絃啓

兹審金泥一續，玉鏡再圓。堂上鳴琴，操久揮於孤鳳；邑中製錦，紋重織於雙鴛。蓋惟君侯菈百里之男邦，合得主婦治一家之女事。星期晢晢，雲從祁祁。鸞鏘顯出迎之光，鷸集喜覯新之燕。遥瞻仙聚，薄效客羞。桃室内宜外溥，河縣潘桃之春意；桂娥上照下催，燕山竇桂之秋香。慶賀心長，悚慙辭拙。不具。

卷十五　序

出門一笑集序

唐人詩可傳者不翅十數百家，而近世能詩者何寡也！場屋舉子多不暇爲，江湖遊士爲之又多不傳，其傳者必其卓然者也。往年鑑溪廖别駕以名進士爲學子師，既宦遊，遍歷嶺表，始有詩曰南冠吏退。其從子業舉子，未仕，亦有詩曰月磯漁笛。吏退之語清而韻，漁笛之聲奇而婉。雖不傳於人，吾固知其詩也。

雲仲亦别駕君從子，自選舉法壞，而其業廢，遂藉父兄之餘爲詩。且韻且婉，鏘然不失其家法，顧取黄家詩題其集曰出門一笑。黄詩自爲宋大家，然諸家中一家耳。水仙之辭，又一家中一句耳，而奚獨有取於是哉？此句與老杜「寒江山閣」之句同機，於此悟入，横竪透徹，則一句而一家，一家而諸家，諸家而數十百家，躋於晉魏漢周可也。詩至是，其至矣。雲仲其然之乎？

癡絶集序

昔予弱冠，與郢程鉅夫同學臨汝書院。時月香林君以鄉先達日坐前廡位，予二人朝夕出入，以諸生禮詣位趨揖然後退。不十年，事大異，各去不相聞也，而鉅夫爲達官位於朝，予爲農夫耕於野，林君亦歸隱於市。又數年，君暫出爲縣大夫客，始相見。予既壯，君亦老矣，俱忘言，不暇相問且相悲也。

一日，君以詠史一編示予。予每謂作詩難，詠史尤難，安得有人能一洗胡曾之謬者？如君銅雀臺詩，胡曾有是哉？君謂觀者必笑其癡，而自名之曰癡絶，意必有在，予不敢易度。讀至申包胥「楚人一縷垂亡命，盡向秦庭哭得回」，至魯仲連「六國既亡秦一統，如何却道帝秦非」，矍然曰：「誰謂君癡！」感嘆久之。再讀至馮道「那知老子癡頑福，曾見官家歷五朝」，至顧愷之「可憐幾幅通神畫，只入桓玄夾道中」，爲之掩卷，抵掌曰：「誰謂君癡！誰謂君癡！謂君癡者誰乎？君謂癡者誰乎？」嗚乎！三代以至於今，夢也。今君有詠夢語也，予謂君語爲夢，亦夢語也。彼此皆夢也，而於癡人焉語之，則其謂君癡也亦宜。

秋山翁詩集序

歲在庚辰，予客於鄭。鄭之婿兄曰秋山翁，亦客焉。余曰從之遊，知翁刻厲於詩舊矣。越十有六年，翁過予山中，劇談詩，於是悉翁平生所吟，翫之不忍釋，而繼之以嘆且泣也。蓋翁與先君子同年生，其詩自余始生之歲以逮於今，幾四十有七年，爲詩始數百篇，中間名人勝士爲選其尤，十或存其五六，或存其三四，或存其一二，亦既精矣。然己酉至己巳，安樂之音也，存者無幾。丙子以後，所謂哀以思者，乃層見疊出。詩固窮愁發憤而後能多歟？近一二歲，又漸造和平。其亦幸時之稍無事，得生全於天地之間，以自適其性情之正。飢渴之易爲飲食如此哉！

翁今年七十有一，而詩凡三變，翁不自知其然也，時則然爾。「詩可以觀」，信夫！然則翁之詩存，誠足以爲觀風者之一助，而不能不動觀物者之深慨云。翁康氏，字敬德父。温柔敦厚，天質也，非特其詩爲然。

戴子容詩詞序

里中謝從一丈長於詩，鄧聞詩兄長於詞，余於二者皆未知能也。戴子容詩見取於謝、詞見推於鄧可矣，而余又何知焉？然一有怪者。謝非不能詞也，鄧非不能詩也。今爲子容序引，似各以其所長自好，而不合於一。主詩者曰詩難，主詞者曰詞難，二説皆是也。第以性情言詩，以情景言詞，而不及性，則無乃自屈於詩乎？夫詩與詞，一爾。岐而二之者，非也。自其二之也，則詩猶或有風雅頌之遺，詞則風而已。詩猶或以好色不淫之風，詞則淫而已。雖然，此末流之失然也，其初豈其然乎？使今之詞人真能由香奩、花間而反諸樂府，以上達於三百篇，可用之鄉人，可用之邦國，可歌之朝廷而薦之郊廟，則漢、魏、晉、唐以來之詩人有不敢望者矣，尚可嘐嘐然不揣其本而齊其末哉！子容以余言爲何如也？

董震翁詩序

宋參政簡齋陳公，於詩超然悟入，吾嘗窺其際，蓋古體自東坡氏，近體自后山氏，而神化之妙，簡齋自簡齋也。近世往往尊其詩，得其門者或寡矣。吾鄉董震翁新學詩，觀其古近體一二，不選不唐，不派不江湖。問曰：「君嗜簡齋詩乎？」曰：「然。」夫學者各有所從入，其終必有所悟。大音希聲未必諧於里耳。君能勿以人之好不好爲意，而嗜之不厭，其可畏也已，參政公得專美哉？

參同契序

參同契，有可知者，有不可知者。悉可知則泄天，悉不可知則絶道。此書意也，彭真人知其所不可知，而不知其所可知。鄒道士知其所可知，而不知其所不可知。葆真道人之述，其在彭、鄒之間乎？他日相與言，請闕其所不可知者，而既其所可知者，可哉？歲先天大過月辟乾日後天井辰直九二，臨川真隱道士讚。

鄔性傳詩序

吾里中近代自有吴公詩，其言藹然，其味悠然。吾愛其詩，而不及識。後讀晴窓鄔君所作，光彩透紙背，精神奪人目，蓋亦似其爲人。吾識其人，而不及事。晴窓君有子性傳，七律工甚，字有眼，句有法，光彩精神既不減其家傳，而又有所謂藹然悠然者。文章與世道相爲升降，每歎前輩流風餘韻不可復得，一旦見有似之者焉，如之何其不躍然而喜哉？性傳之詩方進而未已，他日不涉宋人陛級而詣唐人窔奥者也。

聶詠夫詩序

往年有爲余誦詩一二章者，余驚怪曰：「是無場屋舉子氣，又非江湖遊士語，作者其誰與？」曰：「梅山聶詠夫。」後數年始識君，悉其故。知君少登清江蕭氏之門，詩法固有自，然君所到不限於所見也。君愿慤而博洽，其志堅，其思苦，遭時之變，雖傾覆流離，不餒不懈，詩日益精工。今閲新舊二藁，會意處愛之不能忘。蓋津莆陽，泝山陰，分派江西，拾級半山，而睥睨唐人者也。

鄧性可删藁序

國風、雅、頌列於經，説者云自三千删之而三百爾。曾經聖人手，議論安敢到？漢、魏以來，諸詩入蕭選者删非不嚴，而識者有遺憾焉。然則詩固不易，而删亦未易也。唐人佳篇，世共嗟賞。觀其全集，輒令人弛然。雖詩中數大家，猶不無可揀擇去取。所存至簡而至精，惟近世簡齋陳去非詩，蓋其所自删也。

友人鄧性可亦自删其詩，曰删藁。吾讀之，欲再有所去取而不能。吾鄉詩人如趙成叔、甘泳之，他處所無也。流風餘韻之所霑溉，往往能詩，而能如吾性可者寡矣。詩既不多得，而又删之，則其不輕於示人，而欲必於傳世可知已。昔人詩至老而益工，性可年方强，而詩已若是，吾及見其老也，成叔、泳之豈得專詩名於斯郡斯邑哉？

繆舜賓詩序

春秋諸國君謚「穆」者，左傳、穀梁作「穆」，而公羊傳皆作「繆」，故姓氏家以繆爲秦繆公之後，繆、穆二字通也。河南伯長以古文鳴宋初，而吾邑之繆亦爲著姓，以至于今。舜賓少遊梅亭李氏之門，見聞既富矣，而所得於詩爲尤長。然隱約不矜，人或未之知也。吾評吾邑詩人，未知其孰爲夫子，舜賓其不與之中分魯歟？

蕭粹可庸言序

觀書貴乎有識，而學者之病有二：卑者安於故常，高者喜於新奇。安故常則踵訛而習陋，喜新奇則創意而鑿説，二者皆非也。予於贛蕭君粹可交遊二十載，聽其議論，輒推服焉。蓋其觀書如法吏刻深，情僞立判，搜抉微杳，毫髮畢露。有評詩二十餘條，曰粹齋庸言，乃其善者機耳。如是而觀書，真有識者也。非安於陋、喜於鑿者也。君名士賓，詩人冰厓公之子，能詩，固其餘事云。

孫少初文集序

世之詩人文人能爲今之作者，特也，能如昔之作者，亞也。既不能以名於今，又不能以方於昔，而有作焉，妄人爾，庸人爾。噫！皆是也。予讀豐城孫少初集，其於今雖未至自成一家言，其於昔則固弟陸務觀、兄劉潛夫而有餘矣。孫氏之族多美才，詩文往往可傳。以予所逮見逮聞，未有先於少初者也。少初名素，咸淳之季以進士貢，不第，年未五十死。家甚貧，平生撰述散軼無存藁。其族弟懷瑾輯其遺詩，得若干篇，印吾復輯其遺文，得若干篇。清江皮潛嘗學於少初，并爲刻板以傳於世。板成，以畀其子。予嘉是心之可以拯頽風而厲薄末也。彼有師死而遂倍之者，果何人哉！果何人哉！

饒汝成詩序

吾里多秀士，山川風土固然。饒汝成閉門讀書，自爲詩。年如此，詩已如此，謂非山川風土，不可也。見聞益廣，詩與年俱莫可涘已，何羨於長吉、敦夫哉！

皮季賢詩序

清江皮野季賢，年未老而詩已老，詩未多而可取者已多矣。昔人或以一字一句而名後世，此集奚翅一字一句而已哉！他日年愈老、詩愈多，可傳又不止此。吾猶及見其大成也。

曾志順詩序

人病不學耳，學斯肖，肖斯成。學而不克肖、肖而不盡肖者，其資與志之不齊也。宋詩至簡齋超矣，近來人競學之。然學而肖、肖而成者，幾何人哉？曾志順年未三十，學簡齋直逼簡齋，可畏也已。其未盡肖者，百不一二，底於成也夫何難？雖然，世間之事所當學者豈唯詩？世間之人所可學者豈惟簡齋？以君之志，以君之資，何人不可學？何事不可成？詩固游藝之一端也。君家自有世間第一希有之人、第一希有之事，其學之乎？歸而求之先世之遺言。

諶季岩詩序

丁酉冬見諶季岩詩，詠物工而用事切，謂曰：「詩誠佳。然吟詩必此詩，或非詩人所尚爾。」壬寅春又見之，則體格與昔大異。問曰：「近讀何詩？」曰：「簡齋。」余曰：「得之矣。」乃題而歸其篇。

平寃集録序

邑人姜斯立，業吏學而通儒書，以洗寃録折獄，集今古考證抄類成編，名曰平寃集録。余每怪夫食天禄、司天民者於人命曾不介意，痕傷則或以無而爲有，或以有而爲無；情欵則或以重而爲輕，或以輕而爲重，壹惟己私是徇，豈復顧天理、畏天刑哉？斯立居閒，其用心若此。俾得膺事任，移此心以治獄，則陰德之及人也，庸有既乎？

黄懋直詩序

余友鄭特立、何太虚數爲予言：迂厓黄懋直善談而能吟。後見其人，信；見其詩，尤信。夫詩孰不吟？而能者鮮矣。亦或能之，而近、古、五、七言俱能者鮮矣。曷謂能？謂諸體中格致俱高，意趣俱新，字句俱不苟云爾。黄氏詩人有櫟澗集，有東窗集，懋直其能有光於父兄也夫！

謝仰韓詩序

澹山謝君仰韓，昔年與余同預秋貢，途行邸止必偕，相與如手足。君福建運判野航公之元孫，淮西總幹秋岩公之元子。氣勁行方，識趣正而見聞博。家學固有自來，詞章其餘事爾。贛秋磵蕭君大方評其詩曰：「長篇浩如江河，短章絢如雲錦。」余讀之信然。然獨君家大謝，猶不無靳惜衣鉢意。異時浩乎流轉，中有波而無波；絢乎美麗，中有文而無文，雖別起江西一祖可也。此衣此鉢，舍君將誰歸？

傷寒生意序

生意者，崇仁熊君景先所輯醫方也。熊氏世以儒科顯，而景先之大父業尚書義，專門爲進士師，從之遊者至自數百里外。景先得其家學，每較藝輒屈輩流，幾於貢而不偶，於是大肆其力於醫。醫亦世傳也，然脉理明晰，法審療疾無不愈，進於工巧，蓋其所自得多矣。暇日輯家傳之方、常用之藥累試而驗者成此書，以公其傳。夫天地之德曰生，爲人立命而生其生者，儒道也。醫藥濟枉天，餘事焉爾。景先之儒未獲施，而醫乃有濟，所以贊天地生生之意，其功爲何如哉？

何友聞詩序

詩貴有其影、有其神而無其形。何友聞詩，篇無滯句，句無俚字，機圓而響清，雖未遺於形，而已不形於形，可謂能也已。余最愛草亭何君詩，又愛何山太虛詩。友聞，草亭之從子，太虛之族父。何氏三世而能詩者，余見其三，盛哉！

徐侍郎文集序

故兵部侍郎雲屋徐公明經，登進士第，以能治劇縣，政聲聞於朝廷，擢升臺諫，歷官至侍從。公之子必茂輯公奏疏若干篇，余讀之暢達懇切，壹是以仁義陳於上前。薦李、文二公可當大事，卒能有所立，可謂知人之明。他文亦醇潔，似其爲人。韓子曰「仁義之人，其言藹如」，豈不信哉！公又有四書、諸經、太極圖、通書等説在集外。余不及識公，而得見其遺文，幸也。庸敢附名篇端，以致追慕前修之意云。

記纂提要序

古之游於藝者，禮、樂、射、御、書、數是也，今亡其法。秋山康敬德父記纂提要之書非游藝者之一助乎？其功勤矣，其心仁矣。或曰：「『呻其佔畢，多其訊，言及於數』，學記所以訾今之教者也。」予謂不然。生今之世，爲今之人，游於藝而先通其名數，然後窮其理而得於心，由今之教達古之學，在乎其人而已，而於是書奚訾焉。

許士廣詩序

樵屋許士廣，詩無一字一句不工，其韻度品格雖至吾鄉相不難也。鄉相窮經有實學，修身有實行，經世有實用。三實者盈乎中而溢乎外，詩其支流爾。士廣得其詩，進而究其所以詩，又當爲吾鄉一大詩人。

聶文儼詩序

學詩者若有適也，適必以其道。以其道，則未至而可至〔二〕；不以其道，則愈至而愈不至。清江聶文儼，詩不俗不腐，蓋望參政陳公之門而適之以其道者，余知其至也有日也。

張仲默詩序

詩必有其本。近世之爲詩者不知其幾千百人也，人之爲詩者不知其幾千百篇也，求其一句能如「池塘春草」、「楓落吴江」之可傳者或鮮矣，况望其能如唐之陳、李、杜、韋，宋之王、蘇、黄、陳可以成一家而名後世也哉！然則，家有其業，集有其板，卒歸於覆瓿而已。其用力非不勤，不謂之愚且拙乎？是無它，不脩其本爾。

〔二〕此下，四庫本闕三十行，據成化本補。

大德六年冬，於青州遇張君仲默，與之同舟而北。日相與語，而知其學之知所本也。小官微禄，韜隱於遠方者垂二十年。守約處晦，内自足而無所營於外。非知本，能如是乎？故其詩亦和平冲淡，似其爲人，讀之可以見其志，固非世之務聲音采色以爲詩，以衒於人而干於時者所可同也。

君汴人，名道濟。年踰五十，而問學之志不衰。其本將日以豐，而所到未可涯涘也，詩云乎哉！

歐陽齊汲詩序

歐陽生歌行如夔峽春濤、淛江秋潮，其勢如屋如山，如迅雷颶風不可禦，何可近也？雖然，水之爲物洶涌澎湃，瀚漫滔汩，淪漣洄洑，泓涵澄深，是不一德。觀之於源源混混之初，已駭目怵心；繼此其千態萬狀，不可名者，水哉水哉！世以廬山高闕六一翁，政恐壺子笑人。

滕司業文集序

宋氏南渡，中州亦尚文治，風聲習氣不泯。逮于天朝之興，往往有能文之士，集之行於世者槩可睹也。至覃懷許公，得朱子之書而愛之，而誦之，而傳之，而學者又知有義理之學矣。

予客廣陵，識中山王祁，知其師滕侯仲禮之爲人，蓋有學有行而有文者也。一日，示予東庵家藏類藁，乃江西廉訪使趙侯所刻，曰：「其侍先師筆硯久，收拾遺文具備。此藁第因家藏所有而類之耳。其散逸流落者不在是，而非削之也。圖再刻以會其全，請贊一語。」辭曰：「予不及識子之師，而何足以知其文？雖然，試讀一二，粹然温然，悠然粲然。根之以義理，翼之以華英，信乎有學行者之言也。子守師學無玷，懼其一善之或墜而不傳，事師之道宜哉！」

滕侯名安上，官至國子司業，趙侯其友也。祁端謹醇厚，不忘交，不求聞於人，授徒以養其親。玩周、程、張、邵、朱子之書，寢食爲廢。博考詳究，必如朱子之句句而談、字字而議也[一]，可謂有光於師門者矣。

張達善文集序

昔之爲文者曰：不蹈前人一言一句。或曰：此文人之文爾，儒者之文不如是。儒者托辭以明理，而非有意於文也。雖然，周子之太極圖、易通，張子之訂頑、正蒙，程子、邵子之易傳序、定性書、觀物篇前無是也。朱子祖述周、程、張、邵，而辭莫有同者焉。誰謂儒者之文不文人若哉！彼文人工於詆訶，以爲洛學興而文壞。夫朱子之學不在於文，而未嘗不力於文也。奏議倣陸宣公而未至，書院學記曼衍繚繞，或不無少損於光潔。若他文，則韓、柳、歐、曾之規矩也，陶、謝、陳、李之律吕也。律之吕之，規之矩之，而非陶非謝，非陳非李，非韓非栁，非歐非曾也。是豈區區剽掠掇拾者而猶有詆訶者乎？

[一] 以上部分四庫本皆闕，據成化本補。

噫！儒生之立言也難矣！

東平教授張達善父，以誦習朱子之書爲一時名公卿所禮，子弟從之遊者詵詵如也。其業也專，其説也明，其考索研究也精覈，南北之士鮮能敵之。知之深、始終敬愛不渝者，江東宣慰使北燕珊竹公也。至元中，予識達善於金陵，出一二著述相與細論。後十六年，予留儀真，許昌趙思敬率其同門友携達善文集來，曰：「先師遺藁，珊竹公将爲鋟木以傳，敢請表其篇端。」余讀之竟，而嘆吾達善之學，殆非庸淺者之所能窺。議論正，援據博，無一語不有根柢。貫穿縱横，儼然新安氏之尸祝也。苟有關於人心世教可矣，而暇弊精神爲夸末俗計哉！序記筆勢翩翩，尤在諸體之上。經説等類，達善既不可作，而予亦何能獨審其至當？絶伯牙之絃，過惠子之墓，夫孰察予之悲慨也夫！

胡器之詩序

豫章胡璉器之，古體詩上逼晉、魏，近體亦占唐、宋高品。蓋自騷、選以來，作者之辭志性情渟滀胸次，見趣議論往往度越輩流。非特其才之清逸，亦其學其識有以副之。是三者，一由乎天、一由乎人。人者日進日崇，則天者與之俱。他日當自爲胡器之詩，不止肖魏、晉、唐、宋某人某人而已。

蔡思敬詩序

唐人詩數百家，一集中可觀者無幾。豫章蔡皺思敬集，七體無一體不佳，每體無一篇不佳。若與唐人集并行，此集當爲第一。雖然體凡七，題止七十五，惟約故精。繼此約者博，精者不雜，縱横顛倒，自成一家，則爲曹爲阮、爲陸爲陶、爲陳爲李、爲杜爲韋，吾何間然？

詩府驪珠序

嗚呼！言詩頌、雅、風、騷尚矣。漢、魏、晉五言訖於陶，其適也，顔、謝而下勿論。浸微浸滅，至唐陳子昂而中興。李、韋、柳因而因，杜、韓因而革。律雖始而唐，然深遠蕭散、不離於古爲得，非但句工、語工、字工而可。嗚呼！學詩者靡究源流，而編詩者亦漫迷統紀。胡氏此篇其庶乎？緣予所言，考此所編，悠然遐思，必有超然妙悟於筆墨蹊徑之外者。

曹璧詩序

乙巳春，予客盱北。雪樓公以余遊麻源第三谷。澍雨中有士至，問其姓名，曰曹璧，余同郡英甫之從子、名甫之子也。手詩一編，以呈於公，且以請於余。試閲一二，蓋閴然屏絶時俗哇麗之音、塗抹之態，余驚異焉。謂曰：子詩已得第一詩體，惟益培其根、益浚其源，則語意不求高而高，不求新而新，不求奇而奇，不求工而工，至是其至矣。然子才可應世，非止以詩行世者，勉之，余将期子於詩之外。

黄純仁詩序

近年，里中諸英俊往往能詩。黄純仁遊湖湘，得一集，其五七言長短句多妙音。純仁儒家子，又遍識當代鉅人，以博其趣，詩之妙也固宜。見見聞聞日富日新，而詩與之俱，此特泰山一毫芒耳。

皮照德詩序

詩之變不一也，虞廷之歌邈矣，勿論。予觀三百五篇，南自南，雅自雅，頌自頌，變風自變風。變雅亦然，各不同也。詩亡而楚騷作，騷亡而漢五言作。訖于魏、晉顔、謝以下，雖曰五言，而魏、晉之體已變。變而極于陳、隋，漢五言至是幾亡。唐陳子昂變顔、謝以下，上復晉、魏、漢，而沈、宋之體別出。李、杜繼之，因子昂而變，柳、韓因李、杜又變。變之中有古體，有近體；體之中有五言、有七言、有雜言。詩之體不一，人之才亦不一。各以其體，各以其才，各成一家。信如造化生物，洪纖曲直，青黄赤白，均爲大巧之一巧。自三百五篇，已不可一概齊，而况後之作者乎？宋氏王、蘇、黄三家各得杜之一體。涪翁於蘇迥不相同，蘇門諸人其初略不之許。坡翁獨深器重，以爲絶倫。眼高一世，而不必人之同乎己者如此。近年乃或清圓倜儻之爲尚，而極詆涪翁。噫！群見之愚爾，不會詩之全而該。夫不一之變，偏守一是而悉非其餘，不合不公，何以異漢世專門之經師也哉！

清江皮溍，才優而學贍。其爲詩也，語工而句健，蓋諸家無不覽，而守涪翁法嚴甚。余深喜之，而意晁、張者流或未然也。故具道古今之變，以與能詩者共商焉。

吴景南詩序

吴景南，家臨川南鄉之種湖市，向來曾從空山雷講師學詩。尊敬其師，既歿而拳拳不能忘也。講師之詩雄健，景南之詩婉麗。其子寵以示予，惜予不能詩。寵也其請於工詩之士，刪其所可刪，存其所可存，斯足以章其父之美矣。八十五翁吴澄序。

卷十六　序

診脉指要序

俗間誤以脉訣機要爲脉經，而王氏脉經觀者或鮮。盱江姚宜仲三世醫，周秋陽、周嘉會，儒流之最也，亟稱其善脉，其進於工巧可知。增補斷病提綱，殆與錢聞禮傷寒百問歌同功。診脉一編，父經子訣者也。爲醫而於醫之書、醫之理博巧精究如此，豈族醫可同日語哉！

余不治醫，而好旣其文。臟腑之脉各六，三在手，三在足。醫家所診一寸九分，乃手太陰肺經一脉爾，於肺之一脉而并候五臟六腑之氣。其部位也，脉要精微論言之，下部候兩腎，中部左肝右脾，上部左心右肺。心包與心同位，所謂左内以候膻中是也，而不寄諸右尺命門之部。陳無擇脉偶蓋十得八九，而未之盡，何也？脉書往往混牢、革爲一，有牢則無革，有革則無牢。

夫牢者，堅也。經云：「緊牢爲實。」又云：「寒則牢堅。」革者，寒虚相博之脉也，而可混乎？脉之名狀、浮流、實虚、緊緩、數遲、滑濇、長短之相反也。弦弱猶弓之有張弛，牢濡猶物之有堅碝，匹配自不容易，抑有難辨者焉。洪散俱大，而洪有力；微細俱小，而微無力。芤類浮也，而邊有中無；伏類沉也，而邊無中有。若豆粒而搖搖不定者，動也；若鼓皮而如如不動者，革也。洪，微也；散，細也。芤之與伏也，動之與革也，亦其對也。

二十四者之外，促、結、代皆有止之脉。疾而時止曰促，徐而時止曰結。雖有止，非死脉也，代真死脉矣。故促、結爲對，而代無對。總之凡二十七。宜仲有「脉位」、「脉偶」二條，因附鄙説。其然歟？其不然歟？裁之可也。

地理真詮序

漢藝文志宫宅地形二十卷，蓋相地之書也。然官有其書，民間無之。無其書，亦無其術。通於其術，如晉郭景純輩，曠代一見，豈人人能哉？楊翁給使唐宫秘書中得此禁術，後避巢寇至贛，爲贛人言，地理術盛於江西自此始。長安蒼黄出奔時，跋涉萬里，九死一生，僅保餘息，惡有文自隨？大率指授曰受，面命心得，不在書也。

此術之傳漸廣，而其書之出日富，好事者增益附會之爾。極于宋末，儒之家家〔一〕以地理書自負，塗之人人以地理術自售，郭、楊、曾殆滔滔而是。噫！何其昔之秘而今之顯，昔之難而今之易，昔之寡而今之多也！

余評諸家地理書，郭氏葬書雖不敢必其爲景純之作，而最爲簡當，俗本亦復亂之以僞。余黜其僞，存其真，才千餘字。若建安書市所刻地理全書繁蕪穢雜，豐城儒流所撰玉髓經

〔一〕四庫本脱一「家」字，據成化本補。

假託欺誑，奈之何舉世惑焉而莫之察也？噫！可歎已！

吾里王謙道於諸書中，去所可去，取所可取，輯地理真詮三卷，衍者十無一二，擇之不亦精乎？以此而相地，必不苟；以此而授人，必不惑矣。謙道遊四方四十年，工於詩，前輩鉅公皆許可之。儒家之術，術家之儒，書之精也宜哉。

黃成性詩序

余戊寅歲初客盱，其後或中歲一至，或數歲不一至。盱之俗、盱之人不悉聞悉見，大略可知也。黃成性，金溪人，而遊處多在盱。盱、金溪接壤，土氣頗相類，詩文往往奇倔峭厲，直講先生其表表者。南豐和粹昭晰，蓋涵茹於經而然。然稽其立己行事，不減泰伯。以吾陸子有得於道，亦且壁立萬仞，非土風然與？

乙巳春，於程氏館讀成性詩一二，已矍然驚。自吾客盱以來，未嘗有也。讀竟，率稱是夫生長山間林下，師友不出乎一家之聞見，上無所承，下無所麗，而挺然拔起如此，器固直講器也。澤之以南豐之經，原之以金溪之道，磨礱浸潤，光瑩透徹，查滓盡而冲莫存。德人之言如玉，才人之言如金，逸士高流如水晶雲母，心聲所發自然而然，先進又何能多！彼浮沉氣中，作意倣像，雖形似超超於青冥風露之上，而人也方與蜣琅蠅蚋同夢而未醒，詩乎？文乎？言焉而已，非余之所敢知也，非成性之所肯爲也。

興善録序

古聖先賢之立教行事具載方册，可效可師。然其世邈，其旨奥。譬之海焉，或浩渺無涯涘；譬之山焉，或峻絶莫可躋攀。非睿敏所到，未易一觸而省悟感發者。盱江周嘉會，紹述先志，取近代前脩及鄉里聞人凡一言一行之善，賅而録之，易知且易行也。如名醫單方，一草可愈一疾，不必遠方難致之物。用力寡而收效速，豈不爲爲善者之一助乎？嘉會嘗纂家庭所聞義訓，一皆淑人心、扶世教、警厲學者語。斯録也，又義訓之毗輔云。

皇極經世續書序

邵子之書，其初十二篇以元經十二會而繫之以運與世；其次十二篇以九會經二百四十運而繫之以世與歲；又其次十篇以十運經一百二十世而繫之以歲與字。元之經會始月子，訖月亥，效天也；會之經運始星巳開物，訖星戊閉物，法地也；運之經世始辰子二千一百四十九，訖辰亥二千二百六十八，紀人也。紀事起二千二百五十六世內之甲辰，止二千二百六十六世內之己未。唐帝堯以前不紀，無考也。周顯德以後未紀，有俟也。鄭松特立甫爲續二百七十五年，自庚申宋興至甲午金亡，近述邵子經世之事，遠繼夫子春秋之志，用意宏矣。

邵子所紀三千三百一十六年間，頗有更定，書法視昔尤謹。論國統絕續離合，謂興國無所承、亡國無所授者各爲系。漢、魏、晉、宋、齊、梁、陳，統代一系；魏、周、隋、唐、梁、唐、晉、漢、周、宋，十代一系也；遼、金、國朝，又一系也。斯論也，世儒未之及也。噫！鄭續邵之書。它時豈無續鄭之書者乎？雖千世可知也。特立在前代，三預進士貢不第，在今日隱處三十年不仕，獨折行輩與澄友。古今因革、聖賢心迹，每共細商焉。是書之成，以澄能知之，而俾題其端。所纂經説、拾遺亦多可取云。

唐山鄭君詩序

唐山鄭君器識超邁，記覽愽贍。少年三試禮部不利。嘗學詩於翠屏曾氏、蒼山曾氏。中歲乃與予善，靡所不談。令老矣，窮山讀經，日有新得，技不止於詩也。謝仁叔從之遊，授其詩若干篇，將以傳於世，可嘉已。鄭詩蓋出曾氏，而其後所到，穎然二師之上。工詩者能辨之。

黄少游詩序

詩人説仙説禪，精妙脱透無如坡翁者，而竟未實得也。故曰知者不言，言者不知。廬陵黄少游，往年同吾兒遊盱，父知其爲俊士。覽近作數十篇，仙禪悟解上逼坡翁，而其詩超超不凡。噫！吾所畏也。雖然，子於二家真有得而有成，吾不爲子願之，而况簾視壁聽之悟，徒以資言語文字之神乎？神而傳焉，亦言之立而已。身苟立，不待言之立也。子之能詩已三世，拳拳欲壽乃祖、乃父之言以傳於人，孝子慈孫之心也。揚己之名，顯親之實，必有其道。子將求之言乎？似坡而可矣。如將求之身乎？坡未足多也。而子之志何如哉？

内經指要序

醫家内經與儒家六經準，其三才之奥、諸術之原乎？然其辭古，其旨深，醫流鮮能讀。儒流謂非吾事，亦不暇讀，何望其能探奥而究源也哉？

吾兄李季安，自爲舉子時，博洽群書，纂事記言，細字大袠，堆案盈篋，余嘗嘆其用心之密、用力之勤。中歲從事於醫，其心力之悉又有加焉。所輯諸家方論靡不該備，抑其末耳。若素問，若靈樞，若難經、傷寒論，所謂醫家六經者，融液貫徹。取素問二經，綱提類别，較然著明，一覽可了，名曰内經指要。

余夙嗜此經，每欲與人共論而莫可。今獲見此，能不抵掌稱快！是篇布濩乎天下，俾觀者有徑可尋、有門可入，人人能讀内經而得其奥、而得其源，則於儒家窮理盡性之方、醫家濟人利物之務，其不大有所裨歟？季安應人之求，不擇貴富，雖貧賤不能自存，必拯其危急，皇皇惟恐後，蓋以儒者之道行醫者之術。此其實行也，非止善著書而已。

馬可翁詩序

馬可翁簡直任氣，故人不皆好之。余於衆不皆好之中，而知其可取者焉。詩效昌谷者逼昌谷，效山谷者逼山谷，它作亦往往賢於人。里中先輩，如甘、如許逝矣，詩之不亡也，於子寧無望乎？韓子有云「磨礱去圭角，浸潤著光精」，請以斯言爲子脩辭之，則亦爲子脩身之則。夫如是，其誰不子之好？雖不好也，將奚疵？

東麓集序

主簿石君，以東麓張君詩文四卷示余，余讀之，理勝氣勝。詩文以理爲主、氣爲輔，是得其本矣。其詩不尚纖穠，不拘拘於法度，以文爲詩者也。其文不尚俳麗，不屑屑於言辭，以質爲文者也。夫生長中州返樸之時，而老死昭代右文之日，上奚所於師？下奚所於友？而有詩有文如此，不謂之卓然特起者歟？

大學箴一篇有見於聖賢爲學之道，蓋聞魯齋許公之風而興，而於考亭朱氏之書嘗致其力，又豈詩人文人所易及哉！石與張，兄弟也，閔其不霑一命，將遂沉没，余故爲之序云。張君名桓，字武叔，東昌人。

陳善夫集序

宋三百年，文人未有過吾荆國丞相者，詩人亦未有過吾荆國丞相者。詩人名其後有二謝氏，文則未有嗣焉者也。近年邦人類多學詩，陳君善夫最久最能。清才逸思，洋溢動盪。丙子以前初藁已不肯作江、鮑以下語，况年彌老彌變，詩彌變彌工乎？詩之外有文，又難已。老杜詩如此，而拙於文；老蘇文如此，而短於詩。兼此二長，有鄉相，在山川之奇秀欝發，何幸再見其人哉！

陳家詩如伯玉、如履常、如去非，家法自不待它求。文乎文乎，一惟鄉相是式。雖唐郴韓、漢班馬復生，且將引而與之并，而它奚足云！

鰲溪群賢詩選序

詩經有十五國之別，土風各不同。邶、鄘，皆衛也，而不繫之衛；魏亦唐也，而不繫之唐。何也？國別之中又有不同者，來者不容不本其地，編者不敢不離其篇也。國風遠矣。近年有中州詩，有浙間詩，有湖湘詩，而江西獨專一派。江西又以郡別，郡又以縣別，豈政異俗殊而詩至是哉？山川人物固然而然，土風自不可以概齊也。

撫，江西望郡，統縣五，而樂安最後置，割永豐之東鄙、合崇仁之西鄙而爲縣，故其風有撫、吉之襍。宋之季，文風特盛，進士科得人甲諸邑，以詩鳴者蓋不數數也。有不局於舉子業者，乃或兼通焉，或專攻焉。夫江西之有撫，撫之有樂安，樂安之有詩，以古準今，如衛之別爲邶、鄘，唐之別爲魏，非一國之風乎？采詩無官，編詩無人，其詩浸浸湮没。

草亭何君垚，少年擢第，仕爲諸侯殷五。長於詩，老而猶以此自好。閔鄉里前脩善之或遺，蒐獵邑之能詩者得若干人，詩之可取者得若干篇，題曰鰲溪群賢詩選。夏幼安命梓工刻之于鰲溪書院。知者可以興，不知者可以觀。噫！敦厚之教也。

丁英仲集序

嘉興丁英仲，吟古近體詩，又善樂府長短句，又工四六駢儷語。挾三長客諸侯，有名聲。時命革，依皮南雄，老于清江之野。予及見之，嚴厲振整。蓋雖遊客，而自貴重。玉霄滕君推爲丈人行，心服可知也。平生著述多軼，子埴録其存藁。予讀之，而嘆斯人之不可復見也。埴克紹先業，廩廩緒言之墜遺，可謂能子矣。英仲諱杰，人號爲山臞先生。

皮達觀詩序

詩之自然者，所到各隨其所識。迹已然之迹，聲同然之聲，則意若辭不繇己出使然耳，非自然也。清江皮達觀，素不以外樂易内樂，其識固已超邁。邇來太極先天之理融液於心，視故吾又有間矣。偶然游戲於詩，蓋其聲迹之髣髴所到，可涯涘哉！雖然時露一班，或從管中窺見，將得以名我。聚則文成五彩，散則寂無一有，其猶龍乎？何豹之足云。余期達觀之進乎是也。

光霽集序

嘗聞盱江包氏從朱、陸二先生學，一日自建寧至金谿，陸先生問曰：「元晦何言？」曰：「某爲朱先生求數大字扁堂室，悉得之。獨『光風霽月之亭』六字有靳色，曰『姑少俟』。將歸，再請，又曰『姑少俟』。」陸先生曰：「吾固知元晦不肯書此。然人人有此光風霽月，吾當爲子書之。」至今其家揭陸先生字于亭間。廬陵蕭氏道心翁以「光霽」名詩集，亦吾陸先生所謂人人有此者也。青山趙儀可摘集中好句，光霽端倪已呈露一二矣。其子樂昌教諭卿元汲汲揚父之美，復以示予。夫周子氣象，惟大程子有焉。翁希程，則光風霽月其人也，詩云乎哉！

四書言仁録序

仁，人心也，然體事而無不在。專求於心，而不務周於事，則無所執着，而或流於空虛。聖賢教人，使之隨事用力。及其至也，無一事之非仁，而本心之全德在是矣。四書而後，惟張子訂頑最爲切實。同郡嚴肅類聚四書中言仁者爲一編，綱舉目張，靡所不備。學者苟能玩繹於此，而實用其力，既得其隨事之用，又不失其本心之體。其有補於求仁也，其功豈淺淺哉！

增廣鐘鼎韻序

倉頡字，世謂之古文，其別出者，謂之古文奇字。自黄帝以來至于周宣王，二千年間中國所通行之字，惟此而已。史籀始略變古法，謂之大篆。李斯又略變籀法，謂之小篆。小篆、大篆、古文名則三，實則小異而大同。今世字書惟許氏説文最先，然所纂皆秦小篆尔，古文、大篆僅存一二。

宋薛氏集古鐘鼎之文爲五聲韻，雖其所據有可信者、有不可信者，然使學者因是頗見三代以前之遺文，其功實多。清江楊鈞信可重加訂正，有所增益，其文蓋愈畡矣，此世所不可無之書也。若其所取之或可疑，兼收可備博考，而未易立談判，好古之君子其審諸。

左傳事類序

杜元凱讀左傳法曰：「優而柔之，使自求之；饜而飫之，使自趣之。若江海之浸、膏澤之潤，涣然冰釋，怡然理順，然後爲得。」淵哉乎其言也！豈惟讀左傳宜然，凡讀他書皆然。朱元明以徐安道所輯左傳事類示予，夫作文欲用事，而資檢閲記纂，不爲無功也。用心如此，亦勤矣。以此之勤，循元凱之法，俾左氏一書融液貫徹於胸中，倘有所用，隨取隨足，無施而不可，其功猶有出於記纂之外者。安道試就季父半溪翁質之。

一笑集序

詩人網羅走飛草木之情，疑若受役於物，客嘗問焉。予應之曰：江邊一笑，東坡之於水馬；出門一笑，山谷之於水仙。此蟲此花，詩人付之一笑而已，果役於物乎？夫役於物者，未也；而役物者，亦未也。心與景融，物我俱泯，是爲真詩境界。熊𤴓君學，其可與議此矣，遂以斯言題于其集之首。

熊希本詩序

熊希本訪余於清都，一見知其爲才子弟。既而見其詩，一覽知其爲能文辭。雖然，文辭學之末也；詩又文辭之末也。若曰「吾詩如是足矣，奚事它學」，夫誰得而强之？雖然工之乂工，其於鸝音翠羽有辨乎？若曰「此不足爲吾學」，則有上於此者，子試求之。

丁暉卿詩序

李太白天才間氣，神俊超然八極之表，而從容於法度之中，如夫子之從心所欲而不踰矩，故曰詩之聖。槌黄鶴樓，倒鸚鵡洲，此以夢語觀太白者。丁彙暉卿破厓岸、絶畦徑而爲詩，志則高矣，才氣果能追太白矣乎？可也。暉卿交東原趙少府久，少府如程將軍、龍伯高，暉卿如李將軍、杜季良。余固以謫仙人相期待，少府君以爲何如哉？

富城醵飲賦詩序

酒所以合歡，歡而有文，歡之尤也。古者於燕享，歌詩以道志。自歌詩禮廢，而文士之飲或自爲詩以敘其情，東都以來則然。然文字之飲難矣。蘭亭之集，勝流咸在。詩不成者有之，二詩成其一者有之，至今不無遺憾也。

臨川周筠昂霄，夙與富城諸能詩者游，别三年而再至，於是，各持斗酒賫詣朱有源氏，具盤飧劇飲盡歡〔二〕，以「竹深留客處，荷净納凉時」分韻賦詩。賓一主八，朱士坦元明、趙用信以誠、黄中克正、蔡瀔思敬、胡敏仲遜、胡然文彬、胡璉器之，富城人；清江聶埜廉翁與。韻有十，真定劉節叔度補其一，嘗學詩於周者也。詩十首，或明潔，或清

〔二〕四庫本脱一「歡」字，據成化本補。

淳，或精深，或古澹，蓋一時之勝萃是已，來者可以觀焉。

春秋會傳序

邵子曰：聖人之經，渾然無迹，如天道焉。故春秋書實事，而善惡形乎其中矣。世之學春秋者，率謂聖人有意於褒貶。三傳去聖未遠，已失經意，而况後之注釋者乎哉？棄經而任傳，或臆度而巧説，幾若舞文弄法之吏。然觀者見其不背於理、不傷於教，莫之瑕疵，又孰能紬繹屬辭比事之文，而得聖人至公無我之心哉？

漢儒不合、不公無足道，千載之下超然獨究聖經之旨，唯唐啖、趙二家，宋清江劉氏抑其次也。澄嘗因三氏研極推廣，以通其所未通，而不敢以示人。今豫章熊復庶可所輯會傳，同者已十之七八，諸家注釋未有能精擇審取如此者也。熊君謹厚純正，篤志務學，其可爲通經之士云。

易簡歸一序

近代醫方，惟陳無擇議論最有根底，而其藥多不驗。嚴子禮剽取其論，而附以平日所用經驗之藥，則既兼美矣。王德膚學於無擇，易簡三十方蓋特爲窮鄉僻原、醫藥不便之地一時救急而設，非可通於久遠而語於能醫者流也。是以不免於容易苟簡，其有以來施、盧之攻也宜。且如瘧痢之證，病源不一，法自殊。世有執「無痰不成瘧，無積不成痢」之説而概用一藥者，或驗於甲而不驗於乙，人但咎其藥之不靈，而孰知由其辨之不明哉？數見病瘧者對證依施氏用藥，又數見病痢者對證依嚴氏用藥，證各不同，無不應手愈。信夫，辨證之明而處方之當者，其効如此。德膚局以四獸，斷下二藥，豈可不笑也邪？德膚以來，增補其書者凡三，曰孫、曰施、曰盧。豫章徐若虚，昔以進士貢，儒而工於醫，又取四易簡而五之，名曰易簡歸一。其論益微密，其方益該備。施、盧且當避席，而況王若孫乎？雖然，微密非易也，該備非簡也。非易非簡而猶曰易簡，蓋不忘其初。吾取其有功於愈疾、有德於人而已，於書之難易簡也夫何計？

服制考詳序

凡喪禮制爲斬、齊、功、緦之服者，其文也；不飲酒、不食肉、不處内者，其實也。中有其實，而外飾之以文，是爲情文之稱。徒服其服，而無其實，則與不服等爾。雖不服其服，而有其實者，謂之心喪。心喪之實有隆而無殺，服制之文有殺而有隆，古之道也。

愚嘗謂服制當一以周公之禮爲正，後世有所增改者，皆溺乎其文、昧乎其實，而不究古人制禮之意者也。爲母齊衰三年。而父在，爲母杖期。豈薄於其母哉？蓋以夫爲妻之服既除，則子爲母之服亦除，家無二尊也。子服雖除，而三者居喪之實如故，則所殺者三年之文而已，實固未嘗殺也。女子子在室，爲父斬，既嫁則爲夫斬，而爲父母期。蓋曰子之所天者父，妻之所天者夫。嫁而移所天於夫，則降其父。婦人不二斬者，不二天也。降己之父母而期，爲夫之父母亦期。期之後夫未除服，婦已除服，而居喪之實如其夫，是舅姑之服期，而實三年也。豈必從夫服斬而后爲三年哉？

喪服有以恩服者，有以義服者，有以名服者。恩者，子爲父母之類是也；義者，婦爲舅姑之類是也；名者，爲從父從子之妻之類是也。從父之妻名以母之黨而服，從子之妻名以婦之黨而服。兄弟之妻不可名以妻之黨，其無服者，推而遠之也。然兄弟之妻之服，己之妻有娣妹婦之服。一家老幼俱有服，己雖無服，必不華靡於其躬、宴樂於其室，如無服之人也。同爨且服緦，朋友尚加麻，鄰喪里殯猶無相杵巷歌之聲，奚獨於兄嫂弟婦之喪而恝然待之如行路之人乎？

古人制禮之意必有在，而未易以淺識窺也。夫實之無所不隆者，仁之至；文之有所或殺者，義之精。古人制禮之意蓋如此。後世父在，爲母亦三年；婦爲舅姑從夫斬齊并三年，爲嫂有服，爲弟婦亦有服。意欲加厚於古，而不知古者子之於母、婦之於舅姑、叔之於嫂，未嘗薄也。

愚故曰：此皆溺乎其文、昧乎其實，而不究古人制禮之意者也。古人所勉者，喪之實也，自盡於己者也。後世所加者，喪之文也，可號於人者也。誠僞之相去何如哉？每思及此，而無可與議。

豫章周成大服制考詳可謂究心於禮矣。嘉其有補於世教，因附愚説於其篇端，俾共世之知禮者講焉。

卷十七　序

皮魯瞻詩序

魯瞻，皮氏之賢子，從其族父遊京師，有紀詠數十篇，儼然如醇儒端士。讀之益信其賢。吾友元復初自負才高，於人寡許可，獨進魯瞻當路，又薦之試吏。余爲子以吏喻詩。夫吏以文無害爲善，一變則深文巧詆之吏，再變則舞文弄法之吏。吏不可如是，詩不可不如是。方見其爲醇儒端士，倏見其爲天仙化人，詩之變也，變至此，詩之至也。余將徯子之至。

熊君佐詩序

豫章熊君佐，嗜好推敲，能自鋭於一切世味之中。是以詩似其人，若草木生天香，若花盡春容，不事雕琢而近自然。細評古今難爲别，則予亦未能窺其何如也。

劉志霖文藁序

近年齊陵劉太傅以文鳴，沾丐膏馥者不少。然學之者字其字、文其文，形模謦欬，事事逼真，儼若孫叔敖之衣冠。竊意善學者不如是。志霖居與之鄰，而日親炙者也。太傅之後，尚有嗣其響儀，可分其光，而又有志霖焉。文之病或頗僻，或淺俗，或冗羨，或局促，或泛濫，或滯澀，或疏直，或繁碎，或浮靡，或枯槁，而志霖一無有。色炳炳、聲琅琅、勢滔滔汨汨，不太傅而太傅，其可謂善學矣哉！其可謂能言矣哉！雖然，文有本，非徒能言而已。若韓氏，若柳氏，若歐陽氏，若老蘇氏，縷縷自陳其所得。志霖於四家，熟之復之，必知其所得之由，他日轉以告我。

長岡讌飲詩八十韻序

遊讌有詩，建安以來始盛。然蘭亭之集，督之以嚴罰，賦者猶或止於五言四句。青谷劉志霖長岡之歌成詩至八十韻，才之慳贍不同固如是乎哉！或比之南山，南山未足多也。豐而不餘，約而不失，古之作者如是。一時情思，因酒而發，浩瀚淋漓，欲禁莫可，志霖不自知其多也。

黄體元詩序

黄體元妙年有詩，評者謂似江西派，余謂不然。氏黄也，詩不黄也，何也？黄沉重，此輕飄；黄嚴静，此活動；黄密塞，此疏通；黄硬健，此軟美。不必其佀，而惟其可，最爲善述前人者。妙年能此，奇矣。余欲劖其英，參寥、太虚已先之。句句如郭所摘，字字如何所點，又大奇也，行當見之。

切韻指掌圖節要序

聲音用三十六字母尚矣，俗本傳訛而莫或正也。群當易以芹，非當易以威，知、徹、牀、娘四字宜廢，圭、缺、群、危四字宜增。樂安陳晉翁以指掌圖爲之節要，卷首有切韻須知。於照、穿、牀、娘下注曰：「已見某字母下。」於經、堅、輕、牽、擎、虔外，别出扃、涓、傾、圈、瓊、拳，則宜廢、宜增蓋已瞭然。晉翁純篤力學，至老不倦，豈徇俗踵訛者所敢望哉！故其著述有見如此，而余之爲是言，亦可與言而與之言也。

新編樂府序

詩、騷之變，至樂府長短句極矣。韻人才士之作不絶乎耳。午窗坐困，夢遊鈞天，忽聞此音，爲之醒然而起。作手妙，選手尤妙。選者爲誰，清江嚴以仁氏。

運氣新書序

天地陰陽之運，往過來續，木、火、土、火、金、水始終終始，如環斯循。六氣相生之序也，歲氣起於子中盡於子中，故曰：「冬至子之半，天心無改移。」子午之歲始冬至燥金三十日，然後禪於寒水，以至相火，日各六十者五，而小雪以後其日三十，復終於燥金。丑未之歲始冬至寒水三十日，然後禪於風木，以至燥金，日各六十者五，而小雪以後其日三十，復終於寒水。寅申以下皆然。如是六十年至千萬年，氣序相生而無間，非小寒之末無所於授，大寒之初無所於承，隔越一氣不相接續，而截自大寒，爲次年初氣之首也。

此造化之妙，内經秘而未發，啓玄子闕而未言。近代楊子建昉推而得之。夫醫家運氣之説，惟陰陽大論七篇具存，而啓玄子取以補内經，醫流之究竟及此者蓋鮮。鄧焱景文貫通儒書，精專醫伎，純厚謹審，而篤於學。演繹七論，條分類別，目曰運氣新書。經文、注義采拾靡遺，凡著書欲以明運氣者，未有能若是晐且悉也。予又因楊氏所推，特表古聖先賢未發未言之奥於其篇端。鄧氏此書之行於世也，可無毫髮罅漏矣。

黄養源詩序

詩自風騷以下，惟魏晉五言爲近古。變至宋人，寖以微矣。近時學詩者頗知此，又往往漁獵太甚，聲色酷似而非自然。黄常養源詩，清以淳，進進而上，當與世之學魏、晉者不同。然養源年少有志，其學豈止工詩而已乎！予之所期，蓋在彼，而不在此也。

淝川書塾序

淝川書塾，盱江包淮仲邳所以名其讀書之塾也。包氏，自贈太子少師克堂公早遊朱、陸二先生之門，而資政殿學士文肅公擢儒科，登政府，文學、政事爲一世師表。淮，文肅之曾孫、少師之玄孫也。克承其祖武，亦可爲聞人矣。乃遠推所自，取龍圖孝肅公所起之地名其塾，淮之所志遠矣。

昔周子家舂陵，而稱汝南；朱子家建安，而稱新安，皆不忘其初也。蓋與太公封於齊而不忘周者同意。是意也，豈俗儒小生所能知哉！

仲邳年少才俊，博古而通今，由文肅上遡孝肅，文學、政事之美固已不待他求，又充其所到，而朱而周，則包氏世世有人，將有光於其先。仲邳勉之哉！

楊桂芳詩序

清江楊桂芳，工詞賦而善歌詩，詩甚淳美。然桂芳才與年俱盛，非山澤枯槁、田野閒曠者。由詞賦而歌詩，由歌詩而上達屈騷、風雅頌之旨，聲其聲，實其實，則爲子而孝、爲臣而忠，政可以官、言可以使。詩之爲詩蓋如此，豈徒吟詠風花雪月、如今世所謂詩人而已哉？予将有俟於子。

周立中詩序

自進士業廢，而才華之士無所寓於其巧，往往於古今二體之詩。然稍有能輒自負，曰「吾能是足矣」豈知士之爲士，有出乎詩之外者哉？

豫章周遏立中，純謹俊秀，能進士業，而又能詩。所到處，古可逼魏、晉，律可如唐人。世之不能立是者已自足，而立中不爾也。使其進而益力，則知本之不在是。予是以嘉其識，而不但美其才也。夫才力所及，蓋難能之。然才力之外，更必有見焉。其尚以語我也。

運氣考定序

邵子謂素問、密語之類得術之理。鄆城曹君大本彦禮父嗜邵子書，而尤究意於素問、密語運氣之説，裒集大論三卷，密語七卷，亦勤矣。吾鄉有醫士鄧氏所編運氣新書，相近而微不同。予嘗爲之序。

噫！世之言運氣者，率以每歲大寒節爲今年六之氣所終、來年一之氣所始，其終始之交隔越一氣，不相接續，予嘗疑於是。後見楊子建通神論，乃知其論已先於予。彦禮父好邵學，予請以先天、後天卦明之。

夫風木，冬春之交，北東之維，艮、震也；君火，春夏之交，東南之維，震、巽也；

相火，正夏之時，正南之方，離也；濕土，夏秋之交，南西之維，坤、兑也；燥金，秋冬之交，西北之維，兑、乾也；寒水，正東之時，正北之方，坎也。此主氣之定布者也。地初正氣，子中而丑中，震也；地後間氣，丑中而卯中，離也；天前間氣，卯中而巳中，兑也；天中正氣，巳中而未中，乾、巽也；天後間氣，未中而酉中，坎也；地前間氣，酉中而亥中，艮也；地中正氣，亥中而子中，坤也。此客氣之加臨者也。主氣土居二火之後，客氣土行二火之間。終艮始艮，後天卦位也；始震終坤，先天卦序也。世以歲氣起大寒者，似協後天「終艮始艮」之文，然而非也。

子建以歲氣起冬至者，冥契先天「始震終坤」之義。子午歲之冬至起燥金，而生丑中之寒水；丑未歲之冬至起寒水，而生丑中之風木；寅申歲起風木；卯酉歲起君火；辰戌歲起濕土；已亥歲起相火；皆肇端於子半。六氣相生，循環不窮，豈歲歲間斷於傳承之際哉？然則，終始乎艮者，可以分主氣所居之位，而非可以論客氣所行之序也。彦禮父於經傳之所已言采拾詳矣，惟此説乃古今之所未發，敢爲誦之，以補遺闕。

彦禮父天資淳實，於書無不讀，而慕邵子甚至。昔司馬公與邵子同時，而師尊之，注太玄，譔潛虚，篤學清修。吾彦禮父之資，其幾乎？予忝與之聚處國學，獲覩其書，遂爲志其卷首。

伍椿年詩序

詩本乎氣而形於言。伍椿年，有氣有言者也，詩宜工。又因詩而治氣審言焉，俾氣調而言度，則詩浸浸乎古矣。其爲人温柔敦厚而不愚，深於詩者如是，古之教也。余將觀氣察言，以驗子之進。

石晉卿易説序

上古聖人作卦象以先天，而其體備於八八。作蓍數以前民，而其用衍於七七。八八之象本於一，而一無體；七七之數始於一，而一不用。合卦與蓍，是之謂易。中古聖人體卦用蓍，繫之彖，繫之爻。其辭雖爲占設，然擬議所言，理無不貫，推而行之，占云乎哉！秦、漢而下，泥術數者陋，演辭義者泛，而易道晦矣。

至邵子，極探卦象蓍數之原，而易之道大明。夫子以來，一人而已，而於文王、周公之辭有未暇及也。若程子之傳，則因文王、周公之辭以發其真知實踐之理，推之爲修齊治平之用，宜與三古聖人之易而爲四，非可以傳注論。昔夫子年将七十，有「假我數年，卒以學易」之語，是經豈易學哉？

主簿傅君以其師石君晉卿所著易説示予，予讀之，喜其説理之當、説象之工，蓋於象學、理學俱嘗究心，世之剽掠掇拾以爲説者何能幾其十一！聞石君兩目無見，古之瞽者爲樂師，取其用志不分也。樂，一藝耳，易之道詎一藝所可比？瞽而爲易師，亦其外物不接、内境常虛，故能精專若是歟？

或曰：「子之於易，與石君不同，何也？」曰：「予補朱義者也；石，廣程傳者也。君釋象，予亦釋象，則皆程、朱之所未言者。雖有不同，而言固各有當也。予又安敢以予之未必是而廢石君之是哉？」

虞舜民禮學韻語序

古之教者，子能食而教之食，子能言而教之言。欲其有别也，而教之以異處；欲其有讓也，而教之以後長。因其良知良能而導之，而未及乎讀誦也。教之數，教之方，教之日與夫學書計、學幼儀，則既辨名物矣，而亦非事夫讀誦也。弟子之職曰孝，曰悌，曰謹，曰信，曰愛，曰親。

行之有餘力，而後學文。今世童子甫能言，不過教以讀誦而已，其視古人之教何如也？然古人豈廢讀誦哉？戴氏記拾曲禮遺經，句三言或四言；管氏書載弟子職一篇，句四言或五言、六言。皆韻語，句短而音諧，蓋取其讀誦之易，而便於童習也。古書闕而教法泯，俗間教子，率以周興嗣千文、李瀚蒙求開其先。讀誦雖易，而竟何所用！

士大夫之家頗或知其無用而舍旃，童習之初，遽授小學、孝經等書，字語長短參差不齊，往往不能以句。教者强揠，而學者苦其難，又胡能使之樂學哉？程子嘗欲作詩，略言教童子洒掃、應對、事長之節，而不果作。陳氏五言禮詩近之，而有未備，君子病焉。

江東虞舜民〔一〕輯古經傳記成訓，補而綴之，裁而成之，名曰禮學韻語。其事該，其辭雅，凡程子之所未及、陳氏之所未詳，一旦悉具而無遺。又有名數韻語一書，相輔而行，既非千文、蒙求無用之言，又無字句參差難讀之患。幼而復熟於此，長而階之以稽全經，可不謂之有功於初學已乎？仁矣哉，其用心也！

舜民年踰五十，志學彌篤。其師謝氏，節義士也。淵源所漸，蓋有自云。

莊子正義序

莊子內聖外王之學，洞徹天人，遭世沈濁，而放言滑稽以玩世。其爲人固不易知，而其爲書亦未易知也。魏晉以來，注釋奚翅數十。雖淺深高下不同，大抵以己見說莊子，非以莊子說莊子也。

〔一〕四庫本脱一「民」字，據成化本補。

玄學講師侯大中，蜀産也。澹然樸素，好南華經。聞清江道士杜充符有唐劍南道士文如海南華正義，命其徒徑往繕寫以歸，如獲珍器。近以示予，予嘉文氏方外之人，乃能獨矯郭氏玄虚之失，而欲明莊子經世之用。噫！可不謂拔乎儔類者哉？

昔在天寶間，玄宗蓋嘗賜見正義十卷。宋太平興國八年，成都道士任奉古鋟諸木，而世不傳。講師將爲重刻，故敘其所以得書之由。若夫得意忘言，奭然四解，進進乎南華真人之逍遥遊，師其自知之矣。

詹沂仲文集序

樂安詹君沂仲，戊辰試太學第一，處太學七年而歸隱。會郡侯慕君文名，强起之，教授於邑校。余自幼喜聽君談文、談當世事，明峻激發，英英然有永嘉諸君子之風。惜哉！不獲究其用也。子天麟收拾遺藳，廩廩恐泯墜。於乎！沂仲不可作矣！觀於斯文，尚可想見其人，蓋非特才進士而已。

詹天麟塹藁序

樂安詹沂仲，往年試藝補太學諸生，名次冠天下，其雄文高論震撼一世。子天麟能傳其家學，有詩有文如此，沂仲爲不亡矣。

象山先生語録序

青田陸先生之學，非可以言傳，而學之者非可以言求也。盱江舊有先生語録一袠，所録不無深淺之異。此編之首，乃其高第弟子傅季魯、嚴松年之所録者。澄肅讀之，先生之道如青天白日，先生之語如震雷驚霆，雖百數十年之後，有如親見親聞也。楊敬仲門人陳塤嘗鋟板貴溪象山書院。至治癸亥，金溪學者洪琳重刻于家，樂順携至，請識其成。

嗚呼！道在天地間，今古如一，人人同得，智愚賢不肖，豐嗇焉。能反之於身，則知天之與我者，我固有之，不待外求也。擴而充之，不待增益也。先生之教人蓋以是，豈不至簡至易而切實哉？不求諸我之身，而求諸人之言，此先生之所深閔也。今之口談先生、心慕先生者，比比也，果有一人能知先生之學者乎？果有一人能爲先生之學者乎？

嗚呼！居之相近，若是其甚也；世之相去，若是其未遠也。可不自愧、自惕而自奮與？勿徒以先生之學付之於其言也。

女教之書序

女德之懿，以柔静淑慎、堅貞修潔爲貴，雖其天質之至美，亦未嘗不資於教。古之女教，略見於内則、曲禮之篇。而今世之女子或教以紋繡之工，或教以詞章之麗，非矣。相臺許獻臣，蒐獵經史傳記，摭其嘉言善行，名曰女教之書，凡爲女、爲婦、爲妻、爲母之道，靡所不具。女子於女功之暇而能誦習焉，則知如是者之可慕可傚而爲之，不如是者之可羞可惡而不爲，其於世教，豈小補哉！夫自王公至於士庶人，未有不須内助之賢。家之興廢，往往係於女德之何如，教之何可以不豫也？獻臣喪親而孝，涖官而廉其身，固可以立教，而又取前言往行筆之於書。倘其書之所以教者盛行於世，閨門之内、奥室之中，莫不感發於其言，薰沐於其行，而與之俱。且將人人備女士之德，不惟世之父母得有賢女，而爲舅爲姑皆有賢婦，爲夫爲子皆有賢妻賢母。化成俗厚，駸駸幾二南之風，蓋不難也。然則是書，其可與朱子小學之書并行者乎？

譚晉明詩序

詩以道情性之真。十五國風有田夫閨婦之辭，而後世文士不能及者，何也？發乎自然，而非造作也。漢、魏逮今，詩凡幾變。其間宏才碩學之士縱横放肆，千彙萬狀，字以鍊而精，句以琢而巧；用事取其切，模擬取其似，功力極矣。而識者乃或舍旃而尚陶、韋，則亦以其不鍊字、不琢句、不用事，而情性之真近於古也。今之詩人隨其能而有所尚，各是其是，孰有能知真是之歸者哉？

宜黄譚德生晉明，天才飄逸，綽有晉人風致。其爲詩也，無所造作，無所模擬，一皆本乎情之真。瀟洒不塵，略無拘攣局束之態。世之以鍊字、琢句、用事爲工者，或不相合，而予獨喜之之深。蓋非學陶、韋，而可入陶、韋家數者也。故觀其詩，可以見其人。彼詩自詩，人自人，邈乎不相類者，又何足以知之？

劉鶚詩序

有客携廬陵劉鶚詩一袠來，予觀之，五言、七言古體，五言、七言近體，五言、七言絶句，凡六體，無一體不中詩人法度，無一字不合詩家聲響。夫人之才，各有所長，學詩者各有所從入。唐、宋以來，詩人求其六體俱可者亦希，如之何不爲之嘉嘆？觀詩竟，觀諸人序引，而又知鶚之早慧，年二十已能詩。北走燕、趙，南走湖、湘等處，廣覽山川風俗，以恢廓其心胸耳目。志氣卓犖不群，詩之不凡也宜。

卷首一序，乃其大父桂林翁所作。年過期頤，訓其孫作詩貴實，蓋知作詩作文之要領。且謂當推此實於言行，則其學識知所根抵，非但文士見趣而已。世之訓其子孫而能若是者，幾何人哉？聞翁九十有五，時人以衛武公日誦抑詩自警之事美之。武公固未易及，然抑之詩曰「斯言之玷，不可爲也」；又曰「相在爾室，尚不愧於屋漏」，其慎言慎行者至矣。翁以實其言行詒孫謀，殆亦武公之意與？劉氏祖孫壽而德，少而才。一家有二瑞焉，天之厚於其家必有由也。

翁字叔正，長吾父三歲，今一百有二。鶚字楚奇，與吾諸子之年相後先，今三十有六。予喜翁之壽，敬之如吾父；嘉鶚之才，愛之如吾子。於是書此而授之客，以遺劉氏。

張達善文集序

蜀儒張𩓏達善父，少從金華王氏遊，王氏之學其源出自朱子門人黄勉齋先生，故凡達善所聞格言至論，皆足以範俗垂世。國朝奄有南土，中州士大夫淑其弟子以四書者，競延致達善而講説焉。或薦於朝，特命爲孔、顔、孟三氏教授，鄒、魯之人至今服誦其遺訓。東昌張遜謙叔得其文若干卷，刻梓以傳，好善樂學之意可尚哉！達善長予十有三歲，予視之猶兄也。前此江東宣慰使拔不忽嘗欲板行其文，余序其端。今謙叔〔二〕之從子德光又以序爲請。余悲達善之無嗣，而幸其遺文之不泯。俾後進之士因前輩所聞而知其所未知，裨益於人蓋不爲少，是則謙叔之功也。

徐君頤詩序〔三〕

原文闕

〔二〕 謙叔，四庫本作「謙淑」，成化本作「叔謙」，據前文改。
〔三〕 本篇成化本無。

卷十八　序

澹軒康氏詩藁序

予髫丱時，已聞澹軒翁詩名，而不及識也。翁平生悉其精力於詩，同時詩人爲之選摘，皆拔其尤。今可見者，淳祐藁，耐軒吕開選抄，八十七首；寶祐藁，同郡陳藏一選抄，三十六首；東樵揭齋邱拾遺，八首；開慶藁，後林李義山選抄，三十一首；景定藁，約山朱漢選抄，四十五首；蒙泉李濤選抄三十二首，大山蕭山則初摘五言一十句、七言一十二句、全篇一十一，續摘五言三十六句、七言一十二句、全篇六。小山蕭泰来又摘五言一十句、七言一十四句、全篇三，各繫之以和章，益之以褒辭。矩山徐經孫、雪坡姚勉、止庵林實夫、芸莊蕭澥、冰厓蕭立之亦有題句跋語，一時聞人相與盛矣哉！

翁雖已歿，而其詩光彩爛然，至於今不泯。子同老請爲選咸淳藁，予適未暇。嗚呼！詩祖三百篇，學詩者以邇之事父、遠之事君爲切實受用。翁有子，汲汲揚父之美，務表其詩，以傳於後。事父若是，非有得於學詩之實者乎？父之能詩，子之能孝，俱可傳也。翁康氏，諱應弼，字輔德。同老字聖與云。

周易略例補釋序

伊川程子易傳未成之時，每令學者觀三家易，一曰王輔嗣，二曰胡翼之，三曰王介甫。蓋漢儒好以術數談易，以義理注易自輔嗣始。唐初諸儒作疏義，悉廢諸家之注，而獨取輔嗣者，以此也。輔嗣解經之外，著略例二篇。其上篇析論彖、文、卦、象、位各一章，其下篇先之以五凡，終之以十一卦，略總一經之大概云耳。唐邢璹有略例注，今潮陽陳禧爲之補釋，多所發明，王氏之忠臣、邢氏之益友也。禧年甚少，而篤志於經；世武功，而從事於文；諸侯之子，而齒於庶士以共學，是其天質之異於人者也。

李學正小草序

袁州路儒學正李長翁，昔年從予學，其資穎然特異。教諭石城、金谿二邑，綽有聲譽。觀其文不苟作，韻語、儷語皆工。得如斯人百輩布滿州縣學官，文事其興乎？雖然，又有進乎此者。譬之木然，文猶枝柯葩華也。明經以培其本，修行以美其實，文乎文乎，非但末技虛言而已。

葉氏聱譚序

宋乾道、淳熙間，一時士學之懿、人才之盛幾及嘉祐、慶歷之際。其名實彰彰者既如彼，若吾臨川葉英叔先生者，韜光弗耀，觀其所著聱譚一編，讀經讀史，評古評今，識見之高，議論之正，有非區區文人才士之所敢望。丞相益國周文忠公之深許之也宜哉！當時亦與朱、陸二子交遊。去今百有餘歲，往往先得我心之所同。然視世之實無所知而剽掠以著書者，奚翅相倍蓰也。先生之孫誼，栖栖貧寠，汲汲揚其先祖之美，資力於人，鋟木以傳其書。仁夫！予喜吾邦之有是人，又喜斯人之有是孫也，是以志之云耳。

王實翁詩序

黄太史必於奇，蘇學士必於新，荆國丞相必於工，此宋詩之所以不能及唐也。王實翁爲詩，奇不必如谷，新不必如坡，工不必如半山，性情流出，自然而然。充其所到，雖唐元、白不過如是。前永州教授何君周佐評其詩曰：「興寄閒婉，得詩天趣。」當矣。又評其人曰：「神情曠夷，光霽被面。」噫！非此人，安得有此詩？

息窩志言序

吾兄李季安詩，矯矯如雲中龍，翩翩如風中鴻。其古體仙逸奇怪，有翰林、玉川之風；其近體工緻豪宕，有工部、誠齋之氣；其絶句清婉透脱，而又有張司業、王丞相之韻度。夫人於是數者，或能於此，不能於彼。今乃兼衆長而無不可，固曰天才絶異於人，而亦有由焉。學詣玄微，識超凡近，非可徒以詩人目也。是以縱横顛倒，無非妙用，豈紛紛調聲響、絢采色者之所可企而及哉？息窩，安樂窩也；志言，擊壤集也。世有知言者乎？無名公不同時之高第弟子也。

續文鑑序

昔東萊吕成公編先宋文鑑，新安朱文公讀之，猶有非議，其言載於文集、語録，可考也。今廬陵李文翁輯太元文鑑，其用心之公廣，立例之謹密，果已如成公所編乎？其尚審取精擇之哉！人也必其人之真能文，文也必其人之真可傳，如是而取焉、擇焉，毋俾不如文公者或得而非之、議之，則善矣。

虞氏三子字辭序

子生而名，冠而字，字有辭，載於古禮經。父自爲辭以教，則猶孔庭道詩禮以命伯魚、晉卿書訓戒以示無恤之意也。辰州路儒學教授虞槃德常，字其子宣曰雷、旦曰新、豈曰悦，而授以辭，其言曰：「雷在地中爲復，雷行天下爲無妄。知善而慎守，知不善而速改，復也。知之明，養之充，動斯無妄矣。」又曰：「旦者，初日新明之時。苟能於學如夜復明而更新，如日方旦而未已，則昏可明，弱可强。」又曰：「學以悦於己，孝以悦於家，忠信以悦於國人。」斯言也至矣，聖人復起，不易斯言矣。宣也，旦也，豈也，其踐斯言乎！庶幾如伯魚之克世其學，奚翅如無恤之甚習其辭而已哉！子及先生，吾兄也；

槩，猶子也；宣、旦、豈，猶孫也。是以識于其字辭之右方。

皮棨字説序

父之愛其子，何所不至哉！愛之至，則期之深。仕也，期其位之極於人臣；用也，期其才之益於人國。皮氏子名棨，而字維楨。棨者，公之儀、位之高也；楨者，國之榦、才之大也。位高足以展其才，才大足以勝其任，斯無愧於人臣，無負於人國矣。棨也，平江州判官之子、南雄路總管之孫也。其如所期，以宏父訓而光祖烈哉！

朱元善詩序

不能詩者聯篇累牘，成句成章，而無一字是詩人語。然則詩雖小技，亦難矣哉。金谿朱元善，才思俱清，遺辭若不經意，而字字有似乎詩人。雖然，吾猶不欲其似也。何也？

詩不似詩，非詩也；詩而似詩，詩也，而非我也。詩而詩已難，詩而我尤難。奚其難，蓋不可以强至也。學詩如學仙，時至氣自化。元善之於詩似矣。比其化也，則不見其似。吾猶将徯其至焉。

鍾山泉聲序

王翊聖韶以鍾山泉聲號其詩，爲之序引者三，爲之選點者一。引者任耳聽於無聲，曰錝錝，曰泠泠，疑若殷師之鬬牛、石勒之聞金鼓。其曰沈沈，蓋進於聽者也，庶幾乎耳病減矣。選者任目視於有形，采其四句者曰「萬室機杼夜，千村塲圃時」。山中有癡事，秉燭報新詩」；曰「蒼白雲邊天上下，紫玄洞口日方圓」。三千世界殘棊局，百萬塵身一蜕蟬」。采其二句者曰「不見重来燕，空令半捲簾」；曰「不知春幾許，兩月住江城」；曰「炎凉翻覆手，絡緯夜如何」；曰「細雨斜風裏，池亭得此人」；曰「江城昨夜西風急，明月寒砧十萬家」；曰「衣冠不群俗眼笑，山川出色韻士來」。采其一句者曰「無言領取青山意」；曰「江湖路熟水雲酣」。殆猶紀昌之視蝨、秦越人之視五藏，精矣哉！非詩人，安能識詩如此！予不敢再爲殷、石之耳，故且同於紀、秦之目。

甲子釋義後序

十榦十二支之名立，而相配爲六十，不知其所始。世傳黄帝命大撓作甲子，或然也。漢之時，術家以六十之四十八配周易八純卦之六爻，謂之渾天納甲，不過以寅、卯二支爲木，巳、午二支爲火，申、酉二支爲金，亥、子二支爲水，辰、戌、丑、未四支爲土而已。後之所謂納音者，每支五行備，而每行周乎十二支，榦則否。壬、癸各二水，而四金四木，丙、丁各二火，而四土四水，戊、巳各二土，而四木四火，庚、辛各二金，而四木四土，甲、乙不爲木，而四火四水四金焉。予嘗謂納甲之五行猶先天之卦，納音之五行猶後天之卦也。且納音始於誰乎？五行之上曰某水、某火、某土、某金、某木者，又始於誰乎？疑末世術家猥瑣之所爲也。

予壯歲過德化縣丞宋先生光父之家，見其所撰甲子釋義，凡榦支所屬五行及其上所加二字，皆以理論。雖甚精密，而亦不無牽强者。予曰：「納音蓋以數起，得木數者木，得金數者金，得土數則水，得水數則火，得火數則土也。」先生布筭筭之而悉合，喜曰：「當改而正之。」越三十餘年，希一與予會於夏氏之舘，出所改釋義以示。下之五行概諸數，上之二字析諸理，愈明白而愈精密。予追思往時，先生年幾六十，而嗜學不倦、舍己不吝如此。噫！今不可復見矣，感慨而識其左方。先生工進士業，蚤年充貢，五試禮部，特奏名授官。既仕，轉運司又以貢于禮部者再。

春秋備忘序

春秋，魯史記也。聖人從而脩之，筆則筆，削則削，遊、夏不能贊一辭。脩之者，約其文，有所損，無所益也。其有違於典禮者筆之，其無關於訓戒者削之。何以不能贊一辭？謂雖遊、夏之文學，亦莫能知聖人脩經之意爲何如也。蓋自周轍東，王迹息，禮樂征伐之柄下移，諸侯國自爲政，以霸而間王，以遐服而逼邇；天經紊，人理乖；災見於上，禍作於下；耳聞目見，一一皆亂世之事，王法之所不容。聖人傷之，有德無位，欲正之而不能，於是筆之於經，以俟後聖。故曰：「春秋，天子之事也。」又曰：「春秋，孔子之刑書也。」又曰：「春秋，正王道，明大法，孔子爲後世王者而脩也。」然此意也，當時及門之高第弟子有不能知，而况於遠者乎？然則三傳釋經，詎能悉合聖人之意哉？

澄也常學是經，初讀左氏，見其與經異者，惑焉；繼讀公、穀，見其與左氏異者，惑滋甚。及觀范氏傳序，喜其是非之公；觀朱子語録，識其優劣之平；觀啖、趙纂例、辯疑，服其取舍之當。然亦有未盡也。遍觀宋代諸儒之書，始於孫、劉，終於趙、吕，其間各有所長，然而不能一也。

比客京華，北方學者言春秋專門亟稱敬先生鼎臣，澄惜其人之亡，而不知其書之存也。稽先生之從孫儼參知江西行省政事，因是獲覩先生所著春秋備忘三十卷，明三傳例八卷。其用功次第，見於自序。弱冠受讀，學之三十年而始著書，年幾七十，而脩改猶未已。前後凡五易藁，總數十家之說而去取之。其援據之博，采覽之詳，編纂之勤，決擇之審，至謹至重，惴惴然不敢易，可謂篤志窮經者矣，非淺見謏聞所能窺測也。

參政屬澄序其端。竊惟春秋一經，自三傳以來，諸家異同殆如聚訟。今於衆言淆亂之中折衷以歸于一，是誠有補於後學。澄之庸下，有志於斯者，亦得因先生之所同以自信，又得因先生之所異以自考，遂不讓而爲之序。

先生諱鉉，易水人，金朝參知政事之孫。興定四年登進士第，主郟城簿，改白水令。值中州多虞，北渡隱處。國朝訪求前代遺逸，宣授中都提舉學校官。舊讀書大寧山下，人號爲大寧先生云。

鄧夔武詩後引

樂安董直心父，予老友也，有工於詩者，董出也；有引於前者，董筆也。讀其引，觀其詩，未有年如此，已有詩如此，異哉！少成者也。引曰：「負才惺鬆，造語警拔。」噫！舅之知其甥也至矣。曰：「養深見定，厚積薄發。」噫！舅之愛其甥也亦至矣。予欲有言，又何以加於此哉？爲詩者誰？鄧氏，夔武字也。

連道士詩序

連學禮，家儒而身道，故友新喻州儒學教授周君之外孫也。道家者流爲詩，只如此已不多得，予欲勉之梯南華、躋道德。異時二經融液，志之所至，聲之所發，皆天仙語，豈復人世之詩也哉！

鄔迪詩序

鄔孟烈之子迪能詩，予嘗喜其年少而倜儻俊邁。今觀其詩，尤信。太白古風壓卷，子美秦蜀紀行如畫。若「悲來乎」，若「笑矣乎」，非太白詩，僞作也；若「黄四娘家花滿蹊」，若「南市津頭有船賣」，雖子美詩，漫作也。李、杜遠矣，姑置。試言吾鄉近事，毋謂齊人知管、晏而已。甘泳中夫一生無他學，精力萃於詩，盛年所作縝密絢麗，甚精甚工。比其老也，有曰「大醉顛倒扶歸來」，有曰「醉倒太極虚空頹」，人多好之，而無復道其盛年精工之語。中夫不誤人，人自誤爾。迪之倜儻俊邁，吾懼其易流於此，故舉李之古風、杜之秦蜀紀行、甘之盛年所作以勉。

玄庵銘後序

色之中正者，黄也；昺明者，赤也；質素者，白也；黤黮者，黑與青也。玄在青黑之間，故遠而不可究曰玄，玄天是也；深而不可測曰玄，玄淵是也。玄有茫昧不可知之意，而老氏之言道曰玄。道莫尚於易，易言深遠，言隱賾，言幽微，言神妙，不言玄也。而楊子雲之準易曰：「玄然則易，其玄乎哉！」宗家子居歙，以人生所值榦支配易卦起數論禍福，憲使盧公處道銘其庵曰「玄」，而銘之。

盧公好爲文章，於數則未暇學。予嘗與之談竟日夕，倘及幽微神妙，欣欣焉樂聽忘倦。

雖不知數，喜數者也。然則數其玄乎哉？夫一衍四，二衍八，三衍十二四，衍十六，五十去一而七七四十九，策之過揲凡萬一千五百二十者，易之蓍數也。二倍四，四倍八，八倍十六，十六倍三十二，五畫加一，而八八六十四，卦之再重凡四千九十六者，易之卦數也。一而三，而九，而二十七，而九九八十一，復乘之以九，而七百二十九者，楊氏玄數也。一而十二，而三百六十，而四千三百二十，而十二萬九千六百，復乘之至三，而五萬五千九百八十七萬二千者，邵氏皇極數也。若夫子、壬一，亥、癸六，巳、丁二，午、丙七，寅、甲三，卯、乙八，酉、辛四，申、庚九，辰、戌、戊五，丑、未、巳十，天地生成數也。子、癸配坎一，午、壬配離九，卯、庚配震三，酉、丁配兑七，戌、亥、甲配乾六，未、申、乙配坤二，丑、寅、丙配艮八，辰、巳、辛配巽四者，九宫納甲數也。甲巳子午九、乙庚丑未八、丙辛寅申七、丁壬卯酉六、戊癸辰戌五、己亥四者，五行納音數也。是皆例之所可推、算之所可求，何玄之有？蓋數，器也，器匪玄；數，跡也，跡匪玄；數，粗也，粗匪玄。數匪玄也，所以數者，玄也。雖然，玄有三：深遠不可名，此爲玄之真；茫昧不可詰，此爲玄之似；淺近不可言，此爲玄之反。然乎否？主庵者曰

「然」。

羅垚詩序

豫章羅垚，予識之之時年甚少，不及與之細論。今死矣，觀其詩文若干篇，超然有見，不似專學言詞之人。天假之年，學日以充，所到詎可量哉！其不壽也，非先哲所謂間值之難，而數不能長者歟？惜也！予之中子袞少亦學爲詩文，亦年二十八而卒。垚之父之悲，猶予之悲也。而予之所以重惜之者，豈但如其父子之惜而已乎？

明良大監序

羅垚少而俊敏，天才絶出，詩文足以動人。受知貴戚之卿，拔之爲屬，得八品官。年二十八，客死京師。予友姜肅序其初藁，又以其所著明良大監示予。予嘗誡後生晚進勿輕著書，𡌴之著書也太蚤，其謝世也亦蚤。悲哉！相業一篇多好語。嗚呼！使其得年，而學不期於速成，而期於大成何可當也？𡌴字奕高，豫章人。

金谿傅先生語録序

陸先生之學，不在乎言語文字也，故朱之語録累百餘卷，奚啻千萬億言，而陸之語録僅僅一帙，其一帙者亦可無也。蓋先生平日教人，專於心身上切實用功，一時精神之感發、旨意之懇到，如良工斲輪、大冶鑄金，巧妙莫可彷佛也，而可筆録乎？朱語諄詳，而所録多冗複；陸語峻潔，而所録或暗劣。此語録之病也，故曰可無。

陸門高第弟子傅季魯，人稱琴山先生，其玄孫斯正示余語録一篇，所記三十五條，其間五條已載陸先生語録，將欲鋟木以傳。余謂傳之不足以章世美，觀之不足以得家學。孟子曰：「萬物皆備於我矣，反身而誠，樂莫大焉。」由傅以遡陸，由陸以遡孟，在此而已，安用語録爲哉？余雖有是言，而其鋟木之意不能已，遂爲之題其篇端。

大西山白雲集序

文章，一技耳；詩，又技之小者也。技雖小，豈易能哉？知其不易，則一字不輕出。而世之小有才者，率意爲之聯章累句在俄頃之間，若甚不難。雖然，可聽而不可觀也，可觀而不可玩也。彼安焉、習焉而不愧者，何歟？不知故也。昔之能詩者遠矣，近年廬陵劉會孟於諸家詩融液貫徹，評論造極。吾鄉甘中夫少而專攻，老乃奇絶，自成一家。若二君之於詩，庶乎其可也。永豐曾可則，每言會孟稱其師王太初詩爲廬陵八邑之冠。予固服會孟之識，而不及見太初之詩。今得其集，觀玩竟日，不忍釋手。蓋巧琢工鍊，高挹冥搜，字字不苟，句句不苟，寘之唐人詩中，當占上品。於是益歎會孟之識之不凡，而許與之不輕也。

太初，忠州太守之孫。父兄俱仕，意態宜匪寒士比。延賞弗逮，試藝屢屈，爲衣食故，客於人之門，俠氣猶自若也。晚值世變，家禍殊劇。既貧且病，而詩愈工。無如憂患何，頗藉西竺空幻之説以自誑。然少日歡娱快適之情，或時露一二，未能盡忘也。而卒不得志以死，可哀也夫！太初名泰來，嘗夢遊大西山下，故命其集曰大西山白雲。

劉巨川詩序

嗚呼！詩不易能也。世之事斯技也衆矣，或如春華之煒煜，或如秋樹之替零，或如洪河之洶湧，或如弱水之底滯，或如騏驥之馳驟，或如蚤蝨之緣延。或如禮法進趍之士，折矩周規；或如狂病呌呼之人，踰垣上屋；或如三軍一將之令，整肅精明；或如一皿百蟲之蟲，蠕動雜揉。人之能不能，萬不齊也，而豈可强哉？

淦劉濟巨川，才氣健，格律正，琢句錬辭，雖唐宋大詩人，殆不是過。嗚呼！可謂能也已。然則其可李、可杜、可王、可蘇否乎？曰：可。何由而可？曰：四家未論也，先論風、騷。風之變者、騷之續者未論也，先論其正。風二十五，騷二十五，可以群，可以怨，可以動天地，可以齊日月，何也？蓋有在於辭句之外者。李、杜、王、蘇亦莫不然。嗚呼！巨川其知之矣。

曾可則詩序

廬陵曾可則，才俊辭麗，如健鶻横空，如快馬歷塊；如春園桃李，如秋汀蓼蘋，超逸不群，而嫵媚可愛。往年喜其樂府小詞之工，今又獲觀其詩。問淵源所漸，則曰自西山王氏。聞須谿劉氏云：「廬陵八邑，詩莫或出王之右。」誠如是也，舐淮南鼎，雞犬可仙，况親經點化者乎？集中古體頗倣昌谷，近體亦有姿態。將壽諸木，欲其長留天地間也。嗚呼！由古及今，詩之所以長留，豈偶然哉！

張氏自適集序

古之文自虞、夏、商、周，更秦歷漢，至後漢而弊，氣日卑弱，莫可振起。唐韓、柳，宋歐、曾、王、蘇七子者作，始復先漢之風。他豈無人，要皆難與七子者并，以文論人則然也。歐、曾、王、蘇同時有若司馬文正公，豈出數子上哉？然讀者不肯釋手，何歟？蓋其心術正，倫紀厚，持守嚴，踐履實；積中發外，辭氣和平，非徒言之爲尚，以人論文則然也。

河南張仲美名道濟，修潔士也。小官微禄，韜隱遠方垂三十年，屢空而不戚。身外之物，一物不苟取；天下之人，一人不輕與。爲詩爲文，一本諸中言，言必麗於理。世之絢采色，調聲響，炳炳琅琅以飾其於外者，能如是乎？故余不以文論其人，而以人論其文。昔年邂逅清、滄間，一見相好。偕至京師，聚處數月，嘗序其詩。越十有五年，仲美由紹興知事、黄岡縣尹遷寧州判官，以年踰七十，告致仕而去。共余校文江西，獲覩全集。每篇三復而嘉歎焉。再爲之序，而還其藁。嗚呼！有德者必有言，有言者不必有德，吾聞諸夫子云。

張仲美樂府序

風者，民俗之謠；雅者，士大夫之作，故風葩而雅正。後世詩人之詩，往往雅體在而風體亡。道人情思，使聽者悠然而感發，猶有風人遺意者，其惟樂府乎？宋諸人所工尚矣。國初太原元裕之以此擅名，近時涿郡盧處道亦有可取。河南張仲美，年與盧相若，而嘗同遊，韻度酷似之。蓋能文能詩，而樂府爲尤長。然仲美，正人也，其辭麗以則，而豈麗以淫者之所可同也哉？

卷十九　序

唐詩三體家法序

言詩本於唐，非固於唐也。自河梁之後，詩之變至於唐而止也，於一家之中則有詩法，於一詩之中則有句法，於一句之中則有字法。謫仙號爲雄拔，而法度最爲森嚴，况餘者乎？立心不專，用意不精，而欲造其妙者未之有也。元和盖詩之極盛，其體製自此始散，僻事險韻以爲富，率意放辭以爲通，皆有其漸，一變則成五代之陋矣。異時厭棄纖碎，力追古製，然猶未免陰蹈元和之失，大篇長什未暇深論，而近體三詩法則先壞矣。「一鳩」、「雙燕」，或者方且謙遜；而「落木」、「長江」得意之句，自謂於唐人活計得之，眩名失實，是時昧者之過耳。永嘉嘗有意於變體姚、賈以上，蓋未之思故。今所編摭閲誦數百家，擇取三體之精者，有詩法焉，有句法焉，有字法焉。大抵皆規矩準繩之要，言其略而不及詳者，欲夫人體驗自得，不以言而玩翫也。

春秋類編傳集序

析輪、輿、蓋、軫而求車，然後有以識完車之體；指棟、梁、桷、宲而求室，然後有以識全室之功。車、室非有假於分，而求其所以爲完車全室，不若是其詳，不可也。朱子曰：「析之有以極其精而不亂，然後合之有以盡其大而無餘。」噫！讀春秋者，其亦可以是求之矣。春秋，化工也，化工隨物而賦形；春秋，山嶽也，山嶽徙步而異狀。持一概之説，專一曲之見，惡足與論聖人作經之旨哉？進賢陳君某示予所著春秋類編，析經以主傳，分傳以屬經，創意廣例，論類粲然，蓋有得於朱子之教者也。春秋非有假分合於人也，如是而求之，庶幾有以得其全耳。夫屬辭比事，春秋教也。屬辭所以合，比事所以析。不知比事，是舍輪、輿、蓋、軫而言車，離棟、梁、桷、宲而求室也。知比事而不知屬辭，則車與室其亡，矧於化工、山嶽乎何有？陳君其有以識是乎？夫極其精，所以盡其大也；不盡其大，無以得全體。陳君其必有以識是矣。

元復初文集序

儒者以文章爲小技，然而豈易能哉！能之不易，而或視以爲易焉，昌黎韓子之所不敢也。且其爲不易何耶？未可以一言盡也。非學非識不足以厚其本也，非才非氣不足以利其用也。四者有一之不備，文其能以純備乎？或失則易，或失則艱；或失則淺，或失則晦；或失則狂，或失則萎；或失則俚，或失則靡。故曰不易能也。

學士清河元復初，自少負才氣。蓋其得於天者異於人，而又浸淫乎群經，蒐獵乎百家，以資益其學，增廣其識，類不與世人同。既而仕於内外，應天下之務，接天下之人，其所資益增廣者，又豈但紙上之陳言而已！故其文脱去時流畦徑，而能追古作者之遺。正矣而非易，奇矣而非艱；明而非淺，深而非晦；不狂亦不萎，不俚亦不靡也。登昌黎韓子之堂者，不於斯人，而有望歟？

余與之交也久，今由湖廣參政赴集賢學士之召，與余遇於江州。出示近藁三帙，所得有加於前。余非能文者，喜談文者也。於斯時也，而有共談之人，如之何而不喜也？雖然，無迷其途，無絶其源，願共服膺韓子之言，以終其身。

六經補注序

先聖王之教士也，以詩、書、禮、樂爲四術。易者，占筮之繇辭；春秋者，侯國之史記。自夫子贊易、修春秋之後，學者始以易、春秋合先王教士之四術而爲六經。經焚於秦，而易獨存；經出於漢，而樂獨亡。幸而未亡者，若書、若禮，往往殘缺，惟詩與春秋稍完而已。

漢儒專門傳授，守其師説，不爲無功於經。而聖人之意，則未大明於世也。魏、晉而唐，注義漸廣。至宋諸儒，而經學之極盛矣。程子之易，立言幾與先聖并，然自爲一書則可，非可以經注論。若論經注，則朱氏詩集傳之外，俱不能無遺憾也。後儒於其既精既當者，或未能嚌味其所可取，則於其未精未當者，又豈人人而能推索其所未至哉！予嘗於此重有嘅焉，而可與者甚鮮也。

蜀儒黄澤楚望，貧而力學。往年初識之於筠，今年再遇之於江。讀易、讀書、春秋及周官、禮記，悉欲爲之補注。補注之書未成，而各經先有辯釋。宏綱要義，昭揭其大，而不遺其小，究竟謹審，灼有真見。先儒舊説，可從者拳拳尊信，不敢輕肆臆説以相是非。用功深，用意厚。以予所見，明經之士未有能及之者也。晚年見此，寧不爲之大快乎？楚望不輕以示人，而德化縣令王君乃爲鋟梓以傳。予歎美之不足，因以諗於學者。蓋於諸經沈潛反覆，然後知其用功之不易、用意之不苟云。

事韻擷英序

昔歐陽公、蘇老泉、王荆國諸人，以「黯然銷魂，惟别而已」八字分韻賦詩，送裴吴江。蘇得「而」字，其詩云「談詩究乎而」。荆國就席，擬賦二篇，一曰「風作鱗之而」，一曰「兩忘我與而」，滿座駭服。宋以前和詩，和意不和韻，至荆國、東坡、黄山谷，始以用韻，奇險爲工。蓋其胸中蟠萬卷書，隨取隨有，愈出愈巧，故得以相矜尚也。倘記覽之博不及前賢，則不能不資於檢閲，於是有詩韻等書。然其間往往陳腐，用之不足起人意。

江州路教授西蜀張壽翁所編事韻擷英，削去陳腐之字，而皆奇險之韻。荆國嘗謂晏元獻公用事的切，後見其類藁，乃知其有自來，纂輯之書亦不爲無功也。壽翁此編，可爲賦詩用韻之助，其功不既多矣乎！置一袠，則人人皆用奇險之韻，何異於王、蘇、黄三鉅公也哉？

活人書辯序

漢末張仲景著傷寒論，予嘗歎東漢之文氣無復能如西都，獨醫家此書淵奥典雅，煥然三代之文心，一怪之。及觀仲景於序卑弱殊甚，然後知序乃仲景所自作，而傷寒論即古湯液論。蓋上世遺書，仲景特編纂云爾，非其自譔之言也。晉王叔和重加論次，而傳録者誤以叔和之語參錯其間，莫之別白。宋朱肱活人書括一本仲景之論，書成之初，已有糾彈數十條者。承用既久，世醫執爲傷寒律令，夫孰更議其非？

龍興路儒學教授戴啓宗同父，讀書餘暇，兼訂醫書。朱氏百問，一一辯正，凡悖於傷寒論之旨者，擿抉靡遺，如法吏獄辭，隻字必覈，可謂精也已。然予竊有間焉，謂以吾儒之事揆之。由漢以來，大學、中庸混於戴記，孟子七篇儕於諸子，河南程子始提三書與論語并。當時止有漢魏諸儒所注，舛駁非一，而程子竟能上接斯道之統。至章句集成，或問：「諸書出，歷一再傳，發揮演繹，愈極詳密，程學宜有嗣也。而授受四書之家，曾不異於記誦辭章之儒，書彌明，道彌晦，何哉？」然則輪扁所以告桓公，殆未可視爲莊生之寓言而少之也。今同父於傷寒之書有功大矣，不知果能裨益世之醫人乎？

脉訣刊誤集解序

醫流鮮讀王氏脉經，而偏熟於脉訣。脉訣蓋庸下人所譔，其踈繆也，奚怪焉？戴同父，儒者也，而究心於醫書。刊脉訣之誤，又集古醫經及諸家説爲之解。予謂此兒童之謠，俚俗之諺，何足以辱通人點竄之筆？况解書者，爲其高深玄奥也，得不借易曉之辭以明難明之義也？今歌訣淺近，世人能知之，而反援引高深玄奥者爲證，則是以所難明釋所易曉，得無類於奏九韶、三夏之音以聽折揚、皇荂之耳乎？同父曰：「此歌誠淺近，然醫流僅知習此而已，竊恐因其書之誤，遂以誤人也。行而見迷途之人，其能已於一呼哉？」予察同父之言，蓋仁人用心，如是而著書，其可也。

蕭養蒙詩序

性發乎情，則言言出乎天真；情止乎禮義，則事事有關於世教。古之爲詩者如是，後之能詩者亦或能然，豈徒求其聲音采色之似而已哉。蕭養蒙年少才老，詩清而後，知其可以語上矣，故以上上語語焉。

省心詮要序

道家者流任永全携書一編至，曰省心詮要。予觀之，可以警悟人心，可以扶樹世教，藹然君子之言也。書無作者姓名，遡其所自，謂和靖處士林逋〔二〕君復之書也。處士當宋盛，且皎然肥遁，禄利不怵於中，其在逸民、卓行之科乎？今人不過誦其詩語之清而已。

〔二〕「林逋」，原作「林浦」，逕改。

昔范文正公造廬而贈以詩，有「風俗因君厚」之句。及其終也，猶以遺藁無封禪書自喜。夫異時身聞東封之事天，書矯誣，雖堂堂名儒，不免阿徇，蓋弗之取而難於言，微寓其意於臨絶之音，奚但以司馬長卿爲恥哉？行如此，識如此，言之可傳也固宜。然予未能必其果出於林也，以其書之有益，而能尊之信之，以垂世淑人者，誠可尚，乃爲識其篇端。永全，昇人也，字玄静。少學於儒，是以能然。

清江黄母慶壽詩卷序

清江鎮黄伯原，母年七十八，舉觴壽其親，遠近見聞其事者，咸作詩以頌。夫人子孰不喜其親之壽？然七十之年，世所常有；年高而多男，男多而又賢，世所難得也。魯論述周有八士，説者以爲記善人之多。夫才子八人，在昔有八凱矣，有八元矣，記者獨注意於八士，何哉？蓋八凱同出高陽氏，八元同出高辛氏，而各有父母，非一人所生也。八士則一母而八子，是爲可貴耳。舊友蔡仁傑示予黄母慶壽詩卷，予固喜其多年壽，而尤喜其多賢子，遂爲題其卷端，亦魯論記八士之意云。雖然，七十而八十，八十而九十，九十而期頤，母之壽益高，子之賢益進，乃可謂之無忝所生。

書傳輯録纂注後序

自樂經亡，而經之行於世者惟五。詩、禮、易、春秋雖不無闕誤，而不若書經之甚也。朱子嘗欲作書説，弗果。門人嘗請斷書句，亦弗果。得非讀之有所疑，而爲之不敢易邪？訂定蔡氏書傳僅至「百官若帝之初」而止，它篇文義雖承師授，而周書、洪範以後，浸覺踈脱，師説甚明，而不用者有焉。豈著述未竟，而人爲增補與？抑草藁粗成，而未及修改與？金縢「弗辟」，鄭非孔是，昭昭也，既迷於自擇，而與朱子詩傳、文集不相同。然謂鴟鴞取卵破巢比武庚之敗管、蔡及王室，則又同於詩傳，而與上文避居東都之説自相反。一簡之内而前後牴牾如此，何哉？召、洛二誥朱子之説具在，而傳不祖襲之，故切疑洪範以後始非蔡氏之手筆也。

番陽董鼎季亨父，治聖人之經，學朱子之學，詳稽遺語，旁采諸家，附於蔡氏各條之左，名曰輯録纂注。有同有異，俱有所裨。「西伯戡黎」，其國蓋在黎陽之地，而非上黨壺關之黎。武王伐商，兵渡孟津，道過黎陽，先戡黎而後至紂都，如齊桓伐楚，先潰蔡而遂入楚境也。輯録引董銖叔重之問，謂吴才老以戡黎爲伐紂時事，召誥三月「甲子，周公用書，命庶殷，侯甸男邦伯」，多士篇即其命庶殷之書也。而舊注云多士作於祀洛次年之三月。纂注引陳櫟壽翁之説，以此三月誥商士爲周公至洛之年，周公居東。二説兼存，不以蔡之從鄭爲然也。略舉一二端，則季亨父之有功書經多矣。

澄於此經，亦嘗因先儒所疑，而推究其所可知，往往不能悉與舊説合。觀所輯纂，其間乃有與予不異者。季亨父篤行信於鄉里，年六十八而終。子真卿來遊京師，出父書以示。嘉其窮經有特見，而無黨同護闕之蔽，於是爲識其卷末。

大元通制條例綱目後序

孟子曰：「徒善不足以爲政。」言治天下不可以無法也。法者，政之在方策、傳之於後世，爲成憲、爲舊章者也。古聖人治天下之法，商以前弗可考已。經制大備於周，而推周官，六典猶可見，六者又亡其一，五者雖存，特其大綱耳，當時必別有細目，而不傳於今也。

姑以春官、秋官言之：禮典必有三百之經，刑典自有三千之屬，况典禮威儀纖悉乎三百經之外、上下比罪貫穿乎？三千屬之中，其浩博爲何如哉？禮經三百，僅有儀禮十七篇内之十四禮；刑屬三千，已無其書；律十二篇，蓋其遺法，自秦以來官府之所遵守，吏師之所授受，而各代頗有釐革者也。李唐增修，視前加密。柴周續纂，比舊尤精。所因據古律正文，所損所益，或附勑令格式。勑者，時君之所裁處；令者，官府之所流布；格式者，各代之所造設也。與律相參，歸於允當。

宋建隆間，命官重校，號稱詳定刑統，而云「周顯德律令後不行」。夫不行者，謂不行於周顯德所纂之本，非謂不行歷代相承古律之文也。皇元世祖皇帝既一天下，亦如宋初之不行周律，有旨金太和律休用，然因此遂并古律俱廢。中朝大官懇懇開陳，而未足以面天聽。聖意蓋欲因時制宜，自我作古也。仁宗皇帝克繩祖武，爰命廷臣類集累朝條畫體例爲一書，其綱有三：一制詔，二條格，三斷例。延祐三年夏，書成，英宗皇帝善繼善述，申命兵府憲臺暨文臣一同審訂，名其書爲大元通制，頒降於天下。古律雖廢不用，而此書爲皇元一代之新律矣。以古律合新書，文辭各異，意義多同。其於古律暗用而明不用，名廢而實不廢。何也？制詔、條格，猶昔之勑、令、格式也。斷例之目曰衛禁，曰職制，曰户婚，曰廐庫，曰擅興，曰賊盜，曰鬭訟，曰詐僞，曰雜律，曰捕亡，曰斷獄，一循古律篇題之次第，而類輯古律之必當從。雖欲違之，而莫能違也，豈非暗用而明不用，名廢而實不廢乎？宋儒謂律是八分書，而士之讀律者亦鮮。

吾郡張紹漸漬儒術，練習法律，爲律吏師。通制未成書之時，編録詔條及省部議擬通行之例，隨所掌分隸六部，題曰大元條例綱目，枚莖朗例，采拾該遍，由初逮今，垂四十載，功力勤甚。紹已自敘于前，而予嘉其可以輔通制之書，故又爲之後敘，于以推尊而符古律。志於究律學者，其尚慨想於斯焉。

何養晦詩序

何養晦，儒家子，清介朴愿，無世俗不正之好，可與遊乎方之内。其詩亦潔淡明愸，非謾作者。噫！未易多得也。然少孤且貧，寄跡老子法中，不肯如其同類之混混於垢穢。志在遊乎方外，故以「天遊」名其詩，可尚矣哉！噫！未易淺期也。遊有三：有蘇相國之遊，有司馬太史之遊，有南華真人、三閭大夫之遊。相國之遊，欲界之遊也；太史之遊，色界之遊也。超乎無色界者，其惟南華真人乎？南華之遊，真遊也。三閭知之言之而已，請問所安。

顔子序

考漢藝文志，孔門諸弟子惟曾子有書，其十篇今見大戴禮記，而小戴禮記、曾子問、檀弓、祭義等篇亦述曾子之言。宋儒備論語諸書所載合大戴記内十篇爲曾子書，又粹子思所言爲子思子書，於是有曾子，有子思子，而顔子無書也。蓋顔子雖孔門第一人，然既不得年，又不授徒，故其言無所紀録。夫子嘗謂「吾與回言，終日不違」，又謂「於吾言無所不悦」，又謂「語之而不惰」。由是觀之，夫子平日與顔子言者多矣，而泯泯無傳，惜哉！論語中顔子之自言者僅一章，夫子之與言者亦僅一章。夫子言而顔子答者二，顔子問而夫子答者二，其餘則皆稱美追憶之辭耳。

河北文安李龥、江南高安李純仁，各倣曾子、子思二書例而爲顔子書，先之以論語、中庸、大傳，附之以諸子傳記、雜語。二人編纂小有不同，其用意則一也。純仁廣覽博聞，而樸厚端謹，固具可至顔子之資。因書之言，學顔之學，必也。於所知之理無所不知，於所爲之事有所不爲，勉勉循循，有進無退，則不遷怒，不貳過，三月不違仁，自可馴致而得其所樂，殆有難以語人者。夫如是，其於顔子也，直可睎其人，非但輯其書而已，予将有俟焉。

周聖任詩序

豐城周聖任，客於皮南雄之門，其議論精悍，其辭章俊拔。予數與語，而嘉其能。今其子粹其父之文爲一帙，而南雄之子平江判官滑持以示予。予讀其文，如見其人，而嘆聖任之不可復作也，書此而還其藁。

蕭獨清詩序

詩也者，乾坤清氣所成也。屈子離騷、九歌、九章、遠遊等作，可追十五國風，何哉？蓋其蟬蜕污濁之中，浮遊塵埃之外，皭然不滓，於楚俗爲獨清故也。陳拾遺感寓三十八，如丹砂空青，金膏水碧，超然爲唐詩人第一。李翰林仙風道骨，神遊八極，其詩清新俊逸，繼拾遺而勃興，未能或之先者，非以其清？故朱子論作詩，亦欲净洗腸胃間葷血腥羶，而漱芳潤。故曰：詩也者，乾坤清氣所成也。

道家者流，物外之脩然獨清者也。今世道流，其濁穢乃或甚於凡庶，而萬安道士蕭獨清不然。觀其詩，瑩瑩如冬冰，瀼瀼如秋露；湛湛如石井之泉，泠泠如松林之風。豈意道流中之有是詩也，又豈意道流中之有是人也，噫！不有是人，何以有是詩哉？故曰：詩也者，乾坤清氣所成也。

雖然，獨清將爲詩人乎？抑爲道士乎？因詩悟道，因道成詩，階有名之清，躋無爲之清，至是，則詩其天矣乎！若今之詩，清則清矣，而猶未離乎人也。獨清名復清云。

州縣提綱序

天子者，天下之人牧，治之不能徧也，於是命州縣之官分土而治其民，其責任不亦重乎？而近年多不擇人，或貪黷，或殘酷，或愚暗，或庸懦，往往惟利己是圖，豈有一毫利民之心哉？嗚呼！何辜斯民，而使此輩魚肉之也？

吾鄉姜曼卿録事仕於閩，忍貧自潔，遇事必究底藴，惻然惟恐傷於民。前脩所編州縣提綱一書，手之不置，蓋與其意無一不合故也。章貢黎志遠復爲鋟木，以廣其傳。嗚呼！州縣親民之官，人人能遵是書而行之，民其庶幾乎！曼卿之持身固謹，而志遠之用心亦仁矣。安得如此持身，如此用心者布滿天下州縣哉？

黄定子易説序

易之道廣大悉備，學者各以其所見爲説，然亦各有義焉，蓋易之道無所不包故也。以理言易者，王輔嗣、胡翼之、王介甫，至程子而極。以象言易者，虞仲翔、朱子發。近世有丁有范，博極諸家，兼總衆説，搜括無遺矣。然或失之鑿，或失之泛，俱未得爲至當也。夫易之取象，或以三畫正體，或以三畫互體；或四畫爲一體，或五畫爲一體；或以六畫全體，或以六畫複體。卦變則剛柔相易，一往一來者也；爻變則一畫變與五畫變，而一畫不變者也。惟旁通飛伏之説不可取爾。

友人黄定子委安之用功於易也有年，專以一畫變、一畫不變者起義，蓋與春秋左氏傳沙隨程氏説及朱子啓蒙三十二圖皆有合也，而淺識或莫曉其所以然。予嘉其用意之勤、取義之密，故書篇首，以曉觀者俾知其説之未可輕視也，非特喜其同己而已。

陸宣公奏議增注序

三代以後，人臣論事未有能如陸宣公者。蓋其學正，其識精，其氣和，其辭達，故其所論深切著明如此。雖以德宗之强愎自任，猜忌多疑，然覽所奏，未嘗不心服也。夫以眉山蘇氏文章之敏妙，新安朱氏義理之精微，至於奏篇，必效其體，豈非百世人臣告君之楷式乎？

盧陵鍾士益，博綜群書，喜讀奏議，各疏事迹始末於每篇之下，其所援據亦皆附載，繼之以諸儒之評，廣之以一己之説，因郎氏舊注而加詳焉。凡公之言，或用於當時，或驗於他日，莫不了然易見，其可謂有功於前訓、有補於後賢者矣。

卷二十　序

周易本說序

易者，天地鬼神之奧，而五經之原也，夫豈易究哉！古魏齊履謙伯恒父篤學窮經，其志苦，其思深。其於易也，悉去諸儒支蔓之說，而存其本，著本說四卷。其辭簡，其法嚴，能以一字一句該卦爻之義。余讀之而有取焉。

於乾之乾，而曰「上乾名，下卦名」；於坤之「黃裳」，而曰「不外事，無上侵」；於蹇之「來反」「來連」而曰「反二連三」；於解之「負且乘」，而曰「負四乘二，以悔亡爲功，能掩過；以無悔爲功，過俱亡。」此其訓釋之善者也。於屯之二曰「辭之逐，所以見覆之危；期之遠，於以明守之堅」；於訟之三曰「食舊德，則人莫與争能；從王事無成，則人莫與争功」。於遯之三與上曰「係者，情牽於私，而功業非所勉；肥者，宏博自大，而職事非所屑」。此其文義之暢者也。無妄之「妄」，謂史記作「望」，意尤明白，則同乎先儒，而擇之精。坎三「來之」，謂「之」爲語辭，而不訓「往」；復彖「来復」，謂一陽始生於冬至之後，而謂十月微陽已生者不然，則異乎先儒，而語之當。姑舉其概如此，他未暇遍舉。

嗚呼！伯恒其知易教之以潔静精微爲貴與？然其簡嚴太甚也。觀者鮮或細玩而詳窺，兹蓋未易與寡見謏聞議也。或曰：「齊氏之説與子之説易不盡同也。」予曰：「然。彼之與予同者，予固服其簡且嚴矣；其不與予同者，予敢是己之是而必人之同乎己哉？亦將因其不同而致思焉。則其同也，其不同也，皆我師也。伯恒學孤特，行清介，所守確乎不移。予嘗與爲寮友，君子人也，非止經師而已。」

春秋諸國統紀序

讀三百五篇之詩，曰有美有刺也；讀二百四十二年之春秋，曰有褒有貶也。蓋夫子既没，而序詩傳春秋者固已云，然則非秦、漢以後之儒創爲是説也。説經而迷於是也，千年矣，逮自朱子詩傳出，人始知詩之不爲美刺作，若春秋之不爲褒貶作。則朱子無論著，夫孰從而正之？有惑有不惑者，相半也。

邵子曰：「聖人之經渾然無跡，如天道焉。春秋書實事，而善惡形於其中矣。」至哉言乎！朱子謂「據事直書，而善惡自見」，其旨一也。唐啖趙、宋孫、劉而下，不泥於傳，有功於經者，奚啻數十家，然褒貶之蔽猶未悉除，必待宋末李、吕而後不大惑。夫其所謂褒貶者，以書時、書月、書日爲詳略其事，以書爵、書人、書國爲榮辱其君，以書字、書氏、書名、書人爲輕重其臣而已。噫！事之或時、或月、或日也，君之或爵、或人、或國也，臣之或字、或氏、或名、或人也，法一定而不易，豈聖人有意於軒輊予奪之哉？

魏邑齊履謙伯恒父之説春秋則異是。不承陋襲故，皆苦思深究而自得。内魯尊周之外，經書其君之卒者十八國，乃分彙諸國之統紀凡二十，己所特見，各傳于經，縷數旁通，務合書法，餘事闕而不録。其義視李則明決多，其辭視吕則簡净勝。予之所可，靡或不同。間有不同，亦其求之太過爾，而非苟爲言也。不具九方臯相馬之眼者，又烏能識之？伯恒父之篤志經學，知之雖久，晚年獲覩其二書之成，寧不快於心歟？二書謂何？易、春秋也。

周易輯説序

易之道，其大如天，其廣如地；其悉備也，如天地間之萬物，靡所不有。世之説易者各隨所見，苟不悖於理，其爲言也必有可觀。無他，易廣大悉備，無不包羅，無不該遍故也。

金谿曾先生，諱子良，在宋兩貢于鄉，擢進士科，仕至縣令。晚節隱居講授，以通經學古、能詩能文爲後進師。臨川饒宗魯遊其門，每日授易，所聞皆能記憶。師既卒，乃祖述其意，撰著新辭，文口談之質俚，如傳注之純雅，名曰周易輯説。意或未安，不敢輒改。蓋有漢儒治經守家法之遺意焉。先生之年，吾父黨也，素所敬慕者。今因所輯，得窺前輩之所學，又嘉宗魯之能守其師説也，是以爲之序云。

中庸簡明傳序

中庸，傳道之書也，漢儒雜之於記禮之篇，得存於今者，幸爾。程子表章其書，以與論語、孟子并，然藴奥難見，讀者其可易觀哉？程子數數爲學者言，所言微妙深切，蓋真得其傳於千載之下者，非推尋測度於文字間也。至其門人吕、遊、楊、侯，始各有注。朱子因之，著章句、或問，擇之精，語之詳矣。唯精也，精之又精，鄰於巧；唯詳也，詳之又詳，流於多。其渾然者巧則裂，其粲然者多則惑。雖然，此其疵之小也，不害其爲大醇。

廬陵劉君惟思良貴甫，以朱子章句講授，考索玩繹五六十年。年八十，乃纂其平日教人者筆之於紙，辭簡義明，倣夫子説蒸民詩之法，始學最易於通習，惠不淺也。夫漢儒説稽古累數萬言，而鄭康成於中庸二十九字止以十二字注之，朱子深有取焉。然則良貴父之簡明，是亦朱子意也，而見之不同者不曲徇。

澄少讀中庸，不無一二與朱子異。後觀饒氏伯輿父所見亦然，恨生晚，不獲就質正。今良貴父，吾父行也。皇慶元年夏，其子秘書監典簿復初官滿南歸，相遇於東淮，出其父書以示。澄讀之竟，既知先輩用功之不苟，而良貴父亦已下世。疇昔所願質正於伯輿父者，今又不獲從良貴父而訂定。三人之不同，各有不同。三卒未能以合於一也，則又烏乎不悵焉以悲？故爲識其左，而還其書於典簿氏。

春秋集傳釋義序

古之學者醇厚篤實，不肯背其師説。予觀公羊氏、穀梁氏之徒，既傳其師之説以爲傳，而其間有特稱「子公羊子」、「子穀梁子」者，又以著其師之所自言也。嗚呼！此其所以爲三代以上之人與？

漢儒治經亦謹家法，不以毫髮臆見亂其所聞。唐之陸淳，初師啖氏，啖卒而師啖之友趙氏，遂合二師之説爲纂例、爲辨疑等書，至今啖、趙之學得以存於世者，陸氏之功也。新安俞皋，其學博，其才優，其質美，從其鄉之經師趙君學春秋，恪守所傳，通之於諸家，述集傳釋義經文之下，融會衆説。擇之精，語之審，粹然無疵。經後備載三傳、胡氏傳。以今日所尚也玩經下所釋，則四傳之是非不待辨而自明，可謂專門而通者矣。予喜其有醇厚篤實之風，乃爲序其卷首。

趙君名良鈞，宋末進士及第，授脩職郎、廣德軍教授，宋亡不復仕。皋字心遠，居朱子之鄉，與人論經，一則曰趙先生云，二則曰趙先生云，學而能若是者鮮哉！予是以喜之之深也。

字體正訛序

自隸興於秦，而篆廢於漢，其初不過圖簡便以適己而已。漢隸之流爲晉隸，則又專務姿媚以悦人，妍巧千狀，見者無不愛。學者竭其精力以摸擬之，而患不似也。

夫字者，所以傳經載道，述史記事，治百官，察萬民，貫通三才，其爲用大矣。縮之以簡便，華之以姿媚，偏旁點畫浸浸失真，弗省弗顧，惟欲以悦目爲姝，何其小用之哉？漢晉而後，若唐若宋，聲明文物之盛各三百年，頗有肯尋斯、籀之緒，上追科斗鳥跡之遺者，視漢晉爲優。然亦間見爾，不易得也。就二代而論，唐之能者超於宋，宋之能者多於唐，餘風猶未泯。

番易吴正道，承家世文獻，工篆書。不惟筆法之工，并究字體之原。以所訂偏旁一帙示予。予每慨古藝之不絶如綫，而忽值斯人焉，如之何而不喜之之深耶？

貞觀政要集論序

夏有天下四百五十餘年，商有天下六百三十餘年，周有天下八百六十餘年。三代以後，享國之久，唯漢與唐。唐之可稱者，三君而已。太宗文皇帝身兼創業守成之事，納諫求治，勵精不倦，其效至於米㪷三錢，外户不閉。故貞觀之盛，有非開元、元和之所可及，而太宗卓然爲唐三宗之冠。

史臣吴兢類輯朝廷之設施、君臣之問對、忠賢之諍議，萃成十卷，曰貞觀政要。事覈辭質，讀者易曉。唐之子孫奉爲祖訓，聖世亦重其書。澄備位經筵時，嘗以是進講焉。夫過唐者，漢孝文之恭儉愛民可鏡也；超漢者，夏大禹之好善言、惡旨酒可規也；繼夏者，商成湯之不邇聲色、不殖貨利可師法也。周監二代，郁郁乎文。文、武之德，旦、奭之猷，具載二南二雅；周頌之詩，召誥、立政、無逸之書，義理昭融，教戒深切。率而由之，其不上躋泰和景運之隆乎？然譬之行遠必自邇，譬之登高必自卑，則貞觀政要之書何可無也？撫士戈直，考訂音釋，附以諸儒論説，又足開廣將来進講此書者之視聽，其所裨益豈少哉？

甲子年表圖序

宋司馬文正公作資治通鑑，倣春秋左氏傳編年法，而不書甲子。天下不一統之時，不備各國之年故。又節約正書，撰目録三十卷，用史記十二諸侯年表之例，標歲陽歲陰之號於上，載諸僭僞國之年於下。徽國文公朱先生因之而脩綱目，直書甲子幹支，大書小習，以别國統離合，明如日星矣。然卷帙浩繁，披閲匪易。或有以紀年甲子列爲圖者，極便覧觀，而不無缺略也。

樂安陳景德，皓首劬書，博考歷代諸國紀年，起上古，以逮於今，萃成一編，名甲子年表之圖。間附事跡一二，筆削俱有意義。遠者傳疑，近者傳信，悉無所苟。李泰，同邑士也，喜其書，偕友王開抄寫點校，將鋟木以廣其傳，用心之公可尚已。予是以題其卷端云。

太玄準易圖序

夫玄之於易，猶地之於天也。天主太極而總元氣，元氣轉而爲三統，在玄則謂之三元。三元轉而爲九州，九州轉而爲二十七部，二十七部轉而爲八十一首。首有九贊，贊分晝夜，而剛柔之用見矣。故元之贊七百二十九而有奇，以應三百六旬有六日之度。蓋本出乎元氣而作者也。

太極生兩儀，兩儀生四象，四象生八卦，八卦因而重之爲六十四，故易有乾、坎、艮、震、巽、離、坤、兑八卦以司八節，又以坎、離、震、兑四正之卦二十四爻以司二十四氣，以復、臨、泰、大、壯、夬、乾、過、遯、否、觀、剥、坤十有二卦以司七十二候。節也，氣也，候也，既各有統矣，然周天之度未見其所司也。於是又去四正之卦，分取六十卦衍而伸之爲三百六十爻，各司其日，則周天三百六十度，而寒暑進退之道、陰陽之運備矣。蓋本乎太極而作者也。

由是觀之，則天地各有生成之數，而相爲表裏之用，故天數西行上承而左轉者，在地之元氣也；地數東行下順而右運者，在天之太極也。太極運三辰五星於上，元氣轉三統五行於下，此所謂成變化而行鬼神者也。所謂「玄之於易，猶地之於天」者，如斯而已。準而作之，不亦宜乎？若夫分天度、列次、舍序、氣候、明卦、爻冠、首贊、位列八重，先以夜贊布諸外，然後晝贊、首、位、爻、象、候、卦、氣、宮、分、度、數次諸内，復會於辰極，而玄、易顯仁藏用之道循乎數者可見矣。是故始於上元甲子天正朔旦日躔牛宿之初，後四千六百一十七年復會於太初之上元者，元之贊也；自上元甲寅青龍之首氣起未濟之九四，後三萬一千九百二十年復會於太極之上元者，易之爻也。原始要終，究其所窮，則體用雖殊，其歸一而已矣。

春秋綱常序

「春秋以道名分」，此言雖出莊氏，而先儒有取焉，以其二字足以該一經之義也。古今春秋傳注家，奚翅百數，或間得其義，而能悉該其義者蓋未之見。淮西張鑑所述春秋綱常，不自措一辭，但於每行書字有高低而已。觀其敘例，大義炳然。正名定分，無以踰此。簡而嚴，嚴而簡，真可羽翼聖經，以垂訓戒于千萬世。旨哉書乎！予故識其篇端。

古今通紀序

易敘伏羲、神農、黄帝氏，書起堯、舜及夏、商、周，此帝王傳系之見於經者。秦而下有史可稽，伏羲以前，異書所載則荒誕不足徵已。舊日紀歷代傳系之書，皆始伏羲，而訖宋。今清江何君增益其舊，纂記靡遺，逮至國朝一統之盛。美哉書乎！雖未嘗讀史，亦一覽而知古今之大概。其子璋孫以刻本示予，予甚珍之，乃爲題其卷首。中間亂臣賊子背叛篡弑，竊大位，改年號，或不數年，或不踰年，或不數月，或不踰月，而誅夷殄絶者，當别作一條，表其大逆，不可與乘時割據之國同稱僭僞。何君名岳，生在宋，受父澤廕將仕郎，紹定壬辰進士、隆興通守嵩之之子也。晚歲窮居講授，不求聞達。其文昭晰從順，宜於程試，堪爲今日進士之師云。

四書名考序

朱子之釋四書，義理精矣，然所引用人名及其事實，初學或有所未詳。清江周良佐博考備述，俾人名事實坦然明白。間又發揮其辭語，通暢其旨趣，於讀者誠有資。予雖老，亦願得此編常寘書案間，豈特可爲初學之益而已哉！

易説綱要序

清江楊明夫，與予同歲生，自少工進士業。國朝既復貢舉，時年六十餘矣，欣欣然就舉，至八十猶未已，其篤好蓋如是。觀所編易説綱要，程、朱爲之本，而他諸説附焉，将以淑其子孫。年老而志不衰，可尚也。夫有能因其所説，擇其相近者玩繹而踐行之，則可以立身，可以應世。及其久也，得易之用，而深於易，雖希於聖，不難也。然則是編也，豈特爲楊氏子孫所習而已哉？明夫名士龍，今年七十九，視强壯無以異。

臨川王文公集序

唐之文能變八代之弊，追先漢之蹤者，昌黎韓氏而已，河東柳氏亞之。宋文人視唐爲盛，唯廬陵歐陽氏、眉山二蘇氏、南豐曾氏、臨川王氏五家與唐二子相伯仲。夫自漢東都以逮於今，駸駸八百餘年，而合唐、宋之文可稱者僅七人焉，則文之一事，誠難矣哉！荆國文公，才優學博而識高，其爲文也度越輩流。其行卓，其志堅，超超富貴之外，無一毫利欲之，汨少壯至老死如一。其爲人如此，其文之不易及也固宜。宋政和間，官局編書，諸臣之文獨臨川集得預其列。靖康之禍，官書散失，私集竟無完善之本，弗如歐集、曾集、老蘇、大蘇集之盛行於時也。公絶類之英，間氣所生，同時文人雖或意見素異，尚且推尊公文，口許心服，每極其至。而後来卑陋之士不滿其相業，因并廢其文，此公生平所謂流俗，胡於公之死後而猶然也？

金谿危素好古文，慨公集之零落，搜索諸本，增補校訂，總之凡若干卷，比臨川、金陵、麻沙、浙西數處舊本頗爲備悉，請予序其成。噫！公之文如天之日星、地之海嶽，奚資於序？而公相業所或不滿者，亦鮮究其底裏，何也？公負蓋世之名，遇命世之主，君臣密契，殆若菅、葛。主以至公至正之心欲堯、舜其民，臣以至公至正之心欲堯、舜其君。然而公之學雖博，所未明者孔、孟之學也；公之才雖優，所未能者伊、周之才也。不以其所未明未能自少，徒以其所明已能自多，毅然自任而不回，此其蔽也。一時之議公者非偏則私，不惟無以開其蔽，而亦何能有以愜公論哉？論之平而當，足以定千載是非之真者，其唯二程、朱、陸四子之言乎！

通典序

古先聖人竭心思以治其天下，必立法度以繼其心思而貽永久。紀載尚存者，書有禹貢、禮有周官是已。司馬遷之八書、班固之十志，倣效禹貢、周官者也。以後諸史之所紀載，大率皆祖遷、固，然各代不相聯絡，國異家殊，渙無統屬。至唐杜佑，乃合周、秦以来之法度，萃爲一書，分食貨、選舉、職官、禮、樂、兵、刑、州郡、邊防九類，凡二百卷，名曰通典。使求治之主、佐治之臣志在興禮樂、修政刑者，考證於此而損益之，所因所革，近如指掌。故先哲鉅儒，亦有取焉，不以其爲記纂之書而少之也。况今以時務策試進士，酌古準今，尤不可以無所考證，則此書寧不爲有實用乎？惜無善本。盱守谷侯治郡之暇，將崇文物。精擇詳校，鋟板郡庠，命直學吴溥來索序引，其措意遠矣。此書既成,侯及一郡之士無不明習法度。它日進當要路,儻時有剏建,而身與其間，必能光輔聖君賢相制作之盛事，則此書之功，其有補於國家豈小哉！

侯名嵓輔，河南人。

綱常明鑑序

三綱二紀，人之大倫也，五常之道也。君爲臣之綱，其有分者，義也；父爲子之綱，其有親者，仁也；夫爲妻之綱，其有别者，智也。長幼之紀，其序爲禮；朋友之紀，其任爲信。之二紀者，亦不出乎三綱之外，何也？因有父子也，而有兄弟，以至於宗族，其先後以齒者，一家之長幼也；因有君臣也，而有上下，以至於儔侣，其尊卑以等者，一國之長幼也。因有兄弟也，而自同室以至於宗族，其互相助益者，同姓之朋友也；因有上下也，而自同僚以至於儔侣，其互相規正者，異姓之朋友也。舉三綱而二紀在其中，故總謂之綱常。人之所以爲人而異於物者，以其有此綱常之道也。

盱江吴瑑，纂輯經史傳記所載嘉言善行凡有繫於五倫者聚爲一書，名曰綱常明鑑。人能以此爲鑑，可以爲人矣。予喜其書之有裨於世教也，於是爲之題其端云。

曾子音訓序

夫子既没，傳其道者，曾子、子思、孟子也。漢書藝文志有曾子十八篇、子思二十三篇、孟子十一篇。孟子書即今孟子七篇，及趙岐所黜外書四篇是也，子思子書無傳焉。史記孔子世家謂子思作中庸，中庸果在二十三篇之内乎？曾子書存者十篇而已，漢戴德取之入大戴禮記，戴聖又采十篇之一入小戴禮記祭義篇中。宋清江劉清之病曾子之粹言有非十篇所該，别輯新曾子七篇，篇分内、外、雜，朱子識其卷首。予竊玩繹，惜其釐析之猶未精也，意欲以論語、大學、孟子所有爲内篇，而小戴記所采大孝一篇則附於内；以小戴記曾子問與内則諸篇所載爲外篇，而大戴記所存立事等九篇則附於外。就中擇其言之粗者，并諸家群書之言，共爲雜篇。然又思之，若論語，若大學，若孟子，若小戴記，人所常讀，曾子遺言未嘗不接乎耳目。是書雖不輯，庸何傷？惟古曾子十篇，文字多缺誤，不可不考正。

豫章周遏參合諸本，訂其同異，明其音訓，用志不苟，可謂篤好曾氏之書者矣。遏字立中，醇厚愿樸。少有餘力工於詩，今又斂工詩之華敦劭書之實，其益詎可涯也哉！

卷二十一　序

存古正字序

正書之變三，俗書之變二。

正書者何？黄帝時倉頡所造也，後世謂之古文，别出者謂之古文奇字。歷數千年而周宣王之時，變爲大篆；又數百年而秦始皇之時，變爲小篆。古文、大、小篆三體，略有改更，實不相遠也。故於六書之義無差殊。

俗書者何？秦時所作隸書也。當時取便官府吏文而已。人之情喜簡捷而厭繁難，自此以後，公私通行悉用隸書，而古初造字之義浸泯。後漢許氏叔重爲之慨，况距今又千載乎？隸變而楷，則惟姿媚悦目是尚，豈復知有六書之義哉？六書之義不明，則五經之文亦晦，何也？五經之文，古人之言也。古人之言而書以後世之字，字既非古，則其訓詁名義何從而通？苟欲率天下之人而廢俗書、復古篆，勢固有所不可。惟於世俗通行之字，正其點畫之謬訛、偏旁之淆亂，則雖今字，而不失古義。

昔臨卭魏公華父蓋嘗有意乎此，而於字未能悉正也。至元之季，於金陵識先達李君仲和父，精究字學，所輯稽古韻深契予心。後三十年，其孫桓示存古正字一編，又因稽古韻而約之者也。凡華父所未及正者，仲和父悉正之，其有功於字學大矣。而予之尊其書也，非特以其與己同好也。

仲和諱旬金，宋淳祐庚戌進士出身，官至承直郎、淮西節制司屬官。

篆書序

秦隸興而篆書廢，漢四百年莫有能者，觀於漢代碑刻可見矣。三國、六朝間亦無聞焉；唐三百年，李當塗一人而已。自秦丞相逮於宋初蓋千年，而僅有徐騎省以能繼當塗自許，何斯學之寥寥也？宋人能篆書者頗多於唐，蜀魏文靖公至今爲人所稱。陳伯英，魏公鄉人也，游藝之暇及此，所書千文字體整潔，其可上晞文靖者夫！陳之先世，少師公於蘇文忠公如大父行；參政公當宋南渡之際，以詩名家；咸淳季年，别院省試春秋第一人，伯英季父也。一家文學之傳不絶。伯英名瑛，受朝命爲郡教授。

隸書存古辯誤韻譜題辭

自三倉之篇既亡，僅有許氏説文解字爲文字一家之宗，而其義不盡得。夾漈鄭氏略正一二，未悉正也。近時永嘉戴氏之書出，六書之學始大備。然俗書行世，雖爲士者，鮮究文字之本原，况非士者乎？夫古之聖人作書契以代結繩，所關係豈小哉？秦人苟簡之政，取官府之便易而有隸。隸也者，隸輩所書爾，未嘗以此律士。甘於降爲隸而從其書，士之不尚志也。由漢逮今，循襲已久。隸不容廢，而偏旁之訛謬當正。就隸之中稍革訛謬，而不全失頡、籀、斯之意，其可也。

番易吴正道，儒官名家，志在正俗書之非。嘗輯偏旁訛誤，予固嘉之。今又增廣其書，爲辨誤韻譜。此書倘行，庶幾無不識字之士矣。予自少有志於斯，然術業非專攻，心力有不暇。見有人能爲予所欲爲而不及爲者，是以喜之極，而爲之題辭焉。

經傳考異序

金谿余國輔輯經傳考異，以予之亦嘗用力於斯也，俾序其首。予少時讀經書，疑其有誤字錯簡處，必博考詳訂而是正之。一日，有先生長者見其一二，叱責曰：「聖經如在天之日月，千古不易，何可改耶？汝何物小子，而僭妄如此。」予鞠躬謝過曰：「父師之教，敢不承乎？第古書自秦火之餘，炎漢之初率是口授，五代以前率是筆録。口授者寧無語音之訛？筆録者寧無字畫之舛？語訛字舛，爲經之害大矣。不訂正而循襲其訛舛，强解鑿説，不幾於侮聖言與？予之訂正也，豈得已而不已者哉？况一一皆有按據。曰某本作某字，或先儒曾有論議曰某字當作某字，未嘗敢自用己意點竄也。」先生長者不領予説，予亦不能從其言而遂止。然於此每兢惕謹審，而不敢苟。國輔老成之儒，顧亦同予少時之癖，而所去取不悉與同。何當聚談，細細商略，以歸於至當之一。

陶詩注序

楚三閭大夫竭其忠志欲强宗國，懷王信讒踈之，國事日非，竟客死於秦。襄王又信讒，放之江南，原不忍見宗國駸駸趍於亡，遂沈江而死。韓爲秦所滅，韓臣之子子房自以五世相韓，散財結客爲韓報讐。博浪之椎不中，則匿身下邳以俟時。山東兵起，從沛公入關，立韓公子成續韓後。秦亡而楚霸，王沛公於漢，又殺韓成，良乃輔漢滅楚，而後隱去。諸葛孔明初見昭烈，已知賊之必亡漢，而勸昭烈跨有荆、益，圖霸業，復帝室，後卒償其所言。

晉陶淵明，自其高祖長沙桓公爲晉忠臣。及桓玄篡逆，劉裕〔一〕起自布衣，誅勦，又滅秦滅燕，挾鎮主之威。晉祚將易，既無昭烈可輔以興復，又無高皇可倚以報復，志願莫伸，其憤悶之情往往發見於詩。

蓋四賢者，其遇時不同，其爲人不同，而君臣之義重，則其心一也。子房、孔明，得伸其志願者；屈、陶二子，抑鬱無聊，因其情每託之空言。然楚騷二十五篇，解者莫能名其心。自朱子作集注，而原之心始得白於千載之下。陶之詩，人亦莫能名其心，惟近世東澗湯氏略發明一二，不能悉解也。

吾里詹天麟，遍歷廬阜之東西南北，則即柴桑故居訪淵明遺跡，考其歲月，本其事跡，以注釋其詩，使陶公之心亦燦然明著於千載之下，蓋其功與朱子之注楚辭等。予既悲陶公之志，而嘉天麟之能發其隱秘也，故爲序其卷端。嗚呼！後世有厚於君臣之義者，必有適讀是詩而流涕者焉。

〔一〕「劉裕」，四庫本作「劉豫」，據成化本改。

陶淵明集補注序

予嘗謂楚之屈大夫、韓之張司徒、漢之諸葛丞相、晉之陶徵士，是四君子也，其制行也不同，其遭時也不同，而其心一也。一者何？明君臣之義而已。欲爲韓而斃吕殄秦者，子房也；欲爲漢而誅曹殄魏者，孔明也，雖未能盡如其心，然亦略得伸其志願矣。靈均逆覩讒臣之喪國；淵明坐視强臣之移國，而俱未如之何也。略伸志願者，其事業見於世；未如之何者，將没世而莫之知，則不得不託之空言，以泄忠憤。此予所以每讀屈辭、陶詩而爲之流涕太息也。

屈子之辭，非藉朱子之注，人亦未能洞識其心；陶子之詩，悟者尤鮮。其泊然冲澹而甘無爲者，安命分也；其慨然感發而欲有爲者，表志願也。近世惟東澗湯氏稍稍窺探其一二，吾鄉詹麟若麒因湯氏所注而廣之，考其時、考其地，原其序以推其意，於是屈、陶二子之心，粲然暴白於千載之下。若麟之功，蓋不減朱子也。

嗚呼！陶子無昭烈之可輔以圖存，無高皇之可倚以復讐，無可以伸其志願，而寓於詩。倘使後之觀之者又昧昧焉，豈不重可悲也哉？屈子不忍見楚之亡而先死，陶子不幸見晉之亡而後死，死之先後異爾，易地則皆然，其亦重可哀已夫！晉興寧乙丑歲淵明生，越六十有三年而卒，自昔丁卯至今丙寅九百年。

古學權輿序

曲禮三千，今不可得而見矣，小戴記首篇之首所引四言，先儒以爲古經之遺也。句止三字，意欲童幼之便於口誦也歟？然禮篇中亦猶有三字爲句者，廬陵士劉我綴輯之，附益戴記篇首之四言，視陳淳安卿五字句禮詩尤馴雅，并取朱子所釋弟子職及一二蒙訓通作一編。其文易誦，其事易行，真古學之權輿矣夫！

毁曹操廟詩序

夫篡逆之賊，雖去之千載，見其姓名，猶起人惡怒，廟而祀之何居？山南江北道憲司，巡歷至夷陵，毁除冀牧曹操廟，甚快人意。「當塗轉凶悖，炎精遂無光」，朱子嘗有詩憤歎矣，而斯議自掌書中居駉發之。申屠之父御史君，擊姦嫉惡有聲；駉又好讀書，講聞乎義理，故能啓其長爲是舉也。諸君子喜談而樂道之，宜哉！

蒼山曾氏詩評序

宋末江右之能詩者，若章貢，若廬陵，若臨川，若盱江，若清江，皆有人焉。所入、所造雖殊，而各有可取。其學識，則章貢曾子實爲諸詩人之冠。詩評一篇，乃其同鄉之士黎希賢所輯，可與朱子畜聾仲至一書相并，而又發其所未發，備評諸家詩，未有若是其的切周悉者也。得此不惟可以見前輩觀書之眼目，抑真可以爲後進之階梯。子實諱原一，居寧都倉山之下，三貢于鄉，又以平寇功免文解。四試禮部不偶，朝臣列薦授官，官至承奉郎、知南昌縣。詩文有集，没六十八年矣。

希賢名文明，寧都東韶人也。天質敦厚，自少攻詩，其志於羽翼詩道者乎？

學則序

周官三德之教，一至德，二敏德，三孝德。至德者何？能知能行，明誠兩盡，德之極至者也。敏德者何？知有未遍，行無不篤，德之敦敏者也。孝德者何？百行之中，莫先於孝，庸德之行，專務其本者也。蓋知、行兼該者，上也；二者不可得兼，則篤於行而知未逮者，抑其似也。夫行之而不知，有矣；知之而不行，未之有也；知之而不行者，未嘗真知也。果知之，豈有不行者哉？故行而未知者，雖未爲至德，亦可爲敏德。若徒知而不行，雖知猶不知也，是以不得與於三德之目。然所行非一端而已，苟未能一一純備，先務其大。而有孝之一德者，又其次也。朱子以至德當河南程伯子，敏德當司馬文正公，孝德當節孝徐先生。

善夫！莘野王德新君實，事親以孝聞，養生致樂，送死致哀，州里稱之。出而在官也，處而在鄉也，他行悉無玷焉，由孝德而達於敏德者也。一日，見其所述學則二篇，爲之驚異。何也？異其讀書之審、析理之精也。以昔者所聞力行之實既如彼，而今者所見致知之實又如此，其不造於至德之盛乎？雖然，夫子，聖人也，汲汲然好學之功無終窮也。君實之所得異矣，不以其所已得自足，進進而未止，所得遽可限量也？

卷二十二 序

徐中丞文集序

御史中丞徐公伯弘父之文，如穀粟之可以食、桑麻之可以衣也，彼爛然紅紫之花，蔚然蒼翠之草，可玩而已矣。公之子守義曩從予於胄監，而予及識。公歿後，贈資政大夫、中書右丞、封平陽郡公，謚文靖。

吴閭閭宗師詩序

物之有聲而成文者，樂也；人之有聲而成文者，詩也。詩、樂，聲也，而本乎氣。天地之氣太和，而聲寓於器，是爲極盛之樂；人之氣太和，而聲發乎情，是爲極盛之詩。自古及今，惟文、武、成、康之世有二南、雅、頌之聲焉。漢、魏以後詩人多矣，而成周之太和不再見。其間縱或小康，而詩人大率不遇，身之轗軻窮愁，則辭之凄凉哀怨宜也，何由而得聞治世之音乎？

玄教大宗師吴特進，當四海一統之時，際重熙累洽之治，出入禁闥，晨夕清光。歷仕六朝，眷渥如一。一世亨嘉之會如此，一身希曠之遇又如此。醺酣唐虞、三代之春，醲郁蓬瀛三島之馥，太和之氣貫徹於身，表裏冲融，居天上人間第一福德，其發於聲而爲詩也，韻度何如哉？舊有瓢藁，不啻千篇。泰定二年，被旨代祠江南三神山，四年還京。天機天籟，觸處吟詠，詩凡二百餘首，曰代祠藁。其徒李盤中提點將鋟諸梓，而其從子吴養浩待制請序卷端。

其詩如風雷振蕩，如雲霞絢爛，如精金良玉，如長江大河。蓋其少也，嘗從碩師，博綜群籍，蚤已闚闖唐、宋二三大詩人之門户，况又遭逢聖時，涵泳變化，其氣益昌，太和磅礴，可使畏壘之民大壤，可使藐姑射之物不疵，聲詩特餘事耳。偶然游戲，字字鳴國家之盛。詣於英莖咸韶之樂，固非寒陋困悴、拂鬱憤悶者之所可同也。幸哉！此生之在此時也。盛哉！此時之有此詩也。李盤中名某，宣授體文翊教淵素真人云。

周栖筠詩集序

世有學術貫千載、文章妙一世，而詩語或不似者。唐、宋六七百年間，有學有文而又能詩，不過四五人而已，兹事豈易言哉！善詩者譬如釀花之蜂，必渣滓盡化，芳潤融液，而後貯於脾者皆成蜜；又如食葉之蠶，必内養既熟，通身明瑩，而後吐於口者皆成絲。非可强而爲，非可襲而取。

栖筠自少壯客遊，以詩好，每出一語，何其似也！正而不陳腐，奇而不生硬，淡而不枯槁，工而不靡麗。觀其所作，期其所到，殆將梯黄、杜而窺陶、曹，猶慊然不自足。蓋其才高，其思清，不待苦心勞力，天然而成。雖得之之易，而能知其難，非真有悟於中不如是。晚年學造乎理，文進乎古，則其詩之愈超也固宜。

李侍讀詩序

韓子之論文，謂氣盛則言之短長、聲之高下皆宜。夫詩與文之有資於氣也尚矣。翰林侍讀學士李仲淵，心易直而氣勁健，其爲詩也肖其人。古體五言如生在魏晉，略不涉齊梁以下光景，七言雜言翩翩游乎鍾山丞相、雪堂學士之間而無留難。約之而爲近體也亦然。蓋其平日淹貫古今諸名家詩，芳潤熏漬乎肝脾，英華含咀乎頤輔。藏蓄既富，而氣之盛又足以驅役左右之，俾效供給而各職其職，非若孱懦之帥，擁兵百萬而拙於調用。故出乎喉吻，溢乎毫端，與名家詩人之態度聲響無一不似。彼肆口肆筆漫成音韻而曰詩者，何能窺其彷彿哉？所謂言與聲之皆宜者，由乎氣之盛，詎不信矣夫？予於仲淵之詩，所以三復諷詠而不敢易視之也。爲識其左而歸其編。

劉尚友文集序

西漢之文幾三代，品其高下，賈太傅、司馬太史第一。漢文歷八代浸敝，而唐之二子興。唐文歷五代復敝，而宋之五子出。文人稱歐、蘇，蓋舉先後二人言爾。歐而下、蘇而上，老蘇、曾、王，未易偏有所取舍也。如道統之傳稱孔孟，而顏、曾、子思固在其中，豈三子不足以紹孔而劣於孟哉？敘古文之統，其必曰唐韓、柳二子，宋歐陽、蘇、曾、王、蘇五子也。宋遷江南百五十年，諸儒孰不欲以文自名？可追配五子者誰與？

國初廬陵劉會孟氏突兀而起，一時氣燄震耀遠邇，鄉人尊之，比於歐陽。其子尚友，式克嗣響。夫一家二文人，由漢迄今，僅見眉山二蘇。而尚友之嗣會孟，不忝子瞻之嗣明允。嗚呼！盛矣！然歐實宗韓，明允乃以爲非韓子之文，而歐陽子之文。劉與歐同鄉，而不專宗歐，予亦以爲非歐陽子之文，而劉子之文也。明允雄渾奇峭，永叔擬以荀卿，直躋之周秦間。子瞻長江大河，一瀉千里，評者曰：「子瞻之文，非明允之文也。」若會孟之諔詭變化，而尚友浩瀚演迤，評者亦曰「尚友之文，非曾孟之文」則爲知言也已。嗚呼！百世之下有深於文者，其亦然予斯論否乎？尚友之門人曾聞禮編輯其文，曰附於韓門李漢。予與尚友善，素喜其文辭，又嘉劉門之有南紀也，是以序其卷首云。

孫履常文集序

予家崇仁之極境，距郡城二百里餘，故於郡之名流聚會不數數。孫君履常有學有行，撫士之巨擘，予心所敬畏者也，輒十年僅一見。平居聽人傳誦其詩，喜之如聞韶音，而猶以鮮或覩其文爲欠。至順壬申，予至郡，舊學者王遠抄録履常之文二編約百五十篇，予取而觀之。明潔整嚴，紆餘曲折。本原混混而愈有，議論衮衮而不匱。蓋根茂實遂，膏沃光煜。韓子所謂仁義之人，其言藹如者夫！文章固儒之末技，然其高下與衰關係天下之氣運，亦豈可易視哉！予雖不能，而自幼好讀先漢、盛唐、盛宋諸文人之辭。因履常所作而幸韓、歐之緒可不墜，是以書於其編。

遺安集序

唐宋二代之文，可與六經并傳者：韓文公自幼專攻古學，既長，人勸之舉進士，始以策論詩賦試有司；歐陽文忠公、王丞相、曾舍人、蘇學士，皆由時文轉爲古文者也；柳刺史初年不脱時體，謫官以後，文乃大進；老蘇亦於中年棄其少作而趍古。

前進士宜黄鄒次陳悦道甫，精於時文，少年魁鄉貢，成科名，名成而不及仕，隱居講授，日從事於文。若古近詩、若長短句、若駢儷語，固時文之支緒，其工也宜。餘力間作古文，浸浸逼古之人。蓋其才氣優裕，義理明習，故文有根柢，非徒長於辭而已。子成大輯其藁凡十八卷，諸體畢具，森然如武庫兵。予爲序其首，俾有志於文者觀焉。

盛子淵擷藁序

予每過揚，論文必之盛氏。教授君以耆年碩望老於家，而子淵得家學，擅名東淮，舍是殆無可與論斯事者矣。夫文，小技也，予幼亦好之。好讀誦、好評議，用力多而見功寡。或發於聲，不過能爲今人語，以達於意而已。求一言之幾乎古，不能也。比年涿郡盧學士處道所作古詩，類皆魏晉清言，古文出入盤、誥中，字字土盆瓦釜，而倏有三代虎蜼瑚璉之器，見者能不爲之改視乎？今覽子淵擷藁一二，何其形制之似也！蓋與盧游從也數，家學之外，薰漸固有自云。子淵不自是，而就正於予。顧予藜羹糲食，野人所共笑，豈有物外奇玩如金膏水碧者哉？度不足以慰所期，聊書此以開異時細論之端。

金谿劉大博文集序

宋太學博士劉君之詩文僅存若干篇，皆典雅温潤，明白敷暢，讀之可見其爲正人。胸懷皎潔坦易，略無塵滓嶔崎。蓋其天資超特，人物偉然，自宜居當世之第一流。年十七而登陸子之門，二十四而入學，二十九而釋褐，四十四而遽終。予深惜其達之太早，不得久於親師；又惜其逝之太速，不得竟其務學，是以所就但如是而已。其族曾孫立大收拾遺文及年譜、行狀等鋟之於木，故爲之題辭，以表予之所敬慕，亦以致予之所惋惜焉爾。

詩珠照乘序

古之詩或出於幽閨婦女、山野小人，一爲采詩之官所采，以之陳於天子、肄於樂官，至今與雅、頌合編，人尊之以爲經。采者豈爲無功於詩哉！後世不復有是官，則民間有詩，誰其采之？廬陵郭友仁，窮閻之士也，以采詩自名，而行四方。詩有可取，必采以去，鋟之木而傳之人，俾作詩者之姓名炳炳輝輝耀於一時。譬之珠然，所生之處澤媚而厓不枯，固異於凡物。不有人焉采之以獻，則潛於深淵，世無知者，又烏得覩其照乘之光乎？詩之不可以不遇夫采者蓋如此。雖然，唐之翰林、工部，當時有采其詩者否？今五百餘歲，而光燄萬丈，愈久愈明，又不止如珠之照乘而已。詩若二子，雖不采，庸何傷？

吏事初基詩注序

吏事初基詩注一部四表，横浦何君之所撰述也。綴五言爲詩以提大綱，輯諸説爲注以備衆目。凡聖賢訓戒、古今禮法、公私應接、大小事務，靡不該載；經史子集、律令條例、舊聞新見、嘉言善行，靡不援引。上自帝王，次而公卿，次而府史，下逮庶士，皆有裨益，皆可遵行也。其爲詩也，標一句五字於上，如書篇之有名、詩章之有題，淺近明白。雖若質俚，而不可忽且易也。其爲注也，累數十百言於下，如經解之有疏、史書之有志，諄復詳悉。雖若繁雜，而不可厭且憚也。然非徒撰述之者爲難，而觀覽之者亦難。故予讀之數日，而後能竟。於是而嘆其學之博贍、識之周遍也。其所援引、其所該載，雖儒流或未研窮，豈但可爲吏師而已！

何君幼習儒，壯而試吏入官。初遇之於豫章，已聞其翊贊風憲之美。再會之於京師，又見其眈玩經史之勤。稽其撰述，而昔之所見所聞猶信。抑嘗謂周興嗣以王右軍所書一千字次而韻之，非有意著書立教也。其間之「知過必改，靡恃己長；心動神疲，逐物意移」等語，雖聖賢遺論，奚以尚茲！何君此編特爲吏事設耳，而有曰「道合生諸妙，神凝湛一弘」，則浸浸乎窺闖聖賢仙佛之域，吏事云乎哉！予既爲之作序，復摘出此語，以旌君所學所識云。

周天與詩序

梅南周天與詩二十篇，青山趙儀可所選，精矣，而猶曰待刪，以請於予。予謂詩可選，不可刪也。何也？自商頌逮周文、武訖陳靈，皆夫子所刪；自楚騷逮漢、魏、晉訖齊、梁，皆蕭統所選。刪非聖人不能，選則才士可爲也。韓子曰：「曾經聖人手，議論安敢到？」邵子亦云：「刪後更無詩。」刪詩豈易言哉！選之可也。然靈均九章，選僅存一；淵明諸詩，選止留四，詎可執以爲定乎？然則刪固不可能，選亦未易能也。周君才氣情思如雷雨交作，紅紫競妍，森不可遏。其二十篇，泰山一毫芒耳。雲興泉湧，日富日新，予雖老拙，尚當嗣儀可爲君選之。

胡印之詩序

近年以來，學詩者浸多，往往亦有清新奇麗之作，然細味深玩，不過倣像他人之形影聲響，以相矜耀，雖不可以其人而廢其言，亦不可以其言而取其人也。若胡氏弘印所作則不然，達意而不巧飾於言，纂古而不希合於今。卷端自序其志欲進於道，庶幾乎可與言詩矣。夫道也者，天所與我，己所固有也，不待求諸外。有志而進進焉有見有得，可立而竢，非止能言而已。斯志也，余嘉之，故期以遠者大者，而還其藁。請姑置是，而求其所謂道。

何敏則詩序

天時物態，世事人情，千變萬化，無一或同。感觸成詩，所謂自然之籟。無其時，無其態，無其事，無其情，而想像摹擬、安排造作，雖似猶非，况未必似乎？近代參政簡齋陳公，比之陶、韋更巧更新。今觀臨江何敏則，句意到處，清俊絶倫，蓋亦參透此機。彼鈍根下品，孰敢仰視？點者、評者，一一摘抉示人矣，他日不新而新，不巧而巧，點者莫能著一筆，評者莫可措一辭，是又詩之最上乘。

董雲龍詩集

幼深弟出驪海獨吟一篇示余，余讀之喜，曰：「此何人也？何其詩之似簡齋也？」讀之竟，其於簡齋有未似者、有近似者、有酷似者，於以見其其進之未已。誄文一篇，爲其師而作，殆與后山妾薄命之詩同其悲。夫温柔敦厚爲有得於詩教，所從受學之師生而尊慕焉，死而哀慕焉，可謂不忘本矣。敦厚人也，其詩之進進而未已也宜哉！吟者爲誰？董氏，雲龍其名。

空山漫藁序

予壯歲遁身巴山之陰，屏人讀書。一日，有空山雷講師自郡城至，求大木以營搆。聚處談老子，甚相契。後屢會，每見師與人論詩，群雌孤雄，聽者披靡。蓋才高學廣，氣盛辭贍，横説竪説，無施不可，孰敢迎其鋒？所謂長袖善舞者歟？師没將三十年，其徒孫周惟和攜所録詩集過予。讀之，精深工緻，豪健奇傑，大概從杜、韓中來。早師趙，而與趙不同；晚友曾，而與曾亦異。與甘俱出於趙，而各擅一體者也。師嘗注道德經及南華内篇三，詩其一伎爾。少業進士，應舉不偶，乃寄跡老氏法。儒中之巨擘，非道家者也。

師名思齊，字齊賢甫，空山其號云。

管季璋詩序

贛之寧都，宋末多有以詩名。蒼山曾子，其巨擘也，蕭、管二姓之爲詩者皆宗之。予年八十四矣，始得見管如圭季璋之詩，讀之驚異曰：「此地乃有此詩人乎？」蓋不尚辭之工、辭之奇，而篇篇有意。感今懷古，今人興嘆興悲而莫能自已。由其讀書有眼目，故其形於言、發於聲，達於事變、止乎禮義，非無源之潢潦所可同也。予懼夫世俗之觀求備於其辭，而不識其爲至寶，是以爲題其卷端。

李元吉詩序

廬陵郭以是，博記覽，工詞章，予嘗許其可與議杜、韓。以書介里中士李業來見，有詩一袠，而郭爲之序。昔昌黎韓子勉李翊曰：「養其根而竢其實，加其膏而希其光」，「仁義之人，其言藹如也」。今郭之所以勉業，視韓之所以勉翊若合符契。業字元吉，詩淡婉可愛。與郭居相近，志相得，游處親密，漸漬長益，月異而歲不同。他日至，而詩與學俱進，予將嘆美曰：「魯無君子者，斯焉取斯。」

孫静可詩序

孫静可詩甚似唐人，或者猶欲其似漢魏。夫近體詩自唐始，學之而似唐，至矣。若古體詩，則建安、黄初之五言，四愁、燕歌之七言誠爲高品。然制禮作樂因時所宜，文章亦然。品之高，其機在我，不在乎古之似也。杜子美，唐人也，非不知漢魏之爲古，一變其體自成一家，至今爲詩人之宗，豈必似漢似魏哉？然則古詩似漢魏可也，必欲似漢魏則泥。此可爲圓機之士道，執一廢百者未足與議也。予方喜静可之似唐，詎可勸其舍故行而習新步歟？

胡助詩序

金華胡助詩如春蘭茁芽、夏竹含籜，露滋雨洗之餘，馥馥幽媚，娟娟净好，五、七言，古、近體皆然，令人愛玩之無斁。頌、雅、風、騷而降，古祖漢，近宗唐，長句如太白、子美，絶句如夢得、牧之，此詩之上品也。得與於斯者，其在斯乎！其在斯乎！

金陵集序

鄉相王文公辭位退居，留金陵，其詩傳播至於今，與大江、秦淮、鍾阜、石城同其流峙。吴梓南杰自吾鄉來游於斯，有詩一編曰金陵集，追躡前塵，非苟作者。將俾臨川詩人之景響炳耀鏗鍧，往往爲佳麗地而留與？充之充之，又一半山可也。宗人澄書。

谷口樵歌序

唐初創近體詩，字必屬對偶，聲必諧平仄。由是詩分二體，謂蕭選所載漢魏以來詩爲古體，而近體一名律詩。善古體者詆之曰：「古體之律尤精也，近體惡得專律之名哉？」予解之曰：「彼所謂律，非謂詩法也，特以其有對偶平仄之拘而謂之律爾。若以詩法爲律，則二體詩各有律，近體誠不得專其名也。」方與客論此，未竟，適盱士吴君定携其谷口樵歌至，予讀之驚喜。蓋於近體詩尤長，雜之李唐諸家傑作中，幾莫可辨。竊以比之許郢州，而穠麗工緻猶或過之。但其處僻出稀，相知未衆，惟玄教大宗師吴成季一見而奇之，爲鋟木以傳者凡百餘篇，可謂有目能識寶矣。予亦有取焉。二人非黨同姓而偏稱獎也。尚瀟散、貴豪健者不與同調，乃其所習之殊而然。世間至寶，人人共珍。予所取者公一世，其所殊者私一己而已。有寶在斯，韞匵以待。四海之内，寧不再有如成季與予者乎？君定名閏孫，南城人也。

劉復翁詩序

古之詩皆有爲而作，訓戒存焉，非徒修飾其辭、鏗鏘其聲而已。是以可興可觀、可群可怨。漢、魏猶頗近古，齊、梁以後靡矣。流連光景，摹寫物象，敝精竭神，而情性之所發、意義之所託蔑如也。唐宋詩人如山如海，其追躡風騷者固已卓然名家，然有之靡益、無之靡損者，亦總總而是。吉士多俊流，或呈露於詩，大率能奇，能工有如劉君復翁者乎？百不一二也。蓋篇篇寓訓戒而不苟，焉假於聲辭？今見其詩，而恨見之之晚也。復翁軀幹雄偉，志氣豪邁，才可爲世用，而年且耆艾，肥遁若將終身。由是推之，世之人才，其沈晦於下而不獲顯庸者，豈少哉？噫！

豐城洪先生文集序

豐溪洪先生，前宋鄉貢進士，皇元以儒學教授致仕，給半俸養。文士之蒙恩，鮮或有是。自號永齋，翁生端平甲午，年八十一而卒。既卒之十三年，其孫寄示所刻環中集十卷。翁天資敏邁，少工進士業。雖時異科廢，猶喜談而不厭。接人坦易和厚，盎然如春。晚耽邵子易學，揭先天方員圖於屋壁，扁曰「環中」。得此洗心滌慮，固宜高出物表，視彼終身没溺於利欲之海者，奚翅相去萬萬哉！集中論井田、論封國，皆千載未明之疑，而援引該博，議論贍蔚，如江漢波瀾，衮衮不竭。民數、氣運二篇，玩之再三，而不忍釋焉。疇昔聚會之時，往往造次，未嘗共評此等奥義。今也撫卷太息，而翁不可復作已。士之勤苦，每患無以傳後。不獲與翁并世而觀於其文，則翁所學所識大概亦可知也。

黄養浩詩序

世所選諸家詩，每令人手披口誦不忍釋。及閱其全集，則又不然。雖李、杜大家，亦不篇篇可人意，於以見詩之不易爲也。獨近代簡齋陳參政集無可揀擇，蓋自選之，而凡不可者不復存也。

樂安黄養浩有詩一帙，不滿五十題，亦必自選，而不以多爲貴也。意態聲響宛然參政公之彷彿，作詩如是，可謂不苟作者矣。披誦至三四，因書卷首，以志吾之喜，而歸其編。

秀山小藁序

宋從政郎、建寧府節度推官南豐鄧元實，咸淳戊辰進士，元至元戊寅秋卒。仕未十年，年止四十七。平生遺文僅僅存此，皆一時隨俗應用之作，非有意傳後者。然葩華光彩至今晃耀人目，亦其才思之超邁而然。子既昭既以鋟諸木，孫允文又以授諸人，蓋欲永其傳、廣其傳也，孝子慈孫之心哉！

東湖集藁序

予在京師時，嘗對東平申屠駉言豫章老詩人李庭桂最工近體。及至申屠氏掾江西省，始與李相聚，一二年間，倡和成集。于喁之前後、泠飄之小大，此兩間奇絶之聲；孟韓聯句、蘇黄賡韻，迨今令人嗜之如膾炙。何也？兩相值而互相發，則詩亦神，世謂敵手棋好觀是已。子迪，駉字也。庭桂之字予偶忘之，人稱栖碧山人云。子迪寄示東湖集藁，因爲題其卷端。

吴伯恭詩序

吾猶及見里中甘、許、謝三長者言詩，而吾家周栖筠亦以詩自好。每聞謝、周稱吴肅伯恭之才，今春留邑，始獲見其詩。蓋氣質剛毅，不爲貧賤所移。使易地而處，夫豈淫於富貴、屈於威武者哉！如是而爲詩，宜非凡流所可到。而伯恭方且研經務學，以培其本。他日本亦深，理亦明，則其心聲所發，理爲之主，氣爲之輔，雖古之大詩人，何以尚兹！雖然，學以充其才，理以長其氣，必有事焉，當不但能詩而已。吾其止以詩人期伯恭乎？抑猶有在於詩之外者也。

卷二十三　序

丁叔才詩序

唐、宋以來之爲詩，出没變化以爲新，雕鏤繪畫以爲工，牛鬼神蛇以爲奇。而周南、樛木等篇何新之有？何工之有？何奇之有？臨川丁叔才教授生徒，以其餘力爲詩章。辭達而已，不惟新、惟工、惟奇之尚。大篇舂容，短章參錯。如和陶諸詩，皆清淡有悠然之興，可嘉已。雖然，詩言志，寧高無卑，寧純無雜，寧正無邪。君之詩進進乎周南矣。唐宋以來之詩，奴僕也。

張君才詩序

作詩自成一家固難，酷似前人亦難。或有似者矣，似其一，不似其二，才氣各有偏也。能諸體畢似者，鮮哉！

盧陵張檡君材，古體五言似蘇州，七言雜言似昌谷，近體五七言、八句四句，無一不似唐人樂府，高處幾逼無住。或泊然冲澹，似霞外超逸之仙；或嫵然輭媚，似花間孌婉之客。不專一長，無施不宜，可謂全能也已。非蹈襲，非摹擬，其似也天然。益豐其本，而自成一家，其不爲一代大詩人乎？君材通古通今，多學多藝，吾觀其人，當以才顯，不當以詩窮也。果如余所期，將無暇於工詩。

璜溪遺藁序

璜溪張瑞輔先生，年先於予十有五，宋咸淳庚午同預進士貢。宋運既革，鄉里諸大家延致，禮之爲賓師，未及六十而終。生平博覽多記，胸次浩瀚，隨取隨有，用之不竭。嬉笑怒駡，皆成文章，詩詞駢儷等作甚富。身後無人收拾，散逸靡遺。王德泰即其舊游處搜求抄録，得詩詞凡若干篇。此先生負才不獲小試，享年不及下壽，文章又將無傳。噫！可傷已！今雖僅能存其十百之一二，猶爲可幸也。

陳景和詩序

夫詩以道情性之真，自然而然之爲貴。秋塘陳居士，吾里之德人，平生非用力於詩者。其季子以禮傳其晚筆一二，所謂有德必有言也。以禮幼從予學，亦未嘗教之作詩。隨所感觸而寫其情，皆沖淡有味。

陳氏自昔多大詩人，伯玉甫唐家第一，卓然爲李杜所師；宋履常去非傑出於半山、坡、谷之後，極深極巧，妙絶一世，不可及矣，揆之自然，不無少慊焉。今以禮不事雕琢，而不庸腐，庶其近於自然乎？黍離之詩曰：「知我者謂我心憂，不知我者謂我何求？」此情之至也，亦詩之至也。予之詩，以禮盍以是觀之？景和，以禮之字也。

王友山詩序

宋三百年文章，歐、曾、二蘇各名一世，而荆國王文公爲之最。何也？才識、學行俱優也。弟平甫子元澤，亦卓爾不群。英哲萃於一門，出於一時，噫！難乎其繼矣。文公季弟純甫之遠孫雲起，字霖仲，胸懷坦坦，如青天白日，無掩蔽，無晻曖；言論挺挺，如迅雷烈風，無阿倚，無留藏。其徵於文也亦然，韓子云：「昭晰者無疑，優游者有餘。」霖仲蓋是也。平甫、元澤之後而復見斯人乎？王氏其世有人矣哉。彼深險也，而辭易直；

鄙狹也，而辭宏敞；輭媚也，而辭勁峭；穢濁也，而辭清整。若是而爲文者，表裏不相肖，予不知其可也。

行素翁詩序

予觀湖南行素翁之詩，如鷙鳥之迅擊，如駿馬之疾馳；如丸之流而下峻阪，如潮之退而赴歸墟，略無留礙阻遏者。凡其目之所經、足之所到，都邑雄麗，道途險艱，遐方異俗，前代遺跡，一一備載於詩。蓋雖嶔崎歷落，奔走勞瘁，境變而才不匱，年老而氣彌壯，抑所謂詩豪也與？噫！翁之詩，今人詩也，而有往昔李、蘇二豪之才氣。此今人所無，而翁有之，是以其詩能然。予不識翁，在京識翁之子。翁王氏，名約。嘗仕西南徼外，倅潤州，今老于家云。

曠若谷詩文序

廬陵曠若谷，抱才負氣，自少不肯齷齪浮沉於鄉里。值天下一統時，足跡之東西南北靡所定也。其才氣鬱發，吐爲辭章，超然有乘風凌雲之趣，視尋行數墨者，奚翅據崇隄而俯深壑？人皆驚異其能，往往歸功於其游，以爲得山川之助。雖其自敘，蓋亦云然。然斯論也，自子長遊一篇贈蓋邦式者始。後人徒玩其華，而未暇究其實也。子長世司典籍，其雄才間氣，天寔與之。使其不遊江淮、不上會稽、不窺九疑、不浮沅湘、不涉汶泗，不經齊、魯、梁、楚，則遂無史記乎？况子長二十而游，史記之作乃在中年以後，距其少游之歲月亦已遠矣，豈其游之所得至久，而忽然鬱發於一旦也哉？然則爲斯論者近於誣，而或然之者，幾於愚矣。

若谷之才、之氣，固其天之所與者厚，其詩其文雖不借助於山川，自足以度越常流。必如昔人所云，見陰風怒濤而後能奔放浩蕩，見朝雲暮煙而後能妍媚蔚紆，吾不信也。既獲觀其詩文之偉，而又歎世人惑於一部史記在天下名山大川之說，因以志其卷端。

吴非吾葦間挐音詩集題辭

昔有一道士示予風月吟，予甚好其詩，問曰：「子將爲詩人乎？抑爲道士乎？」彼未有以答。再問曰：「爲道士固有詩矣，爲詩人亦有道乎？」亦未答。又問曰：「詩人而詩者，人也；道士而詩者，天也。子之詩，人乎？天乎？」竟未答，予乃不復問。今見三吾山道士葦間挐音詩，尤超逸詩家者流，頗怪其攙行奪市。而予之好之也，視昔所見又有加焉。欲以問昔之道士者爲問，而不可得。因大瀛海道士往，俾以予言問之，其必有以語我，願聞願聞。

閤漕山陵雲内集序

甘叔懷心契百世之師，楊林文身際萬乘之君，此閤漕之人物、閤漕之文章所以卓絶殊尤，而他山莫與齊也。山雲彭氏輯山中高人詩以繼甘、揚之後，名曰陵雲内集。其淵然之光、油然之潤，足以輝映此山矣。雖然，此山之重，以葛仙師重也。仙距今駸駸一千年，隱處自修於其間者何啻數十百人，而未聞再有一葛，何也？豈其瑞世者多，而遺世者寡歟！吾將問諸山靈。

「漕」，舊作「皂」，黑色也。古無此字，按字書「草」下從「早」，讀如造化之「造」，釋爲「斗櫟實」。以其可染黑，故俗稱黑色爲「草」。此字既借爲草木之草，恐其相亂，遂去「早」上之「艹」而加「丿」，則不成字矣。後人借爲皁櫪之「皁」，漢書音義云：「食牛馬器，以木作槽。」然則皁櫪字正當木旁，從槽而借用，此同聲字也。又借爲皁隸之「皁」，則因養馬之器而以此稱養馬之人也。「早」字「日」下從「甲」，隸書省

「甲」爲「十」，後又屈「十」之尾而爲「七」，則愈不成字矣。韻書言「以水通輸曰漕」，俚俗亦以水流之自高趨下者曰水漕。漕者，水通流之名也。豐城之鄉有地名爲同漕，而此山名爲閤漕，皆是兩山之間中通一水，謂兩山之水合同爲一而通流也，故曰同漕。閤漕者，并合之「合」，借用閨閤之「閤」爾。「漕」字去聲，「皁」字則上聲之讀如去聲者。

少時，嘗偕豐城孫素少初、樂安周栖梧朝陽自皮氏之家至閤漕山，各賦一詩。予詩不能記，但記第三、第四句云：「水交流處地橫分，山四圍中天一握」，蓋言山之所以得名與山之形勢也。今書「漕」字，人必以爲擅改山名，不容不著其説。通古通今之士幸詳究予言，而訂其是否。

醫方大成序

以一藥治一病者，本草也；以數藥治一證者，醫方也。醫方祖於本草，而其合數藥以爲一方也，審其五氣、酌其五味，定其君臣佐使，如樂師調律、如軍師布陣，主對處置，一一得宜。非心通乎大化，智周乎小物，不能也。是蓋出於上古聖神之所爲，而後世名醫以漸增益焉者也。然上古之方，如所謂伊尹湯液論，不復可見。今之所存，惟傷寒論之方最古，而千金次之。後賢增益，以至于今多矣。公家之聖惠則太繁，私家之易簡則太略。上方觀道士陳子靖，賦質清粹，務學精謹，用力於醫尤專。類古今諸家之方而去取之，名曰醫方大成，所取率皆嘗試有效者。備而不繁、要而不略，實醫方之至善。其可以參贊上古聖神、後世名醫，宏濟生民之功行者夫！

古今通變仁壽方序

世之醫方不一，唯有所傳授，得之嘗試者多驗。予最喜嚴氏濟生方之藥，不泛不繁，用之輒有功。蓋嚴師於劉，其方乃平日所嘗試而驗者也。

淮南張道中學脉法於朱鍊師永明，朱之師劉君名開，劉之師崔君名嘉彦。傷寒一科專學於李，祖李氏意，集諸家所用藥，分門類證，名之曰古今通變仁壽方。觀其中風、傷寒二部，藥皆精當，視濟生方加詳焉。是亦有所傳授，得之嘗試，豈苟然也哉？其所學於崔、劉者，深探本原。别有編纂，又不止藥方而已。

醫説序

盱江名醫黎民壽嘗著論輯方，至今盛行於世。毉學教授嚴壽逸亦盱江人，用藥去疾，隨試輒效。何盱江獨多工巧之醫與？觀所述原脈、原證、原病、原治四篇，亦可見其伎之大概矣。周官疾醫之職有云「參之以九藏之動」，蓋言察脉之巧也。又云「兩之以九竅之變」，蓋言辨證之工也。邪氣有所侵犯之謂病，正氣有所虧偏之謂病；外攘以克其邪之謂治，内修以復其正之謂治。精於察脉，精於辨證，以究其病，而或短於治者有焉。脉、證、病俱善，而又善於治，此醫豈易遇也哉？壽逸字仁安，予試其所治，知其於醫也，非但既其文而已。盱江之醫有嚴氏，黎氏惡得專美於前乎？

瑞竹堂經驗方序

人有恒言：「看方三年，無病可治；治病三年，無藥可療。」斯言何謂也？謂病之有方不難，而方之有驗爲難也。

盱江郡侯歷任風憲民社，愛人一念隨處而見。有仁心，有仁聞，人之被其惠澤者奚翅百千萬？而涖官餘暇，猶注意於醫藥方書之事。每思究病之所由起，審藥之所宜用。或王公貴人之家，或隱逸高人之手，所授異方率和劑三，因易簡等書之所未載。遇有得，必謹藏之；遇有疾，必謹試之。屢試屢驗，積久彌富。守盱之日，進一二醫流相與訂正，題曰瑞竹堂經驗方，爰鋟諸木，以博其施。一皆愛人之仁所寓也。既仁之以善政，復仁之以善藥，孰有能如侯之仁者哉？噫！世之醫方甚繁，用之輒效者蓋鮮。今之所輯悉已經驗，則非其他方書所可同也。

侯名薩德彌實。瑞竹堂者，往時侯揷竹爲樊，竹再生根，遂生枝葉，人以爲瑞，而侯以扁其堂云。

地理類要序

昔之學佛者，北宗神秀博綜群書，南宗慧能不識一字。非但佛法然也，葬術亦然。少時嘗觀書市所賣地理全書，書盈一車，靡有不備。兵火後，其書不全矣。吾里饒敬德，家蓄地理書甚富，類其要凡三帙，予向所覩咸具焉。加以近年新術舊所未有者，亦載其中，約而足以該其博，美矣哉！雖諸術異同不貫於一，亦在乎擇而用之者何如爾。尚記予壯歲遇一贛葬師而與之論，彼應曰：「子博文之通儒，吾不識字之愚夫。若問吾術，無一字可傳，無一語可說。」予不能答。信夫！術家之有神秀，又有慧能也。二術未知其孰優，有能於斯二者而權衡之乎？

葬書注序

新喻劉則章，前賢之後。其上世公是、公非二先生博極群書，靡所不究。今其苗裔兼通方伎術數，可謂不忝其先矣。世所傳葬書，被庸謬之流妄增猥陋之説以亂其真，予嘗爲之删定，擇至精至純者爲内篇，其精粗純襍相半者爲外篇，其粗駁當去而姑存之者爲雜篇。縱或觀者鮮，或能知予用意之密。則章獨能承用，將爲注以傳。予謂之曰：「予所删定，去其蘩蕪，子又增其蘩蕪，可乎？注不必有也。」則章笑曰：「諾。」乃書以遺焉。

唐仲清先生遺文序

吾郡治春秋者，自前進士李宗叔先生殁，惟唐仲清先生爲專紹其學。宋亡科廢，猶有及門從學之人。貢舉既行，其徒浸盛。先生賦質剛直，不瞻狥、不苟且於衆寡所諧，蓋古之所謂狷也，抑亦近伯夷之清乎？卒年八十九。生既不遇，死又無後，可哀已乎！壻嚴士清輯其遺文，并其所著講義、經義，將鋟木以傳。其偶像等説十數篇，破異教誑惑愚俗之妄、詆時俗迷昧禮教之失，辭確義正，足以扶樹教道。予嘉其識之達，閔其命之窮，而爲之敘云。浚，先生名也。